Werner H. Ritter (Hg.)

Erlösung ohne Opfer?

Mit 2 Abbildungen

Vandenhoeck & Ruprecht

Biblisch-theologische Schwerpunkte

BAND 22

Bibliografische Information Der Deutschen Bibliothek

Die Deutsche Bibliothek verzeichnet diese Publikation in der Deutschen Nationalbibliografie; detaillierte bibliografische Daten sind im Internet über <http://dnb.ddb.de> abrufbar.

ISBN 3-525-61481-0

Umschlagabbildung: Rechtfertigungsbild aus dem Marienaltar im Münster zu Heilbronn, 1513–1515 (Ausschnitt), Foto: Oberfränkischer Ansichtskartenverlag Bouillon, Bayreuth.

Gesetzt aus Sabon
Satz: Satzspiegel, Nörten-Hardenberg
Druck und Bindearbeit: Hubert & Co., Göttingen

Vorwort

Eckhard Nagel

Wir leben nicht mehr in einer Gesellschaft, in der die Priester am Altar Opfer bringen. Ein Opfer ist ein Geschenk an Gott; die Gabe soll ihn gnädig stimmen. Opfer können Zeichen der Reue, der Schuld, der Buße sein. Wer opfert, bringt seinem Gott ein Geschenk, er verzichtet auf etwas, gibt etwas auf, etwas Wertvolles. Wer opfert, der gibt etwas von sich weg und überreicht es Gott, und er hofft darauf, dass Gott sich gewogen zeigt.

Die verschiedenen Religionen kennen unterschiedliche Arten von Opfern: Tieropfer, Brandopfer, Schlachtopfer, Weinopfer, Menschenopfer.

Menschenopfer sind zu unserem Glück heute nicht mehr üblich. Die Kirchen feiern die Nähe Gottes in Liturgie, Predigt und Gebet. Trotzdem ist das Opfer in der Sprache zumindest erhalten geblieben. Die Semantik des Opfers zeigt weiterhin gesellschaftliche Wirkung. Sie ist Teil unserer Sprache und prägt noch immer unser Handeln.

Am Deutlichsten und Tiefsten hat der französische Philosoph René Girard die Zusammenhänge von Opfersemantik und Opferpraxis erforscht. Er liest das Neue Testament, vor allem Kreuz und Auferstehung, als das Ende des Opfer- und Sündenbock-Kultes. Kreuz und Auferstehung durchbrechen nach Girard den mimetischen Drang der Menschen, sich Sündenböcke zu suchen, um eigene Schuld abzuladen und einem anderen zu übertragen. Girard legt eine anthropologische, keine theologische Lektüre des Neuen Testaments vor. Er will gesellschaftliche, menschliche Zusammenhänge aufdecken.

Sprache kann verräterisch sein: Jemand opfert sich für seinen Beruf auf. In der Beerdigungsanzeige steht, dass der Dahingeschiedene sein Leben für seinen Betrieb geopfert habe. Andere opfern Zeit und Geld für ihr Hobby. Die Gesellschaft nimmt Verkehrsopfer in Kauf, und dazu Unfallopfer, Drogenopfer, Todesopfer, Brandopfer. Das Sprichwort sagt: Leben ist nichts als Opfern, und nur der Tod ist gewiss.

Diese sprachlichen Wendungen legen den Verdacht nahe, dass Menschen ihren selbstgemachten Göttern opfern. Wer heute opfert, der braucht dafür keinen Altar mehr und auch kein feierliches, festliches Gewand. Er hat seine Götter und Ideale immer dabei; er erträumt sich seinen eigenen privaten Himmel, den Himmel des Wohlstands, den Himmel der Karriere, den Himmel des Ruhmes und des Ansehens. Menschen sind die Priester ihrer Wunschvorstellungen, denen sie Zeit und Arbeit, Mühe und Anstrengung opfern. Sie pflegen die Heiligtümer und Tempel ihrer Ideale.

Der vorliegende Band konfrontiert die Opfersemantik moderner Gesellschaften, wie sie nicht nur durch René Girard herausgearbeitet worden ist, mit der theologischen Rede vom Opfer, wie sie im Neuen Testament überliefert ist. Zwischen beidem besteht eine Spannung, an der sich die Beiträge des Buches abarbeiten. Sie verfolgen das Ziel, eine theologisch verantwortete Rede vom Opfer zu präsentieren, welche die Botschaft des Neuen Testaments aufnimmt und sie so zur Sprache bringt, dass sie die moderne Rede vom Opfer berücksichtigt, mit ihr in einen Dialog tritt und sie kritisch und konstruktiv bearbeitet.

Inhalt

Erlösung ohne Opfer?

Einleitung

Werner H. Ritter

Das Kreuz galt im Christentum lange Zeit als Sinnbild und Inbegriff des Erlösungsgeschehens: Christus ist am Kreuz »für uns gestorben«, und durch sein Opfer sind wir erlöst – das galt traditionell in unserem christlichen Kulturraum als magnus consensus der Christenheit. So redete ja auch Martin Luther in seiner Auslegung des zweiten Artikels des Glaubensbekenntnisses von Christus, »der mich verlorenen und verdammten Menschen erlöset hat, ... nicht mit Gold oder Silber, sondern mit seinem heiligen, teuren Blut ...«[1]. Was lange Zeit unstrittig galt, wird seit geraumer Zeit kritisch in Frage gestellt und bestritten. Offenkundig macht die Vorstellung vom so genannten stellvertretenden Opfer Christi heutigen Menschen Schwierigkeiten, vor allem aus zwei Gründen: *Zum einen*, so heißt es seit Immanuel Kant[2] immer wieder, sei eine menschliche Person im Wesentlichen unvertretbar, weswegen moralische Schuld oder Sünde nicht auf andere Personen oder Wesen übertragen werden könne. *Zum anderen* liefe eine stellvertretende Lebenshingabe der neuzeitlichen Rede vom Menschen als autonomem Subjekt direkt zuwider. Dementsprechend stößt man sich nicht nur am Opfer als einer überholten Vorstellung, sondern behauptet zudem, ein »lie-

1 M. Luther, Kleiner Katechismus, zit. nach: Die Bekenntnisschriften der ev.-luth. Kirche, Göttingen 1967, 511.

2 Vgl. I. Kant, Die Religion innerhalb der Grenzen der bloßen Vernunft (1793), hg. von K. Vorländer, (Ph B 37 a) Hamburg, [6]1961, 77 (B 94/95).

bender Gott will keine Opfer!«[3], und fragt, was denn am Tod dieses Einen so erlösend (gewesen) sein soll.

Sehen wir recht, dann ist hierin der christliche Glaube heute zentral angefragt. Er befindet sich in einer Sprachnot und in einem zunehmenden Deutungsnotstand: »Kaum ein Glaubenstopos ist Menschen heute so schwer zu vermitteln wie der Tod Jesu am Kreuz in seiner Bedeutung für unser Leben.«[4] Ist also jenes »für uns gestorben« nur noch ein alter Satz, der seine Bedeutung verloren hat, den man bestenfalls unverstanden wie eine leer gewordene religiöse Formel hersagen und repetieren kann – und das an einer Schlüsselstelle des christlichen Glaubens? Ist die Opfertod-Vorstellung obsolet und antiquiert und folglich aufzugeben, oder können wir ihr etwas abgewinnen, was Dimensionen der Wirklichkeit und des christlichen Glaubens erschließt?

Wer unsere religiöse Großwetterlage aufmerksam wahrnimmt, kann diesbezüglich zwei sich prima facie durchaus widersprechende Beobachtungen machen: Zum einen erscheint herkömmliches christliches Verständnis von Erlösung durch den Opfertod Jesu Christi als überholt und passé. Den Worten Erlösung und Opfer, wo sie fest an christlich-religiöse Traditionsbestände gebunden erscheinen, kommt heute im Gefolge von Säkularisierung und Moderne in der Tat abnehmende Bedeutung zu.[5] Andererseits finden sich unübersehbar gegenläufige Tendenzen und Hinweise darauf, dass Opfer, Erlösungsphänomene und Erlösungssehnsüchte aus der Lebenswelt heutiger Menschen nicht einfach verschwunden sind, sondern – oft in transformierten Gestalten und »gebrochen« – neu und anders da sind, wie die mannigfache Rede und Inszenierung von Opfern (in Lebenswelt und Kultur) eindrücklich zeigen kann.[6]

---

3 A. Holl, Ein liebender Gott will keine Opfer, Publik-Forum 8/2000, 24–26; vgl. ders., Mystik für Anfänger, Hamburg 1979.

4 R. Roessler, Die Karfreitagspredigt im Spiegel gegenwärtiger Deutungen des Kreuzes, in: Predigtstudien 2001/2, hg. von V. Drehsen, W. Engemann u. a., Stuttgart 2001, 9.

5 Vgl. K.-P. Jörns, Die neuen Gesichter Gottes, München 1997, 177 ff.

6 Vgl. dazu die Beiträge im Folgenden von Ebertz, Hammer und Ritter.

Worauf soll es in diesem Band *theologisch* ankommen? Die Theologie leidet infolge rasanter Wissensproduktion, immer kürzerer Halbwertszeit des Wissens und »neuer Unübersichtlichkeit« (Jürgen Habermas) an einer gewissen Unfähigkeit zur Artikulation des Wesentlichen.[7] Wollen christlicher Glaube und Theologie neuzeitlich anschlussfähig bleiben, brauchen sie eine nachvollziehbare elementare »Rechenschaftsablage«. Der Praktischen Theologie speziell, die an der Schnittstelle der Auslegung der Glaubensüberlieferung und des Alltags angesiedelt ist, obliegt eine gegenwartsplausible Interpretation von überlieferten Glaubenserfahrungen und theologischen Begrifflichkeiten im Kontext der Zeit zu dem Zwecke, dass diese Interpretation für Menschen heute grundlegende Funktionen in deren Lebensorientierung bekommen kann. Dementsprechend ist die biblisch-theologische Tradition so auszulegen, dass sie ihre religiöse Orientierungskraft im gegenwärtigen Bewusstsein von Menschen zu entfalten vermag.[8] Wie und zu welchem Zweck kann elementar, sinnvoll und wirklichkeitserschließend der »Opfertod Christi« »für uns« dargestellt werden? Was hat die religiöse Vorstellung, der wir hier nachsinnen, wenn sie denn keine leere Hülse ist, mit unserer Lebenswirklichkeit zu tun? Welches Angebot »für uns« eröffnet sie? Welchen »Nutzen«[9] haben wir davon? Bei allen Unterschieden im Einzelnen meinen wir: Erlösung als Opfer qua *Lebenshingabe* verstanden kann nicht nur einen neuen Blick auf ein altes Wort werfen, sondern auch ein befreiendes *Lebensangebot* für uns sein und damit einen wichtigen Beitrag des christlichen Glaubens zur Wirklichkeitserschließung exemplarisch leisten. Wahrheit und Verlässlichkeit

---

7 Vgl. O. Waßmuth, Sprache finden für das Wesentliche, Evangelische Theologie, 57/1997, 83 f.

8 Vgl. W. Gräb, Von der Religionskritik zur Religionshermeneutik, in: Ders. (Hg.), Religion als Thema der Theologie, Gütersloh 1999, 118–143, 141.

9 Vom »Nutzen« spreche ich eingedenk der theologischen Einsicht, dass man einen Glauben, den man »braucht«, gerade nicht braucht. Obwohl der Glaube also gerade nicht in den Kategorien von »Nutzen« und »brauchen« aufgeht, hat er gleichwohl bestimmte Funktionen; vgl. E. Jüngel, Gott als Geheimnis der Welt, Tübingen [3]1978, 16 ff., 30 ff.

dieses »für uns gestorben« müssen sich in seiner Lebensdienlichkeit zeigen.[10] Davon inspiriert, suchen wir im Folgenden sowohl nach der biblisch-theologischen Herkunft und Bedeutung dieses »für uns gestorben« als auch nach kontextuellen wie lebensweltrelevanten »Übersetzungen«, Transformationen und Bedeutungen dieser Vorstellung. Theologie-treiben vollzieht sich folglich hier im Kontext heutiger Lebenswirklichkeit, was heißt, die Religiosität und Mentalität der »Leute« ernst zu nehmen. In diesem Sinne wollen wir das Eine tun: anhand des »für uns gestorben« die Wirklichkeitssicht des christlichen Glaubens erschließen – und gleichzeitig das Andere nicht lassen: die oft verborgenen religiösen Anteile heutigen Alltags und heutiger Alltagskultur entdecken. Wer meint, die christliche Religion habe keinen Wert mehr für Menschen und deren Leben heute, der verkennt, dass die Bibel voll ist von Geschichten, Themen, Motiven, die sich mit den großen Fragen des Menschseins beschäftigen. Eine dieser Fragen wollen wir hier verhandeln, nämlich die nach Erlösung und Opfer.

So sollen im Folgenden:

- biblische und dogmatische Tradition aufgenommen,
- unsere Wirklichkeit wahrgenommen und
- Perspektiven für Glauben und Leben formuliert werden.

Die einzelnen Beiträge verfolgen dabei folgende Intentionen:

Zur Diskussion um Erlösung durch oder ohne Opfer gehört zentral die Auseinandersetzung mit Deutungen der Passion im Neuen Testament, vor allem in den Evangelien und bei Paulus. *Reinhard Feldmeier* unternimmt dies und fokussiert seine Gedanken im Lebensbaumkruzifix. *Gisela Kittel* fragt, indem sie die Sündenverfallenheit des Menschen im Alten bzw. Ersten Testament aufzeigt, nach dem alttestamentlichen Stellenwert von Erlösung. Die von ihr exegesierten Geschichten von Sünde und Vergebung thematisieren auch das stellvertretende Leiden des Gottesknechts, das kultische Sühnopfer und die Fragen nach dem »Lösegeld« für

---

10 Vgl. W. Gräb, a. a. O., 122.

verwirktes Leben. *Wolfgang Schoberth* entwickelt anhand des Psalmverses »Schlachtopfer gefallen dir nicht« (Ps 40,7) 20 Thesen zum Kreuzestod Jesu und beschäftigt sich mit der Frage, ob Jesu Tod als Opfer zu bezeichnen ist oder nicht. *Alexander Deeg* beobachtet im Rückgang auf das rabbinische Judentum nach 70 n. Chr., welche Bedeutung das »Opfer« dort hatte. Er kennzeichnet es als »Nahung«, was meint, dass Gott selbst den Opferkult eingesetzt hat, um dem Menschen eine Möglichkeit zu geben, ihm nahe zu kommen. Diese Sicht der Dinge könnte das »jüdisch-christliche Gespräch zur Spiritualität des Opfers« inspirieren.

Michael N. Ebertz beschreibt eindrücklich das Verlangen nach diesseitiger Erlösung im Spannungsfeld von Autosoterik (Selbsterlösung) und Heterosoterik (Fremderlösung) und zeigt anhand moderner lebensweltlicher Erscheinungen die Bedeutsamkeit der beiden Kategorien auf. Sind die kleinen, flüchtigen Erlösungen im und aus dem Alltag Flucht oder Zeichen der Sehnsucht nach »vollendeter Erlösung«? »Dein Leben ist mir das meine wert« – ein Motiv, das in zahlreichen Fantasy-Büchern der letzten Jahre immer wieder auftaucht, ein Motiv auch, das ganz zentral mit Opfer und Erlösung zu tun hat. An ausgewählten Beispielen beschreibt *Almuth Hammer*, wie das Opfer als Erlösung oder Erlösung durch ein Opfer im Fantasy-Genre aussehen kann. Abschließend fragt *Werner H. Ritter*, ob in unserer postmodernen Gesellschaft der Opfermythos überholt ist. Anhand popularkultureller Beispiele und kultur-anthropologischer Überlegungen zeigt er die Unverzichtbarkeit der Opferthematik auf und reformuliert die Bedeutung des Opfertodes Christi als befreiende Lebenshingabe für Andere.

Nach »Erlösung ohne Opfer?« soll hier gefragt werden. Ist nun im AT und NT, im Judentum wie im Christentum Erlösung unabdingbar an das Opfer gebunden? Gibt es keine Erlösung ohne Opfer? Die Antwort darauf fällt – wie auch die Buchbeiträge zeigen – zweiteilig aus. Der *erste* Teil: Wo der Hintergrund biblischer Erlösungsvorstellung davon geprägt ist, dass auf Grund menschlicher Sündenverfallenheit eine »Verkehrung aller menschlichen Lebensvollzüge« (Gisela Kittel) vorliegt, aus der sich Menschen kraft eigenen

Zutuns nicht befreien können, dort meint Erlösung die Befreiung von solcher Sündenverstrickung. Ist im Zusammenhang des Kreuzes und der Lebenshingabe Christi explizit vom Opfer die Rede, dann ist in aller Regel Erlösung auch an die Opfervorstellung bzw. den Opfermythos gebunden. Die hier gemeinte Erlösung ist einem wichtigen neutestamentlichen Überlieferungsstrom (vgl. etwa Eph 1,7; Röm 5,9; 1. Joh. 1,7) zufolge in der Tat nicht ohne das Opfer zu haben: Der Preis der Erlösung ist das Opfer. *Mag sein, dass Gott die Welt auch hätte anders erlösen können* als durch das Kreuz und das bittere Leiden und Sterben seines Sohnes; aber Gott hat sich nach der Auffassung eines breiten neutestamentlichen Überlieferungsstromes offensichtlich *diesen Weg ausgesucht, der ihm »gefiel«* (vgl. 1. Kor 1,21). Insofern kann und muss man im christlichen Glauben sicher auch weiterhin von der »Erlösung durch das Sterben und die Auferstehung Jesu Christi« als einer *fundamentalen und notwendigen Erscheinungsweise des Erlösungshandelns Gottes* sprechen. Es ist dies *eine* wichtige biblisch begründete Sicht der Dinge, die Wirkung dieses Opfertodes als Erlösung zu bezeichnen – aber nicht die einzige, wenn auch diese Verbindung, vor allem für die christliche Normaldogmatik, freilich unter Verkennung der biblischen Interpretationsvielfalt, fast ausschließlich traditions- und stilbildend geworden ist.

Doch Gottes Erlösungshandeln erschöpft sich gesamtbiblisch und für Judentum und Christentum heute gesprochen nicht im Opfertod Jesu Christi. Letzteres zu behaupten – und damit komme ich zum *zweiten* Teil der Antwort –, wäre eine massive Verengung des biblischen Befundes, aber auch der Erlösungssemantik in Judentum und Christentum in Geschichte und Gegenwart. Denn hier ist in breiter Streuung von lösen, erlösen, Erlösung die Rede, ohne dass damit ein Lebensopfer im oben gezeigten Sinne notwendig verbunden wäre. Erlösung als gesamtbiblisches Befreiungsgeschehen verstanden, kann sich auch ohne Kreuz und Opfer vollziehen. Mag der Religionswissenschaftler Theo Sundermeier das Christentum nicht als Erlösungsreligion, sondern als Versöhnungsreligion begreifen wollen[11], ich halte es für weiterführend, den theologischerseits christologisch-soteriologisch eng geführten Erlösungsbegriff dimensional zu weiten und auf das gelebte Leben in seiner Gänze zu beziehen. Erlösung hat im Ersten, aber auch im Zweiten Testament eine breite und gestreute Semantik. Hier wie dort gibt es nämlich viele »kleine« Erlösungen und Erlösungsgeschichten, nicht nur die eine große. Man denke an

- Männer und Frauen wie Abraham und Sara, die vom Fluch der Kinderlosigkeit erlöst werden;
- ein kleines Volk, das vor Zeiten vom Joch der ägyptischen Gefangenschaft und auf dem Zug durch die Wüste von Durst und Hunger erlöst wird;
- Menschen, die erlöst werden vom Astral- und Schicksalsglauben, weil ihnen versichert wird (siehe 1. Mose 1), dass die Gestirne nichts anderes als »Funzeln« am Himmel (Martin Buber) seien;
- Frauen und Männer, Kinder und Jugendliche, die in alt- und neutestamentlicher Zeit und auch heute zeichenhaft »in Gottes Namen« von körperlichen, seelischen und geistigen Gebrechen erlöst werden;
- die vielen, die vom Los erlöst wurden und werden, sich Tag und Nacht abzusorgen, was denn heute und morgen sein werde, was es heute und morgen zu essen gebe – »Schaut die Vögel unter dem Himmel an, sie säen nicht, sie ernten nicht und doch ernährt sie ihr himmlischer Vater« (Mt 6, 26);
- Menschen, die sich nach jener eschatologischen Erlösung sehnen, bei der Gott alle Tränen von ihren Augen abwischen wird; der Tod nicht mehr sein wird, noch Leid noch Geschrei noch Schmerz mehr sein werden; »denn das Erste ist vergangen« (vgl. Offb 21, 4).

Dies sind alles biblische menschlich-göttliche Exempla von Er-Lösung im Alltag der Welt, die die hohe Relevanz göttlichen Erlösungshandelns in anthropologischen, kosmologi-

---

11 Vgl. T. Sundermeier, Ist das Christentum eine Erlösungsreligion?, in: Ders., Was ist Religion?, Gütersloh 1999, 42–65. Meines Erachtens ist Sundermeiers Beweisführung aber nicht überzeugend, da sie auf einer petitio principii beruht.

schen, christologischen und eschatologischen Dimensionen vor Augen führen und sie nicht nur auf Sünde beziehen, wie es v.a. in der westlichen Dogmengeschichte der Fall war. Dies wertet die christologische Opfervorstellung nicht ab, setzt sie aber zu anderen biblischen Erlösungsvorstellungen in Beziehung. Gerade die »tiefe Diesseitigkeit des Alten Testaments« (Dietrich Bonhoeffer) kann heilsam daran erinnern, dass Erlösung post Christum natum sich auch im Diesseits der Welt ereignet. Solchermaßen welt- und lebensbezogen verstanden ist christlicher Glaube keine transzendente und weltabgewandte Sache. Er ist eine Lebens-Sache, ein Lebens-Angebot und ein Lebens-Mittel, das im Kontext des Lebens auf vielerlei und unterschiedliche Weise immer wieder mit Erlösung und Erlösungen im konkreten und kleinen Alltag zu tun hat. Wenn dem so ist, dann dürfen Christen – Nietzsche[12] würde sich freuen – erlöster aussehen.

12 Vgl. F. Nietzsche, Werke. Kritische Gesamtausgabe VI/1, Zarathustra (2. Teil), Berlin 1968, 114.

Gottes Torheit?

Deutungen des Todes Jesu im Neuen Testament

REINHARD FELDMEIER

I. »Torheit und Ärgernis«. Die Kritik am Kreuz und das Zeugnis des NT

> »Ihr macht euch der Täuschung schuldig, wenn ihr den Sohn Gottes sogar die wahre Vernunft (Logos) nennt; denn obgleich ihr den Sohn Gottes als Weltvernunft (Logos) ankündigt, zeigt ihr keineswegs die reine und heilige Vernunft, sondern einen Menschen, der aufs schmählichste zum Tod geschleppt und gekreuzigt worden ist« (Cels 2,31).

So lautet der Vorwurf des mittelplatonischen Philosophen Kelsos, der um 170 n. Chr. als erster das Christentum einer vollständigen philosophischen Widerlegung unterzog, die er in provokativer Antithese zum christlichen Bekenntnis zu Christus als dem göttlichen Logos (Joh 1,1 ff.) den *alêthês logos* nannte, das wahre Wort bzw. die wahre Vernunft. Besonders die christliche Botschaft vom heilbringenden Leiden und Sterben des Gottessohnes wird von ihm immer wieder als blanker Unfug attackiert.

Dass ein solches Urteil nicht auf die gelehrte Welt beschränkt blieb zeigt das berühmte Spottkruzifix vom Palatin, ein antikes Graffitto, auf welchem der christliche Gott von einem Anhänger als gekreuzigter Esel angebetet wird[1]. Ob rohes Graffito oder philosophische Abhandlung – beide bezeugen das Unverständnis gegenüber einem Glauben, der Gott nicht in Gestalt von überlegener Macht, Vernunft oder Schönheit anbetet, sondern in Gestalt eines hingerichteten Verbrechers. Diese ›Torheit des Wortes vom Kreuz‹ (1. Kor 1,18) war von Anfang an eines der Hauptargumente der antiken Welt gegen die christliche Botschaft – und sie ist es bis heute geblieben.

Auch dem Neuen Testament ist dieses Befremden nicht unbekannt. Für die Jünger Jesu war die Kreuzigung Jesu zunächst nur Katastrophe, das Scheitern aller Erwartungen und Hoffnungen, wie ihre Flucht bei Jesu Verhaftung zeigt. Und doch war dies nicht das Ende der Jesusbewegung; vielmehr kam es zur Bildung einer Gemeinschaft, die trotz zunehmender Unterdrückung und Verfolgung in weniger als drei Jahrhunderten sich im gesamten römischen Reich durchsetzen sollte, um zuletzt zur größten Religionsgemeinschaft in der Geschichte der Menschheit zu werden. Zu dieser völlig unerwarteten Wende kam es deshalb, weil der als Verbrecher vom römischen Statthalter Hingerichtete nach dem Zeugnis des Neuen Testaments den Seinen als Auferstandener erschien und sie wieder in seinen Dienst nahm.

Die Auferstehung war allerdings nicht einfach das ›happy end‹ einer schlimmen Geschichte durch das wunderbare Eingreifen eines *deus ex machina*[2]. Als eine solche nachträgliche Korrektur eines unverständlichen Dramas, das zuvor schon hätte verhindert werden können, würde sie die Absurdität des Kreuzes nur noch verschärfen. Könnte man die gewaltsame Hinrichtung eines Gerechten nach dem Beispiel des Sokrates noch als Ausdruck der Unbeugsamkeit des Gewissens vor der Macht und somit als Zeichen menschlicher Größe auch im Scheitern deuten, so ist der Glaube an einen Gott,

1 Zur Abbildung vgl. J. Leipoldt: Umwelt des Urchristentums III: Bilder zum neutestamentlichen Zeitalter, Berlin 1967, Abbildung 213.

2 Der ›Gott aus der Maschine‹ konnte im antiken Theater auftreten, um die den Menschen unlösbaren Probleme gleichsam mit Zauberhand wieder ins Reine zu bringen.

der seinem ›geliebten Sohn‹ (Mk 1,9 par; 9,7 par) nicht zu Lebzeiten in dessen Not beisteht, sondern ihm den grausamsten und »schändlichsten Tod«[3] zumutet, nicht nur Torheit, sondern auch Ärgernis, ein *Skandalon*, verschärft dadurch, dass nach dem Gebot eben dieses Gottes der am Kreuz Hängende verflucht ist[4].

Die Auferstehung war also nicht einfach die Lösung aller Fragen; in gewisser Weise begannen sie damit erst. Denn Auferstehung heißt ja, dass Gott sich hinter seinen gekreuzigten Sohn gestellt hat und eben das, was hier an Heillosem geschah, als sein Heil behauptete. Die Verkündigung der Auferstehung implizierte also, dass die von Jesus in Wort und Tat bezeugte Gegenwart Gottes durch das Kreuz gerade nicht widerlegt, sondern im Gegenteil definitiv bestätigt worden war. Beredtester Ausdruck für diese Überzeugung ist der Name Jesus Christus, in dem der Titel Christus (= ›der Gesalbte‹, die griechische Übersetzung des hebräischen ›Messias‹) zum Eigennamen jenes hingerichteten galiläischen Zimmermannes Jesus von Nazareth wird, also das Leben und Sterben dieses Menschen als Heil der Welt verstanden wird. *Dass* eine solche positive Deutung möglich sei, wird zunächst aufgrund der Erscheinungen vorausgesetzt und deshalb behauptet. So sagt etwa der Auferstandene den trauernden Jüngern auf dem Weg nach Emmaus: »O ihr Unverständigen und zu stumpf im Herzen, um dem zu glauben, was die Propheten gesagt haben. Musste nicht Christus dies alles leiden und in seine Herrlichkeit eingehen?« Anschließend berichtet der Erzähler: »Und anfangend bei Mose und allen Propheten legte er ihnen aus, was in allen Schriften über ihn gesagt ist« (Lk 24,25–27). Was da »in allen Schriften« über die Passion gesagt wird und warum Christus leiden musste, wird hier noch ebenso wenig präzisiert wie bei der von Paulus in 1. Kor 15,3 f. zitierten Formel, der gemäß

3 Cicero nennt die Kreuzigung ein *supplicium crudelissimum taeterrimumque*, vgl. Verr V,165; zum Ganzen s. M. Hengel: Crucifixion in the ancient world and the folly of the message of the cross, London / Philadelphia 1977.

4 Dtn 21,22 f., zitiert von Paulus Gal 3,13.

Christus für unsere Sünden starb »nach den Schriften« und ebenso »nach den Schriften« am dritten Tag auferstand. Wohl aber ist damit die Richtung gewiesen. Die Deutungen des Todes Jesu beruhen also auf zwei Voraussetzungen: Die erste ist eine neue Erfahrung der Gegenwart des Gekreuzigten, die andere das Zeugnis des alttestamentlichen Gotteswortes, in dessen Zusammenhang dieses Ereignis gestellt und aus dem es gedeutet wird.

Wenn hier durchweg im Plural von ›Deutungen‹ des Todes Jesu gesprochen wird, dann deshalb, weil die dabei gegebenen Antworten durchaus vielfältig sind. Zum Teil ergänzen sie sich, aber sie lassen sich doch in ihrer Vielgestaltigkeit nicht einfach auf einen Nenner bringen. Der Gekreuzigte kann zunächst einfach in eine Reihe mit den anderen von Israel abgelehnten Gottesboten gestellt und den jüdischen Adressaten zum Vorwurf gemacht werden[5]. Damit verbunden werden Motive vom leidenden Gerechten und seiner Erhöhung, vor allem in Form des Kontrastschemas, das der Verwerfung durch die Menschen Gottes anderes Urteil entgegenstellt (Apg 3,13–15; 4,10; 5,30 f. u. ö.). Vertieft wird dies durch die *relecture* der Passion im Spiegel der Psalmen, später auch der Propheten, welche den Zusammenhang von gottverlassenem Leiden und Errettung aus dem Todesbereich in den Heiligen Schriften verortet[6]. Ganz allgemein wird festgestellt, dass dieses Sterben ›für viele‹, ›für uns‹ etc. geschah (Mk 10,45 par; 14,24 par.; 1. Kor 11,24; 1. Joh 3,16 u. ö.). Häufig wird dabei an die alttestamentliche Sühnetraditionen angeknüpft und die damit verbundene

5 Dies erfolgt v. a. in Aufnahme der deuteronomistischen Tradition vom gewaltsamen Prophetenschicksal (Mk 12,1 ff.; Apg 7,51 f.; 1. Thess 2,14 f.); vgl. dazu O. H. Steck: Israel und das gewaltsame Geschick der Propheten (WMANT 23), Neukirchen-Vluyn 1967, 265–279.

6 Besonders auffällig geschieht dies beim durchgehenden Bezug der synoptischen Kreuzigungserzählung auf Ps 22, aber auch andere Psalmen fließen in die Wiedergabe der Passion ein (vgl. Ps 118,22 f. in Mk 12,10 f. par.; Ps 42,6.12; 43,5 in Mk 14,34 par.; Ps 69,22 in Mk 15,23.36 par.; Ps 31,6 in Lk 23,45). Bei den Prophetentexten kommt vor allem dem vierten Gottesknechtslied (Jes 53) eine besondere Bedeutung zu (vgl. bes. Apg 8,32 f.; 1. Petr 2,22–25).

Opfervorstellung (Mk 10,45 par, Röm 3,21 ff.; Hebr 9,1–10,18 u. ö.), wobei das dadurch erreichte ›Ergebnis‹ wiederum sehr unterschiedlich akzentuiert werden kann: Vergebung der Sünden (Mt 26,28; 1. Kor 15,3), Befreiung vom Zorn und Leben mit Christus (1. Thess 5,9 f.), Rechtfertigung (Röm 3,24–26; 5,9 u. ö.), Versöhnung mit Gott (2. Kor 5,14 ff.; Röm 5,10 f.), ewiges Heil (Hebr 5,10), Zugang zu Gott (1. Petr 3.18) usw. Einen eigenen Akzent setzt die Deutung des durch den Tod Jesu erfolgten Loskaufes, bei der Sühnemotive noch durch Motive des (sakralen?) Sklavenloskaufes ergänzt werden (Gal 3,13; 1. Petr 1,18). Jesu Tod kann auch im apokalyptischen Horizont als Beginn der Endzeitereignisse (vgl. Mt 27, 51–53; 1. Kor 15,20 ff.), als Brechung der Todesmacht (1. Kor 15,20. 54–57) und Befreiung von der Vergänglichkeit (1. Kor 15,42–54; 1. Petr 1,18 ff.) verstanden werden. Bilder wie das vom Hirten, der sein Leben für seine Schafe lässt (Joh 10,11–16) oder vom Weizenkorn, das erst in die Erde fallen und sterben muss, ehe es Frucht bringt (Joh 12,24 vgl. 1. Kor 15,36 f.), plausibilisieren den Tod Jesu auf ihre Weise als ein den Menschen zugute kommendes Ereignis. Urchristliche Hymnen preisen die Fleischwerdung und Erniedrigung des präexistenten Gottessohnes, der dann die Erhöhung durch Gott entspricht: Der Gekreuzigte wird zum Herrn der Welt, ihm wird ein »Namen über alle Namen« verliehen (Phil 2,5–11) und er hält »alle Gewalt im Himmel und auf Erden« in seinen Händen (Mt 28,18). Am konsequentesten wird der Gedanke der durch die Erniedrigung bedingten Erhöhung im Johannesevangelium entfaltet: Dort markiert bereits der Tod am Kreuz die Vollendung des Gesandten[7] und ist deshalb selbst schon identisch mit seiner Erhöhung[8].

Es ist also eine überraschende Vielfalt von Deutungen, die uns im Zusammenhang des Todes Jesu begegnen. Auf den

---

7 Bezeichnend dafür ist Jesu letztes Wort am Kreuz bei Johannes: »Es ist vollbracht« (19,30).

8 ›Erhöhen‹ bezeichnet in bewusster Doppeldeutigkeit im Johannesevangelium sowohl das Hochziehen des *patibulum* (Querbalken) mit dem Gekreuzigten als auch die Erhöhung Jesu zu Gott.

ersten Blick könnte diese Pluralität verwirrend wirken, als wüssten die neutestamentlichen Schriften nicht so recht, was denn die richtige Deutung sei. So entstand immer wieder das Bedürfnis nach Vereinheitlichung. Solche Versuche sind jedoch problematisch, weil sie den Reichtum der biblischen Antworten verkürzen. Und sie sind unnötig: Nicht die Vielfalt von Deutungen ist verdächtig, sondern die Einförmigkeit – ist letztere doch Zeichen ideologischer Gleichschaltung[9], wohingegen die bemerkenswerte Mannigfaltigkeit der Deutungen darauf hinweist, dass das Ereignis der Begegnung mit dem Auferstandenen das Primäre ist, das dann im Dialog mit der Heiligen Schrift aus verschiedenen Perspektiven gedeutet wurde.

Die folgenden Ausführungen zeichnen einige Aspekte dieser Deutungen nach. Sie beschränken sich auf zwei Schwerpunkte: Der erste ist die Deutung des Leidens und Sterbens Jesu in den Evangelien, hier vor allem im ältesten, dem Markusevangelium, das in besonderer Weise die Passion in den Mittelpunkt der Darstellung des Lebens Jesu stellt[10] und dabei auch den inneren Zusammenhang dieses Todes mit Jesu Leben, seinen Taten, Worten und seinem Verhalten, deutlich macht. Den zweiten Schwerpunkt bilden die Briefe des Apostels Paulus. Während die Evangelien vorwiegend in narrativer Form das Leiden und Sterben Jesu deuten, macht der Apostel das Kreuz zum Maßstab des christlichen Redens über Gott und den Menschen.

---

9 Diese Einsicht verdanke ich einem Gespräch mit dem Prager Kollegen Petr Pokorný – wohl nicht zufällig die Einsicht eines Mannes, der hinter dem eisernen Vorhang gelebt und in Auseinandersetzung mit ideologischer Geschichtsdeutung gewirkt und Theologie getrieben hat.

10 M. Kählers berühmtes Dictum, dass die Evangelien Passionsgeschichte mit verlängerter Einleitung sind, trifft auf das Markusevangelium im Besonderen zu.

II. Das Zeugnis der Evangelien

1. *Das Markusevangelium*

1.1 *»... sondern dass er diene« – Lebenshingabe als Konsequenz des Lebens (Mk 10,45)*

Mk 10,32–45 ist die letzte einer Sequenz aus drei Szenen, in welchen jeweils auf eine Leidensweissagung Jesu ein direkter oder indirekter Widerstand der Jünger erfolgt, der wiederum von Jesus korrigiert wird (8,31 ff.; 9,31 ff.). Was die Jünger in allen drei Szenen dem Leidensweg Jesu entgegensetzen, sind ihre nur allzu menschlichen Bedürfnisse: Sie wollen das Leiden vermeiden, streben nach Anerkennung und Einfluss; kurz gesagt: Es geht ihnen um Selbstbehauptung. In diesem Fall sind es die Zebedäussöhne, die zur Rechten und Linken Jesu mit ihm auf dem Thron sitzen (und herrschen und richten) wollen. In seiner Antwort lehnt Jesus unter Bezug auf sein eigenes Leben und Sterben das sich in ›Unterdrückung‹ und ›Machtmissbrauch‹ manifestierende Leben auf Kosten der anderen ab. Wer so Anderen den eigenen Willen aufzwingt und ihre Möglichkeit zur Selbstentfaltung abschneidet, nimmt nicht nur dem Nächsten die Luft zum Atmen, sondern lässt auch das eigene Leben durch Beziehungsverlust verkümmern: Wer Gewalt ausübt, verliert den Anderen als Partner; Herrschen kann man nur über ein ›Es‹, nicht über ein ›Du‹. Dem setzt Jesus provokativ das ›Dienen‹ entgegen. Die Berücksichtigung der Bedürfnisse des Anderen, die auch die Zurücknahme der eigenen unmittelbaren Wünsche bedeuten kann, die harte Arbeit der Ausrichtung auf das Gegenüber, gepaart mit Sensibilität und Leidensfähigkeit. Solches ›Dienen‹ ermöglicht es, dass wirkliche Gemeinschaft entsteht – und dass sie erhalten bleibt.

Jesus begründet dies in V.45 durch den Verweis auf die Haltung, die sein eigenes Leben geprägt hat: Auch er hat er sich nicht bedienen lassen, sondern hat gedient; gerade als ›Herr‹ und ›Lehrer‹ hat er nicht von Anderen, sondern für Andere gelebt. Mit einem ›und‹ wird diese zweite Aussage noch präzisiert: Der Dienst führt in letzter Konsequenz zur

Hingabe des Lebens als »Lösegeld für viele«. Die Rede vom Lösegeld spielt vermutlich auf die Vorstellung des Todes Jesu als Sühne an. Sühne meint dabei nicht, wie ein verbreitetes Missverständnis unterstellt, die Versöhnung einer erzürnten Gottheit durch ein blutiges Opfer. Vielmehr geht es bereits bei der alttestamentlichen Sühne um die von Gott selbst eingeräumte Möglichkeit, dass das durch Schuld verwirkte Leben durch die stellvertretende Lebenshingabe (im AT: eines Tieres) wieder mit ihm versöhnt wird[11]. Dieses Heilsgeschehen wird hier zum Vorzeichen, unter dem das Leben und Sterben Jesu Christi gedeutet wird. Dabei wird die alttestamentliche Sühne zugleich endgültig überboten: Gott identifiziert sich selbst mit dem Opfer als seinem Sohn. Gott selbst tritt also für uns ein, ›dient‹ selbst, um unser in Schuld- und Verblendungszusammenhänge verstricktes und verwirktes Leben auszulösen: »... er wandt zu mir das Vaterherz, es war bei ihm fürwahr kein Scherz, er ließ's sein Bestes kosten«[12]. So wird aus dem Unheilsgeschehen der Kreuzigung Heilsgeschichte, aus dem gewaltsam endenden Leben frohe Botschaft, Evangelium. Das aber ist kein Akt göttlicher Willkür, sondern hat seine eigene Theo-Logik: Nicht die am Kreuz vordergründig triumphierende Ungerechtigkeit und Gewalt und deren Folge, der Tod, behalten das letzte Wort, sondern eben jener ›Dienst‹, die Hingabe, weil dies der schöpferischen Macht der göttlichen Liebe entspricht und deshalb stärker ist als Schuld, Verderben, Tod. An diesem Heil gewinnt Anteil, wer sich in die Nachfolge dieses Jesus

---

11 H. Gese: Die Sühne, in: Ders.: Zur biblischen Theologie. Alttestamentliche Vorträge, Tübingen ^{2}1983, 85–106, speziell 100: »Der Mensch als solcher, in seiner Gottesferne, ist angesichts der Offenbarung der göttlichen Doxa dem Tod verfallen. Aber Gott eröffnet einen Weg zu sich hin in der zeichenhaften Sühne, die sich in dem von ihm offenbarten Kult vollzieht«. Die Thesen Geses wurden von seinem Schüler B. Janowski bestätigt in der ausführlichen Studie ›Sühne als Heilsgeschehen. Studien zur Sühnetheologie der Priesterschrift und zur Wurzel KPR im Alten Orient und im Alten Testament (WMANT 55), Neukirchen-Vluyn 1982‹.

12 So M. Luther in dem Lied »Nun freut euch, liebe Christen g'mein« EKG 341,4.

begibt. So schafft die Lebenshingabe Jesu Heil »für die Vielen«.

1.2 »... *zum Eckstein geworden« – Gottes Widerspruch als Zuspruch (Mk 12,1–11)*

In gleichnishafter Form deutet die Erzählung von den bösen Winzern Mk 12,1–12 den Tod Jesu. Sie erzählt von einem Menschen, der einen sorgfältig angelegten Weinberg Pächtern überlässt und verreist. Als die Pacht fällig wird, sendet er einen Knecht, um sie in Empfang zu nehmen. Doch dieser wird misshandelt und ohne die Pacht zurückgeschickt. Ähnlich geht es anderen Abgesandten, wobei sich der Konflikt durch das Verhalten der Pächter dramatisch zuspitzt – bis hin zum Mord. Nach der Misshandlung und Ermordung vieler Knechte sendet der Besitzer zuletzt seinen Sohn in der Hoffnung, dass dieser respektiert wird. Doch damit verrechnet er sich gründlich: Überzeugt, mit der Tötung des Erben den Weinberg endgültig in den eigenen Besitz zu bringen, töten die Pächter auch diesen letzten Gesandten, den »geliebten Sohn« des Weinbergbesitzers, wie es ausdrücklich heißt. Die Folge ist ein fürchterliches Strafgericht über die Übeltäter und die Übergabe des Weinberg an andere.

Vermutlich handelte es sich ursprünglich um eine Parabel, mit der Jesus selbst seine ihn verklagenden Gegner vor den Folgen des Widerstandes gegen ihn warnte[13]. Unter Bezug auf alttestamentliche Traditionen (v. a. der vom gewaltsamen Geschick der Gottesboten[14]) macht Jesus deutlich, dass

13 In einer rekonstruierbaren Grundform (zwei Knechte, Sohn) lässt sich diese Erzählung durchaus als ein im damaligen Kontext nachvollziehbares Geschehen verstehen. Erst durch die vermutlich nachträgliche Allegorisierung kommt es zu den Übersteigerungen. Für die Parabel sprechen auch nicht allegorisierbare Züge wie etwa der ins Ausland gehende Herr oder auch dessen ›Verrechnen‹ bei der Sendung des Sohnes, die sich nicht übertragen lassen; vgl. dazu R. Feldmeier: Heil im Unheil. Das Bild Gottes nach der Parabel von den bösen Winzern (Mk 12,1–12), Theologische Beiträge 25 (1994), 5–22.

14 S.o. Anmerkung 5.

der aktuelle Konflikt nur Ausdruck und Zuspitzung eines Antagonismus ist, der bereits die ganze bisherige Heilsgeschichte bestimmt hat: Auf der einen Seite stehen die Propheten, die das Volk immer wieder zur Umkehr gerufen haben. In deren Reihe stellt Jesus sich selbst, wobei er als der »Sohn« zugleich eine Sonderstellung beansprucht. Auf der anderen Seite identifiziert Jesus seine Gegner mit jenem Teil des Gottesvolkes, der mit zunehmendem Widerstand auf diese Boten reagiert und deshalb jetzt, bei der Ablehnung des letzten und entscheidenden Gesandten, mit dem endgültigen Gericht Gottes zu rechnen hat. Gegenüber den hier aufgenommenen alttestamentlichen und frühjüdischen Traditionen wird dieser Widerstand noch dadurch verstärkt, dass er nicht nur durch die Ablehnung der Gottesboten motiviert ist, sondern durch die Gier der Winzer, sich selbst des Erbes zu bemächtigen.

Nach Jesu Tod war es nicht schwer, in jener Gerichtsparabel eine Deutung der Passion zu sehen, zumal bereits eine Reihe von Metaphern (Weinberg und der Bezug zu Jes 5, Herr, Knechte, Früchte), welche auf eine Übertragung hin angelegt waren, die Allegorisierung der Parabel erleichterte. Man sah in ihr nun eine bildhafte Verschlüsselung der Ereignisse der Passion, durch welche Jesus selbst sein Sterben gedeutet hatte. Deren Pointe bestand zunächst ganz im Sinne der Parabel in der Gerichtsansage: Die Tötung Jesu wird als heilloser Endpunkt einer Unheilsgeschichte gesehen, in welcher Gottes Boten von seinem halsstarrigen Volk immer wieder abgelehnt, verfolgt, und getötet wurden. Die Erzählung sagt: Jetzt ist der Bogen überspannt, die Geduld des Herrn ist definitiv zu Ende. Er wird kommen und »die Winzer vernichten und den Weinberg anderen geben«. Diesem zu seinem schlimmen Ende gekommenen Geschehen wird nun aber in den V.10 f. noch ein Schriftwort aus Ps 118,22 f. angefügt: »Habt ihr nicht diese Schrift gelesen: ›Der Stein, den die Bauleute verworfen haben, dieser ist zum Eckstein geworden. Vom Herrn ist dies geschehen und ist wunderbar in unseren Augen‹?« Ohne Vorbereitung wird an die zu ihrem schlimmen Ende gekommene Geschichte ein jubilierender Lobpreis angefügt, der sozusagen auf einer anderen Ebene das Geschehen weitererzählt, jetzt als ein wunderbares Heilsgeschehen. Das klingt wie ein Widerspruch – und ist es in gewissem Sinne auch.

Das Schriftwort entstammt Ps 118. Dieser Psalm, ein so genanntes ›Danklied des Einzelnen‹, blickt zurück auf das Leiden des Beters, aus welchem ihm Gott herausgeholfen hat. In V.21 wird dieses abgeschlossen mit dem individuellen Dank an Gott. In V.22 beginnt nun eine Gemeinschaft zu sprechen, vermutlich die Gemeinde, die das, was diesem Beter widerfahren ist, als Heilsgeschehen preist: »Der Stein, den die Bauleute verworfen haben, dieser ist zum Eckstein geworden. Vom Herrn ist dies geschehen und ist wunderbar in unseren Augen«. Verworfen wurde der Stein von den Bauleuten, weil Gott sich scheinbar von ihm abgewandt und ihn seinem Leid überlassen hatte. Die unerwartete Rettung erscheint letztlich als Rettung aus dem Machtbereich des Todes, wie das Bekenntnis des Beters V.17 f. unterstreicht: »Ich werde nicht sterben, sondern leben und des Herrn Werke verkündigen. Der Herr züchtigt mich, aber er gibt mich nicht dem Tode preis.« Diese Rettungsmacht Gottes hat sich im Geschick des Beters geoffenbart, sein scheinbar schon dem Tod preisgegebenes Leben ist so zum Hoffnungszeichen für andere geworden. Deshalb wird aus dem verworfenen Stein nicht einfach wieder nur ein normaler Stein, sondern sogar ein tragender Stein des ganzen Gebäudes. So weit Ps 118. Dieser Psalm, der als Schlusspsalm des Passahhallels jedem frommen Juden vertraut war, wird nun auf Jesus übertragen. Er, der nicht nur vor dem Tod bewahrt, sondern aus dem Tod gerettet wurde, ist nun in noch viel umfassenderem Sinn der Offenbarer der göttlichen Rettungsmacht. Hob die Gerichtsparabel Mk 12,1–9 die Ablehnung, ja Auflehnung der Menschen hervor, welche in die Katastrophe führte, so behält dennoch das Unheil nicht das letzte Wort, weil eben nicht nur vom Menschen die Rede ist, sondern – Gott sei Dank – auch von Gott. Die Untat des Mordes am geliebten Sohn, die eigentlich die letzte Brücke zwischen Gott und seinem Volk zerstört hat, wird nun zur Grundlage eines Neuanfanges. Kurz: *Nicht die im Handeln der Winzer sich zeigende mörderische Gier und Gewalt der Nachkommen Ka-*

ins bestimmen den Ausgang der Geschichte, sondern das Handeln Gottes, das aus dem, was menschliche Schuld zertrümmert hat, einen neuen Bau errichtet – mit dem verworfenen Stein Jesus Christus als Eck- oder Schlussstein. Das wird hier geschildert, nein: nicht geschildert, sondern jubilierend gepriesen, wie man überhaupt von dem, was sich da ereignet hat, eigentlich nur im Modus des Lobpreises angemessen sprechen kann.

1.3 *»Für euch gegeben« – das Abendmahl als Summe des Lebens Jesu.*

Mk 14,22–25 schildert, wie Jesus während des Passahmahles, in dem das Heilsereignis des alten Bundes gefeiert wird, das Brot nimmt, es austeilt und auf seinen Leib deutet. Dasselbe wiederholt sich dann beim Wein, der als »Blut des Bundes« gedeutet wird, das »für viele« vergossen wird. Diese Deutung des Sterbens als eines Heilsereignisses »für viele« nimmt die schon in 10,45 erwähnte alttestamentliche Sühnetradition auf, die – nochmals sei es der vielen Missverständnisse wegen gesagt – nicht die Besänftigung eines wütenden Gottes durch ein blutiges Opfer meint: »Nicht ... der Mensch ergreift hier die Initiative, um Gott umzustimmen und ihn wieder zu versöhnen, sondern Gott schenkt dem Menschen in der Situation des selbstverschuldeten Schadens die Möglichkeit neuen Lebens mit der neuen Gemeinschaft.«[15] Was aber in Mk 10,45 nur im einzelnen Wort anklang, wird jetzt als die das Passahmahl ersetzende Gemeinschaftsfeier des Heilstodes Jesu eingesetzt (vgl. 1. Kor 11,23–26).

Zu beachten ist schon der Kontext der Szene. Der Heilszuspruch des Abendmahles ist umgeben vom ausgesprochen heillosen Verhalten derjenigen, denen diese Lebenshingabe zugute kommt: Unmittelbar zuvor wird der »Verrat« des Judas angekündigt, unmittelbar danach sagt Jesus den anderen Jüngern ihr Versagen voraus, und trotz heftiger Demen-

15 H.-J. Eckstein: Glaube der mündig wird, Holzgerlingen [6]2002, 26.

tis fliehen sie dann bei Jesu Verhaftung und lassen ihren Meister im Stich. Ja, je näher sie Jesus stehen, desto tiefer ist der Fall: die drei Vertrautesten, Petrus, Jakobus und Johannes[16], lassen Jesus in seiner Anfechtung in Gethsemani allein und schlafen alle drei dreimal; und von diesen Dreien ist es nochmals Petrus, unter allen Jüngern im Evangelium Jesu markantestes Gegenüber, der ihn dann noch dreimal verleugnet. Die Jünger erweisen sich also als dieser Hingabe völlig unwert. In diesem Kontext des Versagens erfolgt der Zuspruch des Heils! Dieses wird präzisiert, indem Jesus sein Blut als »Blut des Bundes« bezeichnet. Das spielt auf den Bundesschluss am Sinai an, wo Mose die Hälfte des Blutes der geopferten Tiere an den Altar sprengt (also den Ort Gottes), mit der anderen Hälfte das Volk besprengt und dazu sagt: »Siehe, das ist das Blut des Bundes, den der HERR mit euch geschlossen hat« (Ex 24,8). Gott bindet sich dort an diese entlaufenen Lohnarbeiter, macht sie zu seinem Volk und verheißt ihnen Land und Schutz. Bund heißt also: Gott wendet sich von sich aus zu, bindet sich an Menschen. Die weitere Geschichte zeigt, *dass Gott diesem Bund trotz allen Versagens der Menschen treu bleibt, dass er zwar immer wieder die Verwerfung ansagt, aber zugleich immer wieder den Weg zum Menschen sucht*[17]. Es gibt v.a. bei den Propheten (vgl. Jer 31,31 ff.) dann auch die Aussage, dass Gott diesen Bund erneuern wird, dem zum Gehorsam unfähigen Menschen ein erneuertes Herz geben wird. Im Zusammenhang dieser Hoffnung interpretiert Jesus seinen Tod: Sein Sterben hat also zentrale Bedeutung für Gottes Verhältnis zu den Menschen – *in ihm besiegelt Gott seine Zuwendung zum Menschen inmitten von dessen Schuldzusammenhängen.* Die Parallelen unserer Abendmahlsüberlieferung bei

---

16 Diese drei haben allein Jesus in den ungewöhnlichen Situationen begleitet (Mk 5,37; 9,2; 14,33 vgl. 13,3).

17 Markant wird die ›Zerrissenheit‹ Gottes in der Selbstaussage in Jer 31,20 ausgedrückt: »Ist Ephraim nicht mein teurer Sohn und mein liebstes Kind? Denn so oft ich ihm auch drohe, muss ich doch seiner gedenken; darum bricht mir das Herz, dass ich mich seiner erbarmen muss, spricht JHWH.«

Lukas und Paulus unterstreichen dies noch, indem sie hier vom »neuen Bund« sprechen[18].

Der stellvertretende Charakter dieses Sterbens wird noch unterstrichen durch die Hinzufügung, dass das Blut Jesu »für viele vergossen« sei. Wie schon Mk 10,45 stellt dies den Tod in den Zusammenhang des ganzen Lebens Jesu, das ein Leben aus Gottes Nähe für Andere war. So ist auch der Tod letzte Konsequenz der Selbsthingabe; Jesus liefert sich sozusagen »mit Haut und Haaren« aus, um so Gemeinschaft zwischen Gott und den Menschen zu stiften, eben den »Bund«. Gerade dadurch *verkörpert er Gottes andere Wirklichkeit, seine Herrschaft, die nicht auf Gewalt über Andere basiert, sondern auf der Existenz für Andere*. Eben dieser mit dem Tod besiegelte Einsatz für die anderen, die *Liebe* wird nun zur Grundlage des Bundes Gottes mit dem Menschen. So macht die Abendmahlsszene am Beginn der Passion deutlich: Auch das äußerste von Menschen zu verantwortende Unheil macht die Ansage der guten Nähe Gottes, die frohe Botschaft von seiner im Auftreten Jesu anbrechenden Herrschaft nicht rückgängig. Der Gott der Verkündigung Jesu, der die Sünder heilen will, der das Verlorene sucht und dem abtrünnigen Sohn entgegenläuft, dieser Gott bleibt sich treu – gerade auch angesichts des äußersten menschlichen Versagens.[19]

Die Abendmahlsszene schließt mit einem so genannten ›eschatologischen Ausblick‹ in Form eines feierlichen Amenwortes: »Wahrlich, ich sage euch: Ich werde nicht mehr vom Gewächs des Weinstocks trinken bis zu jenem Tag, wenn ich es von neuem trinke im Reich Gottes.« Damit wird von jenem irdischen Mahl aus verwiesen auf das Reich Gottes, das hier in jüdischer Tradition durchaus als ein fröhliches Festmahl mit gutem Essen und Wein vorgestellt wird. Die durch die Lebenshingabe gestiftete neue Gemeinschaft hat also das von Jesus angesagte Reich Gottes zum Fluchtpunkt.

---

18 1. Kor 11,25; Lk 22,20: kainê diathêkê; lateinisch heißt dies *novum testamentum* – daher unsere Bezeichnung »Neues Testament« für die Bezeugung dieses in Jesus Christus geschlossenen neuen Bundes.

19 In gewisser Weise setzt das Abendmahl so auch Jesu Mähler mit den Sündern fort, in denen er diesen Gottes gute Nähe vermittelt hat.

1.4 *»Nimm diesen Kelch von mir« – Gethsemani (Mk 14,32–42)*

Bei der Deutung der Passion Jesu wird oft der Eindruck erweckt, als handle es sich um die Erfüllung eines Heilsplanes, der von Jesus einfach ausgeführt wird. Ein solcher Eindruck ist zumindest sehr ungenau, denn er unterschlägt die Dramatik dieses Geschehens, die besonders in den Erzählungen des ersten Evangeliums noch sehr deutlich zum Ausdruck kommt. Dies zeigen die beiden eindrücklichsten Szenen der Leidensgeschichte, der Gebetskampf von Gethsemani und das Sterben auf Golgatha.

Im Landstück Gethsemani, unmittelbar vor seiner Verhaftung, überfällt den Gottessohn jähes Entsetzen, das mit der bisher so fraglosen Gewissheit seines Weges ins Leiden schwer zu vereinen ist. Als träfen sie ihn völlig unvorbereitet, so fallen die Schatten des Kommenden auf ihn und füllen alles mit ihrem Dunkel: »Und er begann«, so heißt es, »sich zu entsetzen und in Angst zu geraten«. Seine Not, die Jesus das einzige Mal im Evangelium ausdrückt, formuliert er in Worten des Doppelpsalms 42 f.: »Und er sagt zu ihnen: Ganz voll Trauer ist meine Seele bis in den Tod.« Thema des Psalms ist die Klage über die Verborgenheit Gottes, die von den Gegnern in der wiederholten Frage dem Beter höhnisch vorgehalten wird: »Wo ist nun dein Gott« (Ps 42,4.11). Dieser kann sie nur klagend an Gott weitergeben, kulminierend in der Anklage: »Warum hast du mich verworfen?« (Ps 43,2). Dies weist schon darauf hin, dass auch die Traurigkeit des Gottessohnes ihren eigentlichen Grund in der Verborgenheit des Vaters hat. »Praeludium mortis« – so hat A. Bengel diese Gethsemaniszene genannt, das Vorspiel des Todes, und in der Tat erlebt Jesus hier das, was den eigentlichen Schrecken seines Todes ausmacht: Seine völlige Verlassenheit, die in seinem gottverlassenen Sterben kulminieren wird. Gegen die Verlassenheit sucht er das einzige Mal im Evangelium den Trost menschlicher Gemeinschaft: »Bleibt hier und wacht«. Der noch beim Abendmahl so klar bejahte Wille Gottes wird fraglich: »Und ein kleines weitergehend fiel er auf die Erde und betete (lange), dass, wenn es möglich ist, diese Stunde an ihm vorüberginge. Und er sprach: ›Abba, Vater, alles ist dir möglich. Trag diesen Kelch an mir vorbei.‹« Gemeinhin interpretiert man dies so, dass den Gottessohn nun doch plötzlich Todesangst überfällt. Das klingt zwar menschlich anrührend, geht aber am Eigentlichen des Gebetes vorbei[20]. Daher muss von dieser doch etwas platten Deutung Abstand genommen und gefragt werden, worum es hier denn in Wirklichkeit geht. Ein erster Schlüssel ist die Metapher des Kelches, um dessen Vorübergehen Jesus hier betet. Dieser meint nirgends im Alten oder Neuen Testament einfach das Leiden oder das Todesgeschick, sondern den *Zorn Gottes*[21]! Es besteht kein Grund, diese Bedeutung nicht auch hier anzunehmen. Gottes Zorn aber wird in der Bibel vor allem in seiner Verborgenheit und Abwendung erfahren. Dort, wo Gott sich abwendet und den Menschen dem Untergang preisgibt, ist sein Zorn wirksam (vgl. Röm 1,18 ff.).

Wenn aber der Gottessohn gerade so mit dem Vater zusammengehört, dass er die Menschen zu ihm zurückführt, dass er Gottes Herrschaft in dieser Welt aufrichtet, dann ist die für ihn und seine Botschaft verschlossene Welt sein Scheitern, die Infragestellung seines ganzen Lebens. Er, der als der Menschensohn sich ganz auf die Seite der Menschen gestellt hat, erfährt nun die Trennung von Gott, seinen Zorn über

---

20 Das zeigen schon drei Schwierigkeiten dieses scheinbar naheliegenden Verständnisses: 1. Im Kontext des Evangeliums entbehrt diese Deutung nicht einer gewissen Komik – erst hat Jesus so vollmundig seinen Tod angekündigt, ja gefeiert und den Widerspruch der Jünger aufs schärfste zurückgewiesen (vgl. Mk 8,33), und nun will er auf einmal nicht mehr. 2. Selbst wenn man solches Jesus zutrauen würde, dann bliebe weiter zu fragen, warum die christliche Gemeinde dieses ja für ein heldenhaftes Sterben wenig taugliche Gebetsringen in Gethsemani nicht unterschlagen hat, sondern es als längste Einzelerzählung der Passion wiedergegeben hat, obgleich der klagende Jesus für die heidnischen Kritiker ein gefundenes Fressen war! 3. Und vor allem: Wenn Jesus wirklich nur Todesangst hatte und sein Sterben hätte vermeiden wollen, dann hätte er nicht in einem derart dramatischen Gebetsringen an die göttliche Allmacht appellieren müssen; es hätte genügt, wenn er sich am Ölberg in die Büsche bzw. Ölbäume geschlagen hätte – dann hätten die Häscher ihn nie gefunden und die Passion hätte nicht stattgefunden.

21 Vgl. Jes 51,17; Jer 25,15; Ps 75,9; Apk 14,10; 18,6 u. ö.

die von ihm abgewandte Welt. Um die Rettung aus dieser Bedrängnis bittet Jesus in Gethsemani. Deshalb appelliert er auch an Gottes Allmacht! Von daher erschließt sich auch die ›Stunde‹ als die Stunde des Gerichtes. Womit Jesus hier in Gethsemani also ringt, ist die Verborgenheit Gottes, sein Schweigen dazu, dass statt der von Jesus angekündigten Gottesherrschaft nun die Finsternis triumphiert. Gerade jetzt, in der Passahnacht, in der Nacht der göttlichen Rettungswunder, ruft er seinen Vater an, und zwar mit der einzigartigen intimen Anrede »Abba«. Wie die Psalmisten insistiert Jesus gerade auf der Nähe des ferne gewordenen Gottes. Zwar hält Jesus am Ende des Gebetes fest: »Aber nicht (entscheidet), was ich will, sondern was du (willst)« und macht so deutlich, dass er sich in jedem Fall dem Willen des Vaters unterwirft. Aber zugleich macht er klar, dass dieser Wille Gottes seinem eigenem Willen entgegen steht, und er bittet im dreifachen Gebetsringen darum, dass dieser Wille Gottes, der ihn so schreckt, sich ändern soll. Aber es erscheint kein stärkender Engel, wie wir es aufgrund einer späteren Einfügung in das Lukasevangelium von den Altarbildern her kennen, und erst recht hören wir keine Stimme vom Himmel wie bei Taufe und Verklärung. In geradezu anstößiger Sachlichkeit berichtet das Evangelium von Jesu Rückkehr zu den schlafenden Jüngern und deren Ermahnung, von seinem zweiten Gebet und der erneuten Rückkehr. Und noch ein drittes Mal wiederholt sich diese Bewegung zwischen einem verschlossenen Himmel und den unbegreiflich teilnahmslos schlafenden Gefährten – ein Hin und Her zwischen zwei Mauern des Schweigens, beendet erst durch das Kommen des die Häscher anführenden Verräters. Auf dem Hintergrund der einzigartigen Gottesnähe Jesu kann dieses Schweigen Gottes nur als Verwerfung verstanden werden – und exakt dies drückt Jesus aus, wenn er zuletzt feststellt, dass »der Menschensohn in die Hände der Sünder preisgegeben wird«. Jener Ausdruck vom »Preisgeben in die Hände« ist ursprünglich in der Bannformel des Heiligen Krieges beheimatet und meint die Übereignung der Feinde zum Vernichtungsgericht. In späterer Zeit, v. a. bei den Propheten und im deuteronomistischen Geschichtswerk wird diese

Wendung dann aber auch für das Gericht über das ungehorsame Volk verwendet: Gott wendet sich von Israel ab und gibt es so seinen Feinden preis. Die Anwendung der Formel auf Jesus macht deutlich: In der Preisgabe durch den Vater erleidet der »Menschensohn« das Gericht, ein Gericht, das ihm im Schweigen des Himmels und in der Teilnahmslosigkeit seiner Vertrauten als totale Verlassenheit begegnet. Die Gemeinde hat dieses Gebetringen als längste Erzählung der Passionsgeschichte überliefert, weil gerade in jener Verzweiflung Jesu deutlich wird, dass die Passion kein heldenhafter Opfergang war, sondern das Zerbrechen des Gottessohnes an der Gottferne dieser Welt, *der eben auch dieses Zerbrechen noch gegen alle Anfechtung als Gottes Willen auf sich nahm. So zeigt Gethsemani die Innenperspektive der Leidensgeschichte – und verweist zugleich über sich hinaus auf die göttliche Rechtfertigung dieses Vertrauens.*

1.5 »Mein Gott, warum« – Golgatha (Mk 15,20–39)

Diese Rechtfertigung des Vertrauens erfährt freilich nicht mehr der Irdische. Die Finsternis von Gethsemani bleibt bis Golgatha bestehen, symbolisiert in der Dunkelheit, die über seinem Sterben liegt. Diese Erzählung von der Kreuzigung Jesu[22] beginnt damit, dass Jesus zur Kreuzigung hinausgeführt wird (V.20). Diese Hinrichtungsart wurde vermutlich

22 Bei dieser Erzählung handelt es sich – wie auch sonst im Evangelium – nicht einfach um einen Geschichtsbericht. Zwar dürfte es eine Grundschicht gegeben haben, die von den Vorgängen des Sterbens Jesu erzählte und dabei auch konkrete Erinnerungen aufbewahrte, aber diese Grundschicht wurde dann überarbeitet, indem durch den Verweis auf die Psalmen (v. a. Ps 22) und durch eingearbeitete apokalyptische Motive (Stunde, Finsternis, Zerreißen des Tempelvorhangs) dieses schreckliche Geschehen zugleich interpretiert wurde. Da Wiedergabe und Deutung im Erzählen verschmolzen, ist es bei einzelnen Versen umstritten, was nun genau Geschichtsbericht und was Deutung ist. Für uns ist nur wichtig, dass das Geschehen gerade so erzählt wurde, um es im Lichte der Heiligen Schriften zu deuten und zugleich seine Bedeutung für diese Welt durch die apokalyptischen Motive herauszustellen.

von den Persern erfunden; die Römer übernahmen sie von den Puniern. Wegen ihrer besonderen Grausamkeit und Schande – der so Hingerichtete verendete qualvoll vor aller Augen – galt sie als die elendste Todesart, die im Allgemeinen nur an besonders niederstehenden Menschen (Sklaven, später auch an Freigelassenen und Fremden) angewandt wurde. Bei Jesus ist dies darin begründet, dass er *als Aufrührer* gekreuzigt wurde. Für diesen politischen Hintergrund sprechen auch weitere Einzelheiten der Kreuzigung: Die Inschrift über dem Kreuz (*causa poenae*) bezeichnet Jesus als König der Juden, d. h. als Aufrührer gegen Rom (15,26). Ebenso dürften jene mit Jesus gekreuzigten Räuber (15,27) jüdische Widerstandskämpfer sein, die von den Römern nicht als Feinde anerkannt wurden (und damit Anrecht auf ein Minimum an Schonung durch das Kriegsrecht hatten), sondern als Räuber zur schlimmsten Verbrecherkategorie gerechnet wurden. Üblich war, dass der Verurteilte den Querbalken (*patibulum*) selbst zur Hinrichtungsstätte tragen musste, wo er dann an diesem festgebunden oder festgenagelt und an dem bereits an der Hinrichtungsstätte festgerammten Pfahl hochgezogen wurde. Warum man einen Vorbeigehenden nötigte, den Querbalken für Jesus zu tragen (V.21), ist nicht sicher. Jesus wird zu einem Ort namens ›Golgotha‹ gebracht, dessen Name mit ›Schädelstätte‹ übersetzt wird (V.22). Ihm wird mit Myrrhe versetzter Wein angeboten, ein Rauschmittel, das die Leiden lindern soll (V.23). Warum Jesus dies ablehnt, wird nicht gesagt – will er dem Leiden ohne Betäubung standhalten? In äußerster Knappheit wird die Kreuzigung berichtet. Zugleich wird das Aufteilen der Kleider des Delinquenten berichtet (V.24). Vermutlich war dies ein römischer Brauch. Unterstrichen wird damit auch die Entwürdigung des Hingerichteten, der nun entblößt den Blicken der Neugierigen preisgegeben ist. Dieser Zug wird mit Worten des Psalms 22 wiedergegeben. Wir werden diesem Psalm noch öfters wieder begegnen – am deutlichsten in Jesu Schrei, bei dem er diesen Psalm zitiert. Die Wiedergabe der Passion mit den Worten des Psalms macht deutlich, dass all das, was hier erzählt wird, die Erfüllung dessen ist, was im alttestamentlichen Gotteswort verheißen ist. Und das heißt zugleich: Das Sterben, so heillos und gottverlassen es auch zu sein scheint, so heillos und gottverlassen es auch von Jesus selbst erlebt wird, entspricht letztlich doch Gottes Willen.

Explizit wird unterstrichen, dass es sich beim Zeitpunkt der Kreuzigung um die dritte Stunde handelt (V.25). Das Motiv der Stunde kehrt dann wieder – von der sechsten bis zur neunten Stunde legt sich eine Finsternis über die ganze Erde (V.33), in der neunten Stunde stirbt Jesus (V.34–37). Was immer hier an historischer Erinnerung über den Zeitpunkt des Sterbens Jesu vielleicht noch bewahrt wurde, wissen wir nicht. Dieses Motiv der jeweils im Dreistundentakt voranschreitenden Ereignisse ist in jedem Fall auch ein gewichtiges Deuteelement: Ähnlich wie der Verweis auf die Psalmen zeigt es, dass das Geschehen bei aller scheinbaren Widersinnigkeit doch in Wahrheit nach Gottes Plan abläuft. Genauer noch: Da die Stundeneinteilung vor allem bei Ereignissen begegnet, die eine apokalyptische Dimension andeuten – der Finsternis und dem Zerreißen des Tempelvorhangs – unterstreicht sie die *universale Bedeutung dieses Todes.*

Die Letzten, die noch ihren üblen Part bei der Leidensgeschichte Jesu spielen, sind die Vielen, die bei der Kreuzigung dabei sind – von den Vorbeigehenden über die Hohepriester bis hin zu den Mitgekreuzigten (Vv.29–32)! Sie alle machen sich über den Sterbenden lustig, und zwar so, dass sie damit sein jämmerliches Geschick als offenkundige Widerlegung seines Anspruchs interpretieren.[23] Aber Gott bleibt stumm.

---

23 Zunächst sind dies einfach die Vorübergehenden (V.29). Auch ihr höhnisches Kopfschütteln entstammt Psalm 22,8, ein spöttisches Bedauern über die gefallene Größe dessen, der doch den Tempel einreißen wollte. Das Motiv des Tempels wird wieder aufgenommen in V.38, wo im Zerreißen des Tempelvorhangs Gott gewissermaßen auf seine Weise darauf reagiert. Doch dies geschieht erst nach Jesu Tod. Der Lebende wird nur mit der spöttischen Aufforderung konfrontiert: »Rette dich selbst« (V.30). Damit wird nun auch Jesu Anspruch als Retter, sein bisheriges vollmächtiges Auftreten und seine damit verbundene Verkündigung der angebrochenen Gottesherrschaft höhnisch gegen den hilflos am Kreuz Hängenden gewandt.

Dieses Motiv, dass das Kreuz das bisherige Leben Jesu widerlegt, gerade

Stattdessen breitet sich über Jesu Sterben Finsternis aus (V.33). Auch das ist eine Reaktion des Himmels, die allerdings zunächst nur bestätigt, dass sich hier das Gericht über die Welt vollzieht (vgl. Mk 13,24 f.). Zugleich aber wird diese Dunkelheit durch die Angabe ›von der sechsten bis zur neunten Stunde‹ beschränkt. Die neunte Stunde aber, das erfährt man im Folgenden, ist die Todesstunde. Der Gottessohn stirbt zwar in der Finsternis, aber mit seinem Tod bricht das Licht wieder an – ein Hinweis, dass dieser Tod nicht die Dunkelheit der Welt fortsetzt, sondern ihr das Licht bringt. Doch dies liegt jenseits der Erfahrungen des Irdischen. Dieser stirbt den bitteren Tod mit dem klagend-anklagenden Schrei: »Mein Gott, mein Gott, warum hast du mich verlassen« (V.34). Auch das ist wieder Psalmensprache, und natürlich weiß jeder Fromme, dass dieser Psalm letztlich im Preis des göttlichen Rettungshandelns mündet. Aber es ist dennoch nicht statthaft, die Klage dieses Wortes einfach auszublenden[24] – es gehört eben zum Doppelcharakter der Passion, dass sie im tiefsten Ausdruck der göttlichen Rettungsmacht ist, zugleich aber aus der menschlichen Perspektive Auslieferung an die Gottesferne, wie auch noch einmal

auch seine Wunder und Machttaten, wird noch einmal aufgegriffen und verstärkt im Spott der Hohenpriester: »Andere hat er gerettet, sich selbst kann er nicht retten! Der Messias (Christus), der König Israels, soll nun vom Kreuz steigen, damit wir sehen und glauben« (V.31 f.). Auch dieses Motiv findet sich im Psalm, wenn die kopfschüttelnden Feinde dort dem Leidenden vorhalten: »Er klage es dem Herrn, der helfe ihm heraus und rette ihn, hat er Gefallen an ihm« (Ps 22,9). Das Geschick des leidenden Gerechten wird also hier wie dort gegen sein Gottvertrauen ausgespielt: Wenn Gott ihm nicht heraushilft, so die Schlussfolgerung, dann hat Gott also kein Gefallen an ihm, dann ist der Leidende von Gott verlassen.

Das Matthäusevangelium hat dies noch einmal zugespitzt, indem Jesus dort vorgehalten wird: »Wenn du Gottes Sohn bist, rette dich selbst und steig herab vom Kreuz« (Mt 27,40 vgl. auch 43). In jenem »Wenn du Gottes Sohn bist« klingt noch einmal die Stimme des Teufels an, der am Anfang des Evangeliums die Demonstration göttliche Macht als Erweis der Gottessohnschaft eingeklagt hatte. Er feiert jetzt im Spott der Menschen seinen Triumph.

24 Andernfalls hätte man Jesus eben einen anderen, ›positiveren‹ Vers in den Mund gelegt.

die letzte kleine Szene, das so genannte Eliamissverständnis unterstreicht (V.35 f.)[25]. Mit einem letzten Schrei stirbt Jesus (V.37).

Dass Jesus mit »lauter Stimme« stirbt – ein Ausdruck, der gerne für die Himmelsstimme verwendet wird – mag wieder ein verborgener Hinweis auf die andere, die göttliche Dimension dieses Geschehens sein, die nun im Folgenden dargestellt wird: Denn jetzt, nach Jesu Tod, erfolgt der Umschwung: Das Licht kehrt wieder, der Vorhang des Tempels zerreißt (V.38) und ausgerechnet ein heidnischer Militär, der Führer des Hinrichtungskommandos bekennt den Gekreuzigten als Gottes Sohn (V.39). Das Zerreißen des Tempelvorhangs stellt eine Parallele zu der Taufe am Anfang des Evangeliums dar: Dort zerriss der Himmel, nach einer frühjüdischen Vorstellung der Vorhang vor Gottes Thron, und Gott stellte sich hinter diesen Menschen Jesus. Sein Geist kam auf Jesus herab, d. h. in ihm war Gott gegenwärtig. Nun zerreißt der Vorhang des Tempels, der nach dem Zeugnis von Philo und Josephus mit seinen Stickereien das Himmelgewölbe abbildete[26]. Analog zum himmlischen Vorhang grenzte er den Ort, wo Gott in der Welt gegenwärtig wird, vom Rest der unheiligen Welt ab. Diese Trennung wird durch Jesu Tod aufgehoben. Wenn im Anschluss daran der Gekreuzigte zum ersten Mal von einem Menschen und öffentlich als Gottessohn bekannt wird, so macht beides zusammen deutlich, dass der Gekreuzigte nun der Ort der Gottesgegenwart in

---

25 Das Leben des Sterbenden soll mit einem Reizmittel verlängert werden, um Elia, noch eine letzte Gelegenheit zum Eingreifen zu geben. Es ist umstritten, ob Elia hier als der Nothelfer des bedrängten Frommen oder als der Vorläufer des Messias erwartet wird – beides entspricht frühjüdischer Tradition. Doch letztlich ist dies zweitrangig; entscheidend ist, dass dem Himmel mit der Lebensverlängerung noch eine letzte Gelegenheit zum Eingreifen gegeben wird und dass diese himmlische Hilfe ausbleibt. Dies unterstreicht szenisch nochmals, dass der am Kreuz Hängende allein bleibt.

26 Belege bei R. Feldmeier: Der Gekreuzigte im ›Gnadenstuhl‹. Exegetische Überlegungen zu Mk 15,37–39 und deren Bedeutung für die Vorstellung der göttlichen Gegenwart und Herrschaft; in: M. Philonenko (Hg): Le Trône de Dieu (WUNT 69), Tübingen 1993, 213–232.

dieser Welt ist. Nicht mehr in der Abgeschiedenheit des Allerheiligsten ist Gott zu finden, sondern hier, in dem Leben dieses eben so gottverlassen Verstorbenen.

So macht auch die am Ende berichtete – oder genauer: nur angedeutete – Auferstehung in Mk 16,1–8 deutlich, dass das, was nach menschlichen Maßstäben ein Scheitern Jesu war, aus der Perspektive Gottes die Vollendung seines Weges als Gottessohn in diese Welt ist. Deshalb befiehlt der Engel auch den Frauen, den Jüngern mit der Botschaft von der Auferstehung den Auftrag mitzugeben, dem Auferstandenen in Galiläa wieder zu begegnen. Damit werden die, welche ihrem Herrn nicht die Treue gehalten haben, sondern ihn verleugnet und verlassen haben, wieder in seine Gemeinschaft aufgenommen.

Im Rückblick zeigt sich, dass die Passion gewissermaßen auf zwei Ebenen erzählt wurde: Auf der menschlichen Ebene ist sie der Weg in den Tod, ein Scheitern an der Verblendung und der Bosheit der Menschen. Wer nur dies sieht, für den ist die Verehrung des Gekreuzigten nur Torheit und Ärgernis, wie Paulus 1. Kor 1,23 sagt. Aber zugleich wird schon bei der Wiedergabe der Passion deutlich gemacht, dass dieses Geschehen für die Glaubenden noch eine andere Dimension hat, weil hier auch von dem Gott erzählt wird, der gerade in der Preisgabe seines Sohnes die Welt nicht an ihren eigenen Unheilszusammenhang preisgibt. Die Parabel von den bösen Winzern hatte es im Bild gesagt: Wo die menschliche Geschichte zu ihrem schlimmen Abschluss gekommen ist, *wird von Gott ein neuer Bau errichtet* – mit dem von den Menschen verworfenen Stein Jesus Christus als tragendem Eck- oder Schlussstein[27].

27 Vgl. dazu die Ausführungen in 1. Petr 2,4 ff., die das Bild ekklesiologisch weiter ausdeuten.

2. *Die anderen Evangelien*

2.1 *Das Matthäusevangelium*

Am deutlichsten lehnt sich das Matthäusevangelium in der Wiedergabe der Passion an die Markusvorlage an. Allerdings verwendet es bei Jesu Tod zusätzliche apokalyptische Motive. So öffnen sich nach Jesu Tod die Gräber und Tote gehen umher (Mt 27,52 f.). Das unterstreicht, dass Jesu Tod die Wende der Zeit herbeigeführt hat. Genauer noch: Gerade dort, wo der Tod im Sterben des Gottessohnes scheinbar seinen endgültigen Triumph feiert, hat er seine definitive Niederlage erlitten. Das führt das vom Evangelisten bewusst gesetzte Finale aus, die Verabschiedung Jesu von seinen Jüngern auf dem Berg: Der jüngst am Kreuz so elend Gestorbene verweist jetzt auf seine allumfassende Macht (»Mir ist gegeben alle Macht im Himmel und auf Erden«). Als Herr über Himmel und Erde sendet er seine Jünger mit dem Taufbefehl als Missionare in alle Welt, verbunden mit der abschließenden Zusage des Weltenherrn: »Siehe, ich bin bei euch alle Tage bis an das Ende der Welt« (Mt 28,18–20). Dieser Abschluss setzt den Sieg Christi über die Mächte des Bösen eindrucksvoll in Szene. Allerdings ist dies keineswegs nur Ausdruck einer ungebrochenen Herrlichkeitstheologie, die das Kreuz sozusagen hinter sich gelassen hat. Näheres Zusehen zeigt sehr wohl noch die bleibenden Spuren der Passion in der Gestalt dieses Jesus und seiner Anhänger. Das beginnt schon damit, dass explizit nur elf Jünger genannt werden, die mit Jesus den Berg hinaufsteigen (Mt 28,16) – die Vollzahl der Zwölf ist zerstört, der Verräter hat in das symbolische Gottesvolk eine Lücke gerissen. Und auch die Elf bilden keinen Triumphzug – als die Jünger Jesus sehen, fallen sie zwar anbetend nieder, zugleich aber zweifelten einige. Wer das ist, wird nicht gesagt, soll wohl auch gar nicht gesagt werden – deutlich wird nur: Mit der Erscheinung des Auferstandenen ist nicht alles plötzlich klar; die Schatten der Anfechtung begleiten auch nach Ostern die von ihrem auferstandenen Herrn ausgesandten Jünger. Wichtiger aber noch ist das Verständnis jener auf den ersten Blick so triumphal eindeutigen Aussage: »Mir ist gegeben alle Gewalt im Himmel und auf Erden.« Man muss diese Aussage am Ende des Evangeliums als bewusste Antithese zum Anfang lesen, bei dem der Versucher dem Gottessohn die Herrschaft über alle Reiche dieser Welt anbot (Mt 4,8 f.). Diese Art von Weltherrschaft, die auf Gewalt basiert und deren zerstörerisches Wesen schon in der Gestalt des Herodes vorgestellt worden war, der zur Absicherung seiner Macht die Anderen für sich sterben lässt (Mt 2,16), lehnt der Gottessohn ab. Diese Ablehnung prägt sein Leben – von der Ablehnung der Zeichenforderung (Mt 12,28 ff.) bis zum Verzicht auf himmlischen Beistand bei der Passion (Mt 26,53). Wie es die Armen im Geiste sind und die um der Gerechtigkeit willen Verfolgten, denen der matthäische Christus in den Seligpreisungen der Bergpredigt das Himmelreich verheißen hat (Mt 5,3.10), so wie es die Sanftmütigen sind, denen er ebendort den Besitz der Erde verheißen hatte (5,5), so ist auch dieser Christus als Weltherrscher nicht die Übersteigerung eines Tiberius und Pilatus, nicht ein potenzierter Herodes. Nein, wenn der Christus, der den Weg zum Kreuz gegangen ist, nun zum Herrscher über Himmel und Erde eingesetzt ist, dann muss diese Herrschaft eine Alternative zur irdischen Macht sein: Es ist die Weltherrschaft dessen, der mit seinem Verzicht auf Gewalt am Kreuz scheinbar den Kürzeren gezogen hat und widerlegt wurde. Matthäus ließ ja die höhnenden Stimmen der Lästerer bei der Kreuzigung bewusst wieder an die Frage des Versuchers anklingen: »Wenn du Gottes Sohn bist, dann ...« (Mt 27,40 vgl. 4,3.6). Dieser gewaltsam getötete ›Sanftmütige‹ (Mt 11,29; 21,5) ist durch die Auferstehung von Gott bestätigt und zum wahren Herrscher der Welt eingesetzt. Das heißt: Nicht der vergewaltigenden Übermacht gehört die Zukunft, sondern der menschlichen Herrschaft des Menschensohnes, der Barmherzigkeit übt. Und als solcher ist er bei seiner Gemeinde bis zur Vollendung der Welt (Mt 28,20 vgl. 18,20). Diese Barmherzigkeit verlangt der Menschensohn dann auch in seinen Reden; das Gebot der Liebe bis hin zur Feindesliebe ist verpflichtend für seine Nachfolger, wie der Erhöhte noch einmal ausdrücklich einschärft: »Lehret sie halten alles, was ich euch befohlen habe«

(28,19). Dies ist ein expliziter Rückverweis auf seine Lehre vom Willen Gottes, deren Zentrum das Liebesgebot ist (Mt 22,37–40 vgl. 7,12), das sich in Barmherzigkeit, Vergebungsbereitschaft, Feindesliebe und vielem anderen konkretisiert. Dies ist dann auch der Maßstab des Gerichtes, das der erhöhte Menschensohn über diese Welt halten wird (Mt 25,31–46), nicht als unberührbarer Herrscher über allem, sondern als der, der von der Not der Geringen leibhaftig betroffen ist, wie er in der Urteilsbegründung ausdrücklich feststellt: »Was ihr getan habt einem meiner geringsten Geschwister, das habt ihr mir getan (bzw. nicht getan)« (Mt 25,40.45).

2.2 *Das Lukasevangelium*

Ist der matthäische Christus der Lehrer des göttlichen Willens, so ist der Christus des Lukasevangeliums der Heiland. Dieses altmodische Wort bedarf jedoch der Präzisierung, um es von aller falschen Süßlichkeit zu reinigen. Denn Süßliches ist diesem Evangelium fremd:

> »Er hat Gewalt geübt mit seinem Arm, er hat zerstreut, die hochmütig sind in der Gesinnung ihres Herzens, er hat die Mächtigen von den Thronen herabgestürzt und die Niedrigen erhöht, er hat die Hungrigen mit Gütern gefüllt und die Reichen leer weggeschickt.« (Lk 1,51–53)

Dieses Magnificat der Maria, mit dem die Geburt des Erlösers angekündigt wird, klingt eher nach einem Revolutionsprogramm denn nach der Einleitung zu einer Weihnachtsgeschichte. Die Geburt im Stall während der Schätzung des Augustus zeigt die Ankunft eines alternativen Herrschers an, der den Armen und Weinenden Freude ansagt, der aber den Reichen und Selbstgefälligen Gottes Gericht ankündigt (vgl. Lk 6,20–26). Dieser Jesus isst mit Zöllnern und hat Frauen im Gefolge, er heilt selbst den ihn verhaftenden Kriegsknecht noch (Lk 22,51) und kann dem mitgekreuzigten Schächer verheißen, dass er mit ihm im Paradies sein wird (Lk 23,43). Und auch wenn das Gebet für die Henker (Lk 23,34) nicht ursprünglich ins Evangelium gehören sollte, wie die Textkritik nahe legt, so ist es doch kein Zufall, dass es gerade dem lukanischen Christus in den Mund gelegt wird. »Der Menschensohn ist gekommen, zu suchen und selig zu machen, was verloren ist« (19,10) – das ist die Zusammenfassung der lukanischen Heilsbotschaft, und so wie der Menschensohn das sucht, was zugrunde geht, so hat der lukanische Christus auch Gott als den portraitiert, der sich der Verlorenen annimmt (am deutlichsten in den weitgehend dem Sondergut entstammenden Gleichnissen vom Verlorenen Lk 15). Aber das ist nur die eine Seite: Wie schon im Magnifikat angedeutet ist dieser Jesus auch ein Prediger, der jede falsche Versöhnung mit Unrecht und Verkehrtheit, jeden faulen Frieden in seinem Namen von sich weisen kann: »Ihr meint, dass ich gekommen bin, der Welt Frieden zu bringen? Nein, sage ich euch, sondern Entzweiung« (Lk 12,51). Und in seiner Verkündigung wird auch dieser kritische Zug immer wieder deutlich – erinnert sei nur an Weherufe über die Reichen und Satten (Lk 6,24–26), an Beispielerzählungen wie die vom reichen Mann und vom armen Lazarus (Lk 16,19–31), vom reichen Kornbauern (Lk 12,16–21), oder vom Pharisäer und Zöllner (Lk 18,9–14). Dieser prophetische Christus, der noch beim Abendmahl in der Lukasversion sein Leben bewusst als Dienst deutet (Lk 22,27), der sich mitten in den Streit dieser Wirklichkeit hineingestellt hat und an ihrem Widerstand zerbrochen ist, dieser Christus wird von Gott erhöht, wie es bei Lukas im Bild der Himmelfahrt Jesu gleichnishaft verdeutlicht wird (Lk 24,51; Apg 1,9–11). Himmelfahrt heißt, so deutet es dann Petrus in der Apostelgeschichte explizit aus, dass Christus zur Rechten Gottes erhöht und damit zum Sieger über alle lebenszerstörenden Gewalten eingesetzt ist (Apg 2,32–35). Das aber ist nicht ein privates Ereignis, als ob Jesus nun eben einen göttlichen Anerkennungspreis für seine Mühen und Verdienste erhalten würde. Auf Himmelfahrt folgt Pfingsten, nicht nur im Kirchenjahr, sondern auch im lukanischen Doppelwerk. Der zur Rechten Gottes erhöhte »Fürst des Lebens« (Apg 3,15; 5,31) verheißt seinen Jüngern die Kraft aus der Höhe (Lk 24,49) bzw. die Macht des Geistes, der sie dann zum Dienst befähigt

(Apg 1,8). Damit ist auch schon die theologische Gestalt genannt, die für Lukas die Gläubigen mit diesem erhöhten Jesus zusammenbindet: der Heilige Geist. Dieser Geist, der schon in den Propheten des Alten Bundes wirkte, der in der Jungfrau das Kind entstehen ließ und der Jesus sein ganzes Leben lang prägte und beseelte, bis er ihn am Kreuz mit den Worten »Vater, meinen Geist befehle ich in deine Hände« wieder Gott zurück gab – dieser Geist der Gegenwart Gottes war keine Exklusivgabe an Jesus Christus, und er bleibt nach seinem Tod nicht fern im Himmel, sondern er wird gerade als Folge dieses Leidens und Sterbens über die Glaubenden ausgegossen. Eine Folge ist dann auch, dass sich Verwirrung und Trauer in große Freude und Lobpreis verwandeln, wie es der strahlende Schluss des dritten Evangeliums feststellt (Lk 24,52 f.) und wie dies im Lobpreis in der Pfingstrede des Petrus noch einmal wiederholt wird (Apg 2,26).

2.3 Das Johannesevangelium

Die Deutung des Todes Jesu im Johannesevangelium bedürfte einer eigenen ausführlichen Darstellung, die den Rahmen dieses Beitrages sprengen würde. Daher hier nur einige Hinweise: Blicken die synoptischen Seitenreferenten auf den Christus nach seiner Kreuzigung, der von Gott erhöht wurde, so versucht das Johannesevangelium, diese Erhöhung bereits in der Darstellung des Irdischen deutlich zu machen.[28] Wenn Jesus etwa in den für das vierte Evangelium so charakteristischen ›Ich-bin-Worten‹ von sich sagt, dass er das Brot des Lebens oder das Licht der Welt sei, der gute Hirte oder die Tür oder der Weg, die Wahrheit und das Leben, so wird in all diesen Worten deutlich, dass für die Glaubenden in dem erhöhten Jesus Christus das Heil schon gegenwärtig ist, als ›Lebens-Mittel‹ und Lebensweg. Das geht bis dahin, dass der Tod für den, der zu diesem Jesus gehört, bereits überwunden ist, wie immer wieder unterstrichen wird. »Wer

28 Vgl. hierzu Fußnote 8.

an den Sohn glaubt, der hat schon das ewige Leben« – so drückt es Joh 3,36 aus, Entsprechendes wird schon in Joh 3,15 ff. gesagt, und Joh 5,24 präzisiert dies noch: »Amen, ich sage euch, wer mein Wort hört und dem glaubt, der mich gesandt hat, hat das ewige Leben und kommt nicht ins Gericht, sondern ist aus dem Tod ins Leben hinübergegangen.« Im Glauben an diesen Sohn partizipieren die Glaubenden auch an der bereits geschehenen Überwindung der Welt, deren Grund Gottes Liebe zu dieser Welt ist (Joh 3,16). So lässt der Glaube Jesu Anhänger auch in den Ängsten bereits an der Siegeszuversicht der Erhöhten teilhaben: »In diesem Kosmos seid ihr bedrängt. Aber seid zuversichtlich: Ich habe den Kosmos besiegt« (16,33b).

III. »Das Schwache Gottes ist stärker als die Menschen«. Das Kreuz als göttlicher Machterweis bei Paulus

Wird in den Evangelien vorwiegend *erzählend* entfaltet, inwiefern gerade das Leiden des Gottessohnes Grundlage für die Hoffnung auf Überwindung des Dunkels dieser Welt ist, so ist Paulus derjenige urchristliche Denker, der mit größter Konsequenz den Tod Jesu zum Ausgangspunkt seiner Theologie gemacht hat. Am deutlichsten geschieht dies im 1. Korintherbrief, und aus diesem Brief soll hier ein Text ausführlicher behandelt werden, in dem der Apostel zu Fragen der Gemeinde aus der Perspektive der Offenbarung Gottes am Kreuz Stellung nimmt.

Zunächst zum Kontext: Nach dem Präskript geht Paulus auf das erste Problem der korinthischen Gemeinde ein, auf die ihm von den ›Leuten der Chloe‹ berichteten Spaltungen in der Gemeinde (1,11). Paulus sieht in diesen Streitereien und Parteibildungen offensichtlich ein menschliches Geltungs- und Weisheitsstreben am Werk, welches das Heilsereignis des Kreuzes Christi zu ›entleeren‹ droht (V.17). Dies ist der konkrete Anlass für den folgenden Einschub, in welchem der Apostel in Antithese zum korinthisch-menschlichen Streben nach Weisheit sein Verständnis des Kreuzes als Grund aller christlichen Existenz entfaltet. Hier wird schon deutlich, dass der Apostel selbst zentrale theologische Erörterungen immer im Bezug auf eine bestimmte Situation entfaltet. Die Ausführung erfolgt in drei Argumentationsgängen, einem grundlegend theologischen, welcher Gottes Offenbarung am Kreuz in Antithese zum menschlichen Streben nach Weisheit und Macht entfaltet (1,18–25), sowie zwei weiteren, welche die Kreuzestheologie plausibel zu machen suchen im Blick auf die Erfahrungen der Gemeinde – zunächst im Blick auf ihre soziale Zusammensetzung (1,26–31), dann im Blick auf die an ihr erfolgte Mission (2,1–5). Der Apostel begnügt sich also angesichts des Kreuzes nicht mit einem bloßen *credo quia absurdum*[29], sondern er versucht durchaus, die theologischen Konsequenzen der ihm durch die Offenbarung vorgegebenen Aufgabe zu durchdenken.

Zunächst zu den grundsätzlichen Ausführungen in 1,18–25. Paulus beginnt in V.18 mit einer Antithese: Die Botschaft vom Kreuz hat eine entgegengesetzte Wirkung, je nach Adressat. Den Einen, die er als die Verlorenen bezeichnet, erscheint die Verehrung eines Gottes am Kreuz als ›Torheit‹. Erinnert sei nur an die Aussagen des Kelsos und das Spottkruzifix. Ihnen zugrunde liegt ein Gottesbegriff, der Göttliches im Wesentlichen als eine dem Menschen überlegene Macht versteht, wie dies etwa der Spruch des attischen Dichters Menander auf den Begriff bringt: »Alles Mächtigere wird Gott genannt«[30]. Wenn aber die Pointe des Gottesbegriffes gerade die Übermacht ist, dann kann das Kreuz nur als Verirrung des Denkens, als bloße Narretei erscheinen.

---

29 Dieses Wort wird Tertullian zugeschrieben, bei dem es sich allerdings nur der Sache nach findet, vgl. De carne Christi 5: Crucifixus est dei filius; non pudet, quia pudendum est. Et mortuus est dei filius; credibile est, quia ineptum est. Et sepultus resurrexit; certum est, quia impossibile (»Gekreuzigt ist Gottes Sohn: Das beschämt nicht, weil es schändlich ist. Und gestorben ist Gottes Sohn: Das ist glaubhaft, weil es unpassend ist. Und nach seinem Begräbnis stand er wieder auf: Das ist sicher, weil unmöglich«).

30 Fr.257: τὸ κρατοῦν γὰρ πᾶν νομίζεται θεός.

Dem wird vom Apostel entgegengehalten, dass sich denen, die gerettet werden, dieses Kreuz als die Macht Gottes erweist. Wohlgemerkt: Auch der sich am Kreuz offenbarende Gott ist nicht einfach ohnmächtig, sondern er ist eine ›Macht‹, und zwar *für uns*, wie der Apostel eigens hervorhebt. Dies ist die These, die im Folgenden entfaltet wird. Dabei dient in V.19 das Wort aus Jes 29,14 »Ich werde die Weisheit der Weisen zugrunde richten und den Verstand der Verständigen zunichte machen« zunächst als Beleg dafür, dass das, was sich in der Begegnung der ›Weisen‹ mit dem Gekreuzigten ereignet hat, bereits in der Schrift vorausgesagt wurde. Eine Bestätigung für dieses Schriftwort findet der Apostel bereits in der Tatsache, dass der Gekreuzigte gerade nicht von den Weisen erkannt wurde (V.20). Dies deutet er so, dass Gott die Weisheit dieser Welt als Torheit erwiesen hat. So hat es Gott gefallen, auf seine eigene Weise die Glaubenden zu retten, durch die Torheit der Verkündigung, wie Paulus V.21 feststellt, wobei er den Vorwurf der Torheit nicht etwa apologetisch zu entkräften sucht, sondern ihn provokativ zum Kennzeichen seiner Botschaft und darüber hinaus der göttlichen Offenbarung selbst macht.

Wurde im ersten Argumentationsgang die entgegengesetzte Wirkung des Wortes vom Kreuz aus der Perspektive des erwählenden Gottes entfaltet, so ergänzt Paulus dies in den V.22–24 aus der Sicht des empfangenden Menschen. Es sind ganz bestimmte Vorstellungen über das, was göttlich ist und was nicht, die den Zugang zu Gottes Selbstoffenbarung versperren. Dem Juden wird dabei die Suche nach Zeichen zugeschrieben, also die Bestätigung durch einen über das menschliche Maß hinausgehenden Machterweis, dem Griechen die Suche nach Vernünftigkeit und Intelligenz (V.22). Das setzt Schwerpunkte insofern, als der Selbsterweis Gottes durch seine Machtaten in der jüdischen Tradition eine wichtige Rolle spielt, ebenso wie im hellenistischen Bereich der Gottesbegriff zumindest in der gebildeten Religion eng mit der Weltvernunft verbunden ist. Doch geht es weniger nur um Spezifika des Jüdischen und Hellenistischen – auch im paganen Bericht spielt der Machtgedanke im Blick auf das Göttliche eine entscheidende Rolle – sondern um das, was das Denken des »Kosmos« bzw. »dieses Äons« sich unter dem Göttlichen vorstellt, nämlich die Steigerung von Welt durch Verneinung ihrer Grenzen (*via negationis*) oder durch Verabsolutierung ihrer Stärken (*via eminentiae*). In alledem macht sich der Mensch selbst sein Bild vom Göttlichen, entworfen aus den eigenen eingestandenen oder uneingestandenen, auf Gott projizierten Machtgelüsten. Und eben diese Haltung (und nicht nur ein intellektuelles Defizit) lässt das Kreuz als Ort der göttlichen Offenbarung als Ärgernis und Torheit erscheinen. »Wir aber verkündigen Christus, den Gekreuzigten« – mit dieser Entgegensetzung in V.23a macht der Apostel deutlich, dass Gott sich nicht einfach als höchste Steigerung von Welt denken lässt. Im Gegenteil: Er macht die Weisheit der Welt zur Torheit (1,20), er macht das, was etwas ist, »zuschanden« (1,28). Und so erweist sich das, was den einen als Torheit und Ärgernis erscheint, den zu Gott Gehörenden als Weisheit und Kraft (V.24). Während das Kreuz von außen nur Anstoß erregt und abstößt, erschließt sich denen, die Gott berufen hat, denen er also gerade auf diesem scheinbar so ungöttlichen Weg begegnet ist, ein neues Verstehen, eine neue Einsicht, und – nicht zu vergessen – auch eine neue Kraft. So kommt der Apostel dann am Ende zu der Schlussfolgerung, dass das ›Törichte Gottes‹, wie er die Offenbarung am Kreuz nennt, sich dennoch als weiser erweist als die Weisheit der Menschen und das Schwache Gottes als stärker als die Stärke der Menschen (V.25). Diese Feststellung ist wichtig. Verbreitet ist heute eine unverantwortliche Rede von der Ohnmacht Gottes, die sich auf die Kreuzestheologie beruft und damit wohl nur den eigenen kirchlichen und theologischen Einflussverlust rechtfertigen will, oft gepaart mit einer ersatzweisen Ermächtigung des Menschen: »Gott hat keine Hände als unsere Hände ...«. Das aber entspricht nicht der Theologie des Paulus. Seine Kreuzestheologie nötigt vielmehr dazu, die Torheit Gottes als etwas zu verstehen, das klüger ist als unsere eigene Klugheit, und Gottes Schwäche als etwas, das stärker ist als unsere Macht und die Mächtigkeiten dieser Welt. Deshalb bedeutet die wahre Gotteserkenntnis das Anerkennen Gottes, ein hörendes, vernehmendes, ein gehorchendes Sich-Einlassen auf Gott, auf den Weg, den er selbst geht. Das war der eigene Weg des Paulus gewesen, als die Erscheinung des Auferstandenen seine eigene Vorstellung von Gott durchkreuzt und ihn genötigt hat, ganz neu über Gott nachzudenken. Dabei war ihm das, was ihm bisher heilig und gut galt, plötzlich als Unrat, ja als Kot erschienen, wie Paulus in Phil 3,7 ff. einigermaßen drastisch formuliert. Zugleich galt es nun das, was ihm bisher als Unrat erschienen war, nämlich die Verehrung Gottes im Gekreuzigten, aufgrund der Auferstehung mit Gott zusammenzudenken, die Niedrigkeit als Offenbarung der Herrlichkeit. Es galt, den Tod als Sieg des Lebens zu verstehen.

Worin aber besteht diese größere Stärke und Weisheit der Schwäche und Torheit Gottes? Paulus sagt dies hier nicht direkt. Dennoch ist eine verstehende Annäherung an die ›im Geheimnis verborgene Weisheit Gottes‹ (2,7) möglich. Sowohl am Anfang (V.18) wie am Ende (V.24) des Exkurses wird betont, dass das Kreuz »für uns (V.24: für die Berufenen) Macht und Weisheit« bedeutet. Mit anderen Worten: Gottes Gottheit besteht nicht darin, dass er sich als die allem anderen überlegene absolute Macht und Intelligenz profiliert. Das Wort vom Kreuz zeigt vielmehr den Gott, der sich auf den von Tod, Sünde, Daseinsverfehlung, Verblendung und Unerlöstheit gekennzeichneten Weg des menschlichen Lebens eingelassen hat, um gerade dort seine schöpferisch verwandelnde Größe zu zeigen: Macht Gottes heißt, dass Gott sich in unsere Ohnmacht begibt, damit wir Ohnmächtigen ermächtigt werden; Weisheit Gottes heißt, dass Gott sich auf die Verblendungen und Verkehrtheiten der Welt eingelassen hat, damit wir Toren weise werden; Herrlichkeit Gottes heißt, dass Gott sich auf das Stumpfe und Dunkle unseres Lebens eingelassen hat, um ihm Glanz zu verleihen. Die Pointe der Kreuzestheologie ist es also, dass Gott seine Gottheit nicht für sich behalten hat oder bestenfalls in einem Akt souveräner Herablassung dem Menschen etwas abgibt. Vielmehr hat sich Gott in seinem Sohn mit Haut und Haaren in das menschliche Elend begeben, um so dem Menschen dort, wo er sich befand, nämlich in der Gottferne, an seiner göttlichen Lebensfülle Anteil zu geben. In 2. Kor 8,9 fasst der Apostel selbst diesen Zusammenhang noch einmal präzise zusammen: »Erkennt die Gnade unseres Herrn Jesus Christus, weil er, obgleich er reich war, um euretwillen arm wurde, damit ihr durch dessen Armut reich werdet«[31]. Das ist die heilsame Weisheit Gottes, die er dann in 1. Kor 2,6–9 als die im Geheimnis verborgene göttliche Weisheit preist.

Eine Frage, die in diesem Zusammenhang immer wieder gestellt wird ist die, ob Gott nicht auch anders die Welt hätte erlösen können als durch das Kreuz. Nun ist das eine spekulative Frage, aber man kann sie wohl bejahen. Nur: Gott hat es eben nicht anders gewollt. Paulus schreibt: »Weil die Welt in der Weisheit Gottes durch Weisheit Gott nicht erkannt hat, *gefiel es Gott*, durch die Torheit der Verkündigung die Gläubigen zu retten.« Der Apostel spekuliert nicht abstrakt über die göttlichen Möglichkeiten, sondern er versucht, den Weg Gottes zu verstehen, so wie er ihm im Geschick Jesu Christi vorgegeben ist. Von hier aus aber erscheint das Kreuzesgeschehen keineswegs nur als ein absurdes Geschehen, das man wohl oder übel glauben ›muss‹, sondern als etwas, womit Gott den Verblendungszusammenhang unseres Lebens unterbrochen hat, um gerade dort, wo wir als Sünder von Gott getrennt sind, uns an ihm selbst und seiner Lebenskraft Anteil zu geben. Holzschnittartig gesagt: Gott beweist seine Gottheit nicht dadurch, dass er sich von aller ›Verunreinigung‹ mit unserer Welt, ihren Mängeln und ihrer Vergänglichkeit fern hält, sondern indem er das Nichtige überwindet. Und das ist nicht nur eine Sache des Denkens, sondern vor allem eine Sache des Lebens. Diese Kraft bestätigt sich nicht zuletzt auch immer wieder in den Erfahrungen der Glaubenden, gerade auch im Umgang mit Schwächen und Leid, wie Paulus am Beispiel seiner eigenen chronischen Krankheit deutlich machen kann (2. Kor 12,7–9). Sie bestätigt sich aber auch in den Erfahrungen der Gemeinde.

An eben diese Erfahrungen knüpft der Apostel im Folgenden an, wenn er seine Argumentation durch zwei Rekurse

---

31 Vgl. auch die entsprechende Argumentationsfigur im Blick auf den von Christus stellvertretend auf sich genommenen Fluch in 2. Kor 5,21 und Gal 3,13.

auf die Sozialstruktur der Gemeinde und auf sein Wirken als Missionar an ihr untermauert, Erfahrungen, welche die *analogia crucis* im Lebenszusammenhang der Korinther aufzeigen. Das geschieht zunächst, wie gesagt, auf der Ebene der Gestalt der Gemeinde (1. Kor 1,26–31). Gottes freies Rettungshandeln, sein »Erwählen«, welches das Seiende zunichte macht und das Nichtseiende erhebt, wie V.28 dies nochmals (unter Bezug auf Schöpfungsterminologie?) grundlegend formuliert, zeigt sich in der sozialen Schichtung der Gemeinde: Es war vorzugsweise das »Törichte und Schwache des Kosmos«, das Gott angenommen hat. Nota bene: Es waren *vor allem* Törichte und Schwache, aber nicht ausschließlich! Auch Schwäche an sich führt noch nicht zur Erwählung. Es gibt in der Gemeinde auch Edle und Weise![32] Kreuzestheologie ist nicht das Ressentiment der Zu-kurz-Gekommenen. Vielmehr denkt sie Gottes Selbstoffenbarung am Kreuz so, dass *Gott gerade am ›Nichtseienden‹ seine schöpferisch-verwandelnde Macht erweist.* Ob Weisheit, Macht oder gesellschaftliche Stellung – Gott ist nicht die Verlängerung und religiöse Überhöhung irdischer Größe, sondern deren Durchkreuzung. Er kehrt die Machtverhältnisse um, stürzt und schafft neu, um in einer gewaltbestimmten und gewaltförmigen Wirklichkeit, die ihr Wesen am Kreuz als zerstörerischer Widerspruch gegen Gott gezeigt hat, sein Reich aufzurichten, das Reich seiner alternativen Macht. Als Ziel dieses göttlichen Handelns in der Berufung der Gemeinde wird angegeben, dass »kein Fleisch sich vor Gott rühmen soll« (V.29), sondern vielmehr der, der sich rühmt, »rühme sich im Herrn« (V.31). Bei jenem ›Rühmen‹, καυχᾶσθαι geht es darum, worauf ich mich verlasse, worauf mein Stolz, mein Selbstverständnis, meine Identität beruht. Hier nun zielt die Kreuzestheologie darauf, dass der Mensch gerade nicht auf sich selbst baut, sondern sich ganz von Gott her versteht, im Vertrauen auf ihn gründet. Nun ist so etwas leicht missverständlich und wurde auch missverstanden als

32 Vgl. die Exzellenz Theophilus, dem Lukas sein Evangelium widmet (Lk 1,3), aber auch Paulus selbst stammt, wenn er denn das Bürgerrecht besaß, nicht eben aus der untersten Schicht.

Aufforderung zur zwanghaften Selbstverleugnung und Selbstverkleinerung, welche den Menschen entwertet zugunsten eines Übergottes, dem er sich bedingungslos unterwerfen soll. Genau das ist hier nicht gemeint. Die beiden Aussagen zum Rühmen – negativ V.29, positiv V.31 – rahmen den V.30, in welchem wiederum deutlich gemacht wird, dass das Sein in Christus gerade darin seine Pointe hat, dass die Erwählten die göttlichen Eigenschaften und Mächtigkeiten zugeteilt erhalten. Der Spitzensatz V.30 lautet:

> »Von [Gott] her seid ihr in Christus Jesus, der uns zur Weisheit von Gott wurde, zur Gerechtigkeit und Heiligkeit und Erlösung.«

Die Pointe ist also der entlastende Zuspruch, dass die Glaubenden nichts mehr aus sich selbst machen müssen, weil Gott ihnen durch ihr Sein »in Christus« an seinem Wesen teilgegeben hat. In Christus fällt erneut Glanz auf dieses Leben (vgl. 2. Kor 4,6): Befreit aus dem Irrtum hat er wieder teil an Gottes Weisheit, befreit aus der Isolation ist er Gott wieder gerecht geworden, erlöst aus der Verderbnis ist er einbezogen in den Bereich der göttlichen Heiligkeit. Und so baut der Glaubende nicht auf das, was er sich selbst beschaffen kann, sondern auf den sich ihm gnädig mitteilenden Gott: Er rühmt sich des Herrn.

Auch im dritten Argumentationsabschnitt 2,1–5 rekurriert Paulus nochmals auf die Erfahrungen seiner Adressaten, jetzt auf seine Missionierung unter ihnen. Auch hier verweist er auf die eigene ›Schwäche‹, die im Gegensatz zur Weisheit steht. Diese beurteilt er aber nicht als Defizit, sondern als notwendige Gestalt einer Verkündigung, welcher es nicht auf die Faszination durch Darstellung der eigenen Überlegenheit ankommt, die allemal das Gegenüber entmächtigt, sondern auf den Aufweis der anderen Macht Gottes, die dem Gegenüber an sich teilgibt, sich mitteilt. Deswegen will Paulus in seiner Verkündigung nichts anderes kennen als Christus, den Gekreuzigten, den er in Schwäche und Furcht und Zittern repräsentiert – damit gerade so Gottes Geist und Macht wirksam werden. Mit dem »Erweis des Geistes und der Kraft« (1. Kor 2,4) können außergewöhnliche Machttaten gemeint sein (vgl. Röm 15,18 f.); wahrscheinlicher aber meint der Apostel die gerade in ihrer Niedrigkeit so erfolgreiche Verkündigung und Missionierung. Es sind, so könnte man frei paraphrasieren, nicht die klugen religiösen Denker, nicht die trainierten Redner und gewandten Entertainer, welche die Menschen gewinnen, sondern der in seiner Schwäche Christus entsprechende Apostel, der sozusagen das ganze römische Reich von Osten nach Westen für seinen gekreuzigten und auferstandenen Herrn ›erobert‹. Noch einmal wird deshalb am Ende das Stichwort von der ›Macht Gottes‹ aufgenommen, auf welcher allein der Glaube gründet (2,5).

Paulus deutet also Gottes Selbstoffenbarung am Kreuz so, dass *Gott gerade am ›Nichtseienden‹ seine schöpferisch-verwandelnde Macht erweist*. Von hier aus erschließen sich dann auch die weiteren Aspekte der paulinischen Theologie. Wenn denn Christus, wie es 1. Kor 1,30 heißt, uns von Gott her zur Gerechtigkeit wurde, dann enthält dies *in nuce* bereits all das, was Paulus dann im Galater- und im Römerbrief als seine Rechtfertigungsbotschaft entfaltet. Rechtfertigung, so schreibt der Apostel etwa Röm 4,17, ereignet sich aufgrund des Glaubens an den Gott, »der die Toten lebendig macht und das Nichtseiende ruft, dass es sei«, der also mit seiner schöpferischen Energie das Tote in Leben verwandelt. Dieser Gott ist es auch, der den Sünder wieder zu sich ins rechte Verhältnis setzt, der uns gerecht macht, rechtfertigt, der, wie es v. a. der Römerbrief zeigt, uns aus Feinden wieder zu Kindern macht, weshalb das Kreuz nicht Forderung Gottes ist, sondern Gabe, Ausdruck seiner Liebe (Röm 5,8). In Christus findet wieder der ›fröhliche Wechsel‹ statt, in dem Gott sich in den Bereich der Heillosigkeit und Verkehrtheit begibt, um uns an seiner Heiligkeit und Wahrheit Anteil zu geben: Gott hat, so resümiert Paulus in 2. Kor 5,21, »den, der keine Sünde kannte, für uns zur Sünde gemacht, damit wir in ihm die Gerechtigkeit Gottes würden«.

Auf diesen Gott richtet sich dann auch die Hoffnung der Glaubenden. Wenn der Tod der Sünde Sold ist, dann bedeutet die Überwindung des Todes auch, dass wir an der Lebenskraft des Schöpfers wieder Anteil erhalten, dass sozusagen der Zugang zum Paradies (als Bild göttlicher Lebensfülle) wieder offen ist. Im großen Auferstehungskapitel von 1. Kor 15 führt der Apostel dies noch einmal breit aus, wenn dort die große Verwandlung beschrieben wird, welche das Elend unserer Existenz in Herrlichkeit umwandelt, unsere Sterblichkeit in Unsterblichkeit, unsere Schwäche in Kraft, unsere Schäbigkeit in Glanz und unsere Vergänglichkeit in Unvergänglichkeit. Dort wird das, was eigentlich Gottes Wesen im Gegensatz zur Welt ausmacht, nämlich die Freiheit vom Tod und Vergehen, uns zugeeignet, zugeeignet durch den Gott, der selbst nicht mehr in seinem So-Sein durch Prädikate definiert wird, sondern der durch Verben bezeichnet wird, die sein verwandelndes Verhalten uns gegenüber bezeichnen: Gott ist der, der auferweckt und lebendig macht, bei ihm ist also – mit der Bildsprache des Psalters ausgedrückt – die Quelle des Lebens (Ps 36,10).

IV. Gegenbild Lebensbaumkruzifix

Am Beginn stand ein antikes Spottkruzifix, welches das Befremden gegenüber dem Kreuz sinnenfällig zum Ausdruck brachte: Es wird als sinnlose Vergöttlichung des Ohnmächtigen, ja des Toten empfunden. Dagegen sah und sieht der Glaube hinter diesem Bild des Todes das schöpferische Leben, weil hier der Gottessohn sein Leben als Hingabe und Dienst für andere vollendet hat und der lebendig machende Gott eben dies bestätigt hat, indem er gerade dort gegenwärtig ist und an seiner Lebensfülle Anteil gibt. Am Kreuz richtet der lebendig machende Gott inmitten von Schuld und Versagen und Verblendung und Tod seine Herrschaft auf. Diese gewissermaßen unsichtbare Dimension des Kreuzes bringen vielleicht am deutlichsten die so genannten Lebensbaumkruzifixe zum Ausdruck.

Am gotischen Kreuz hängt der Gestorbene, aber aus dem Kreuzesstamm quellen Zweige und Blätter hervor, wachsen Früchte heraus. Der Marterpfahl, der Christus den Tod gebracht hat, ist hier zum Lebensbaum geworden. Das Kreuz ist somit als Antitypos zum Paradiesesbaum gestaltet: Die

Lebensbaumkruzifix der Lorenzkirche

Schlange hatte ja den Menschen versprochen, wenn sie eigenmächtig von den Früchten dieses Baumes äßen, würden sie wie Gott. Folge dieses Versuches der Menschen, sich selbst Göttlichkeit zu verschaffen, war der Verlust des Paradieses mit den Schmerzen bei Arbeit und Geburt und zuletzt immer und immer: der Tod. Nun, da der Gottessohn sich seiner göttlichen Macht entäußerte und zum Menschen wurde und den Tod erduldete, hat er den Menschen die Früchte gebracht, die Leben gewähren, ewiges Leben.

»Wenn du Sünden bewahrst, Herr, wer wird bestehen?« (Ps 130,3)

Die Realität der Sünde und die Frage der Erlösung im Alten Testament

Otfried Hofius zum 65. Geburtstag

GISELA KITTEL

I. Der Schrei aus der Tiefe

»Aus Wassertiefen rufe ich zu dir ...«, – so beginnt einer der abgründigsten Klagepsalmen des Alten Testaments. Der Beter, der im 130. Psalm[1] derart angestrengt nach Gott ruft, befindet sich in den »Fluten des Verderbens« (Ps 18,5). Er ist von jenen Wassern umschlossen, die Gott einst bei der Schöpfung bezwungen hat (vgl. Ps 104,6–8) und die doch immer wieder mit ihrer Zerstörungsmacht in die Geschichte der Welt hereinbrechen (vgl. Ps 93), das Leben der Völker und Menschen bedrohen, in die Tiefe ziehen und der Scheol, dem Tod, anheim geben. In Psalmen, aber auch prophetischen Texten werden diese Unheilsfluten vielfach beschrieben:

> (4) du warfst mich in die Tiefe, mitten ins Meer, dass die Fluten mich umgaben. Alle deine Wogen und Wellen gingen über mich,
> (5) dass ich dachte, ich wäre von deinen Augen verstoßen, ich würde deinen heiligen Tempel nicht mehr sehen.
> (6) Wasser umgaben mich und gingen mir ans Leben, die Tiefe umringte mich, Schilf bedeckte mein Haupt.

1 Der 130. Psalm ist sehr eindringlich von Erich Zenger ausgelegt in: Ders., Ich will die Morgenröte wecken. Psalmenauslegungen 2, Freiburg 1991, 174–179.

(7) Ich sank hinunter zu der Berge Gründen, der Erde Riegel schlossen sich hinter mir ewiglich. (Jon 2,1–7).[2]

So ausweglos, von jeder Hilfe abgeschnitten und den Mächten des Verderbens preisgegeben, kann die Situation eines Menschen sein. Was den Beter des 130. Psalms in diese Tiefe gebracht hat, ist nach seiner eigenen Auskunft die Sünde, sein ʿāwōn. Es ist eine Verkehrung, die von ihm ausgegangen ist, die nun aber auch auf ihn zurückschlägt, ihn im verschuldeten Unheil festhält, der Todesmacht ausliefert. Da sich der Beter aus dieser Not nicht mehr selber befreien kann, bleibt ihm nichts als der Schrei aus der Tiefe zu dem Gott, der allein zu retten vermag. Allerdings wagt er nicht, eine Bitte an Gott zu richten. Zaghaft ist eine Frage formuliert: »Wenn du, HERR, Sünden bewahrst, – wer könnte dann bestehen?« Wenn Gott Sünden nicht wegnimmt, sondern sie zu voller Auswirkung kommen lässt, wer könnte dann noch Zukunft haben oder auch nur am Leben bleiben?

Gott muss Sünden nicht vergeben! Wie es ist, wenn er die Sünde seines Volkes »bewahrt«, also nicht auslöscht, sondern in ihrer tödlichen Kraft zur Auswirkung bringt, kann man im Hosea-Buch nachlesen. Dort droht der Prophet unmittelbar vor dem Untergang durch die assyrischen Eroberer dem Nordreich Israel das Ende des Erbarmens Gottes an:

Gebündelt ist Ephraims Vergehen,
verwahrt sein Verfehlen …
Aus der Gewalt der Unterwelt sollte ich sie loskaufen?
Vom Tod sollte ich sie auslösen?
Wo sind deine Dornen, Tod?
Wo ist dein Stachel, Unterwelt?
Mitleid ist meinen Augen unbekannt. (Hos 13,12.14)[3]

---

2 Jon 2,3–10 ist ein Dankpsalm, in dem ein Beter nach überstandener Not noch einmal auf seine einstige ausweglose Lage zurückblickt und Gott für seine Rettung dankt. Das Lied ist erst nachträglich in den Zusammenhang der Jonageschichte eingefügt worden.

3 Übersetzung nach H. W. Wolff, Hosea, BK XIV/1, Neukirchen-Vluyn 1961, 286. Dieser Übersetzung entspricht auch der Text der Zürcher Bibel. Luther hat in seiner Übersetzung aus den Fragen Aussagesätze gemacht. Er hat auch an dieser Textstelle das Evangelium herausgehört,

Und doch ist Gottes Gerichtshandeln nicht sein eigentliches Werk. »Bei dir ist die Vergebung, dass man dich fürchte« (V.4). Gott kann die zerstörerische Dynamik der Sünde aufhalten; er kann aus der Schuld und ihrer tödlichen Wirkung herausreißen und den Menschen in ein neues Leben hineinführen, in dem die Gottesfurcht, nämlich das Ernstmachen mit Gott und das Vertrauen zu ihm, obenan steht. Denn er ist ein »Gott der Vergebungen« (Neh 9,17). Daher streckt sich der Beter zu diesem Gott hin unablässig aus. Sein ganzes Sein ist von einem »Warten« und »Harren« durchdrungen. Daher ruft er aber auch sein Volk auf, mit ihm zusammen so unverrückt auf Gott zu hoffen. »Denn bei JHWH ist die Gnade und viel Erlösung bei ihm« (V.7b). Und der Beter weiß: Dieser Gott wird Israel »erlösen«; er wird es – so ist die Grundbedeutung des Verbs pdh – »freikaufen«, wie er sein Volk einst aus Ägypten freigekauft hat. Er wird es »auslösen« – aus seinen Sünden.

Psalm 130 ist ein frühnachexilisches Klagelied, das in eindrucksvoller Weise zeigt, um welche Wirklichkeiten es geht, wenn im Alten Testament von Sünde und Vergebung die Rede ist. Es sind Realitäten, die auch das Neue Testament voraussetzt und mit der Botschaft von Gottes Erlösungshandeln in Jesus Christus beantwortet.

II. Die Realität der Sünde

Zwei Aspekte sind für das alttestamentliche Verständnis der Sünde besonders wichtig.

Auch wenn Ps 130,3+8 von »den Sünden« im Plural redet, zeigt sich doch, dass das ganze Leben des Beters im Blick ist. Die Sünde besteht nicht nur aus einzelnen bösen Handlungen, sondern meint eine Verkehrung, die die Ausrichtung aller Lebensvollzüge des Menschen in verhängnisvoller Weise bestimmt. Die unterschiedlichen Begriffe für

---

das Hosea – freilich im Blick auf die Zeit nach dem Untergang Samarias – ebenfalls verkündigt hat (Hos 11,8–11; 14,2–9).

das Phänomen der Sünde, die das Hebräische zur Verfügung hat[4], deuten diese Verkehrung aller Taten und Lebensäußerungen des Sünders unter verschiedenen Aspekten an: Da gibt es zunächst den Begriff ʻāwōn, den der 130. Psalm benutzt. Das zugrunde liegende Verb bedeutet wörtlich: beugen, krümmen, verdrehen, verkehren, während das entsprechende Substantiv die Beugung, Krümmung, Verdrehung und Verkehrtheit von Handlungen und Zuständen benennt. Wer ʻāwōn auf sich geladen hat, ist vom rechten Pfad abgewichen. Ein solcher Mensch hat den Weg krumm gemacht, das Recht verdreht, hat Gottes heilsame Ordnungen verkehrt. Ein anderer, sehr viel häufiger gebrauchter Begriff ist hattā't oder hēt' und bedeutet von seiner Wurzel her Verfehlung. Wie der Bogenschütze sein Ziel verfehlt, so geht, wer im Sinn der hattā't sündigt, an den Normen des Zusammenlebens vorbei. Er vergeht sich an einem Menschen, mit dem er in einem Gemeinschaftsverhältnis steht, oder er verfehlt sich gegenüber Gott und seinen grundlegenden Geboten. Sein Leben ist auf ein verkehrtes Ziel ausgerichtet und verletzt daher die Gemeinschaft mit Gott und den Menschen. Das Wort pǽša‘ wiederum meint den Abfall von Gott, die Auflehnung, den Bundesbruch und kommt vor allem in der prophetischen Anklage vor. Schlechtigkeit, ra‘, ist der allgemeinste und nach Knierim »säkularste Begriff für Sünde, der gerade deshalb die gesamte Weite und Tiefe aller ihrer Erscheinungen umfaßt«[5]. Wie diese und noch weitere Begriffe in vielen Texten nebeneinander auftauchen, so mischen sich auch ihre Bedeutungen ineinander. Sie klagen das menschliche Leben als ein von Grund auf fehlgerichtetes, die Beziehung zu Gott und zu den Menschen störendes und zerstörendes Leben an.

---

4 Vgl. R. Knierim, Die Hauptbegriffe für Sünde im Alten Testament, Gütersloh ²1967; Ders., Art. Sünde II. Altes Testament, in: TRE 32, 365–372; R. Koch, Die Sünde im Alten Testament, Frankfurt/M. u. a. 1992, und die entsprechenden Artikel in den Theologischen Wörterbüchern zum Alten Testament.

5 R. Knierim, Sünde II, 367.

Doch für unser Nachdenken noch wichtiger ist der andere Aspekt, dass überall dort, wo von der Sünde gesprochen wird, nicht nur das Böse, das vom Menschen ausgeht, im Blick ist, sondern zugleich das Unheil, das aus dem angerichteten Bösen auf den Menschen zurückkommt. Die Sünde wird im Alten Testament mit ihrer zerstörerischen Wirkung, die Tat mit ihrer Folge, als eine Realität zusammengeschaut. Schon etymologisch ist daher zu beachten, dass die gleichen Begriffe, die wir mit Sünde übersetzen, auch das Unheil bezeichnen, das aus der Sünde erwächst. So bedeutet der Begriff ʻāwōn eben nicht nur die Beugung, sondern auch das Gebeugt-Sein, nicht nur die Verkehrung, sondern auch die Verkehrtheit, nicht nur die Schuld, sondern auch die Strafe, die als Schuldfolge etwa auf Kain zurückschlägt. »Mein ʻāwōn ist zu groß, als dass ich ihn tragen könnte« (Gen 4,13). Dieser Aufschrei Kains meint nicht nur seine Schuld, aber auch nicht nur die auferlegte Strafe, sondern beides zusammen als eine Last, die für ihn zu schwer ist. Entsprechend bezeichnen auch pǽšaʻ und hattā't nicht nur den Bundesbruch und die Verfehlungen, die Israel begangen hat; sie sind, wie es Ez 33,10 zeigt, zugleich auch die erdrückende Not, über die Israel in der Verbannung klagt: »Unsere Sünden (pešāʻīm) und Missetaten (hattā'ōt) liegen auf uns, dass wir darunter vergehen; wie können wir denn leben?« Das, was der Mensch als Böses (raʻ) wirkt, kommt als Unheil (rāʻā) wieder auf ihn zurück. So warnt Mose in seinen Abschiedsworten das Volk, dass sie nach seinem Tod »am Ende der Tage das Unheil (rāʻā) treffen [wird], weil ihr tut, was böse (raʻ) ist in den Augen des HERRN« (Dtn 31,29).

Hier spricht sich eine Lebenssicht aus, die uns zunächst fremd anmutet, die aber gleichwohl ihre Plausibilität hat, indem sie auf den Zusammenhang, das ineinander Verfugtsein allen Geschehens verweist. »Für das heutige vulgäre Verständnis reduziert sich die Bedeutung der Sünde nicht nur auf das Individuum und seine Innerlichkeit, sondern das mit der Sünde geschehene Böse beschränkt sich auch auf die böse Tat selbst ... Demgegenüber war für die Alten die Sünde ein sehr viel umfassenderes Phänomen: Die böse Tat war nur die eine Seite der Sache, denn mit ihr war nun ein Böses in Lauf gesetzt, das sich früher oder später gegen den Täter oder seine Gemeinschaft wenden mußte ... hier wird das engstmögliche Korrespondenzverhältnis von Tat und Ergehen vorausgesetzt; es handelt sich um einen Prozeß, der kraft einer allem Bösen ebenso wie allem Guten eigenen Mächtigkeit bis zu einem guten oder zu einem bösen Ende abläuft.«[6] Die alttestamentliche Wissenschaft hat zur Beschreibung dieser Zusammenhänge den Ausdruck von der »Schicksal wirkenden Tat« geprägt und von einer unsichtbaren »Tatsphäre« gesprochen, die den Menschen heilvoll oder unheilvoll umgibt.[7] Doch darf man sich den Zusammenhang zwischen Tun und Ergehen nicht als einen »selbstwirksamen Automatismus«, der gleichsam naturgesetzlich abläuft, vorstellen.[8] Es geht um ein Denken und Verstehen in »inneraktionellen Zusammenhängen«, das die »kommunikative Verfaßtheit der Wirklichkeit«[9], d.h. die soziale und religiöse Einbettung allen Geschehens, im Blick hat. Alles ist miteinander verflochten. Was heute von einem Einzelnen oder einem Volk getan oder nicht getan wird, hat Auswirkungen auf viele andere, u. U. sogar über Generationen hinweg. Lü-

6 Dies ist die noch immer gültige Beschreibung Gerhard von Rads in seiner Theologie des Alten Testaments Bd. 1: Die Theologie der geschichtlichen Überlieferungen Israels, KT München [10]1992, 277 f.

7 Hier sind vor allem die Arbeiten von Klaus Koch zu nennen, sein 1955 veröffentlichter Aufsatz: Gibt es ein Vergeltungsdogma im Alten Testament?, sowie seine 1966 vorgelegte Untersuchung: Sühne und Sündenvergebung um die Wende von der exilischen zur nachexilischen Zeit. Beide Arbeiten liegen jetzt zusammen mit anderen Aufsätzen Kochs gesammelt vor: B. Janowski/M. Krause (Hg.), Klaus Koch. Spuren des hebräischen Denkens. Beiträge zur alttestamentlichen Theologie, Neukirchen-Vluyn 1991, 65 ff., 184 ff. Außerdem stammen die Artikel zu den unterschiedlichen Sündenbegriffen im Theologischen Wörterbuch zum Alten Testament (ThWAT) sowie auch der Artikel zum Stichwort »Tat-Ergehen-Zusammenhang« in: Reclams Bibellexikon, Stuttgart [6]2000, von Klaus Koch.

8 Vgl. die Anmerkungen bei B. Janowski, der sich in seinem Aufsatz: Die Tat kehrt zum Täter zurück. Offene Fragen im Umkreis des »Tun-Ergehen-Zusammenhangs«, ZThK 91 (1994), 247–271, kritisch mit diesen Implikationen der Theorie Kochs auseinandersetzt.

9 Diese Begriffe werden von Janowski, a. a. O., 248, im Anschluss an Jan Assmann gebraucht.

ge und Betrug, Hass und Feindschaft, Krieg und Verbrechen, der ganze Ungeist einer Zeit fressen weiter und wirken sich am Ende zerstörerisch auch an denjenigen aus, die sie verursacht haben. Daher können der einzelne Mensch oder eine menschliche Gemeinschaft auch nicht so einfach aus ihrer Sünde aussteigen. Die zerstörerische sündige Macht kommt auf sie zurück, geht über ihr Haupt, umzingelt sie von allen Seiten, lässt den Einzelnen oder ein ganzes Volk nicht zu Gott und dem von ihm geschenkten heilvollen Leben zurückfinden.

> Denn meine Sünden gehen über mein Haupt; wie eine schwere Last sind sie mir zu schwer geworden. (Ps 38,5)
>
> Meine Sünden haben mich ereilt; ich kann sie nicht überblicken. Ihrer sind mehr als Haare auf meinem Haupt, und mein Herz ist verzagt. (Ps 40,13)
>
> Aber sie machen sich nicht klar, dass ich all ihrer Bosheit gedenke. Jetzt umzingeln sie ihre Taten, vor meinem Angesicht wirken sie sich aus. (Hos 7,2)
>
> Ihre Taten gestatten ihnen nicht, zu ihrem Gott zurückzukehren. Denn Hurengeist wirkt in ihrer Mitte, sodass sie JHWH nicht (er)kennen. (Hos 5,4)[10]
>
> Zu dir kommt alles Fleisch um der Verschuldungen willen. Werden uns zu mächtig unsere Sünden, du sühnst sie. (Ps 65,3 f.)

III. Das Geschehen der Vergebung

Nur Gott kann den Menschen aus seinen unauflösbaren Verstrickungen befreien. Er hat es in der Hand: Er kann Vergehen »anrechnen« (Ps 32,2) und »aufbewahren« (Ps 130,3), sodass sie – wenn auch nicht sogleich, so doch zu einem späteren Zeitpunkt – den Übeltäter, dem sie von Gott zugeordnet wurden, »finden« (vgl. Num 32,23). Er kann aber auch Sünde vergeben und damit die flehentlichen Bitten sei-

10 Übersetzung der beiden Textstellen aus dem Hoseabuch nach H. W. Wolff, a. a. O., 132. 119.

nes Volkes und der einzelnen Beter erhören. »Zu dir kommt alles Fleisch um der Verschuldungen (ʿāwōnōt) willen« (Ps 65,3 f.). Dass solches Vergeben nicht einfach ein harmloses »Vergeben und Vergessen« ist, dürfte nach allem Gesagten deutlich sein. Gottes Vergebung besteht nicht darin, dass er milde lächelnd über die Sünden hinwegsieht, sondern sie ist etwas Machtvolles, eine Aktion, die das komplexe Böse machtvoll durchbricht. Dies geschieht, indem Gott entweder die Schuld des Menschen mit ihrer Unheilsfolge unwirksam macht und real beseitigt, oder aber so, dass er den von seinen Sünden umstellten Menschen aus seiner tödlichen Situation herausreißt. Begriffe und Bilder in den Psalmen und in prophetischen Texten schildern Gottes Vergebungshandeln in beiden Richtungen.

In einigen Texten wird Gott als derjenige gepriesen, der die Übertretungen »fern sein« lässt, Schuld und Vergehen wegträgt, hinter seinen Rücken wirft oder in den Tiefen des Meeres versenkt.

> Wer ist ein Gott wie du, der Vergehen wegträgt,
> an Aufsässigkeit vorübergeht beim Rest seines Eigentums?...
> Er wird sich unser nochmals erbarmen,
> er wird unsere Vergehen zertreten.
> Du versenkst in die Tiefen des Meeres
> alle unsere Verfehlungen. (Mi 7,18 f.)[11]
>
> Ich tilge deine Missetat wie eine Wolke
> und deine Sünden wie den Nebel.
> Kehre dich zu mir, denn ich erlöse dich! (Jes 44,22)
> (Wörtlich: denn ich habe dich losgekauft)
>
> Siehe, um Trost war mir sehr bange. Du aber hast dich meiner Seele herzlich angenommen, dass sie nicht verdürbe;
> denn du wirfst alle meine Sünden hinter dich zurück. (Jes 38,17)
> (Wörtlich: denn du hast hinter deinen Rücken geworfen
> alle meine Verfehlungen)
>
> So fern der Morgen ist vom Abend,
> lässt er unsre Übertretungen von uns sein. (Ps 103,12)

---

11 Übersetzung nach H. W. Wolff, Micha, BK XIV/4, Neukirchen-Vluyn 1982, 187.

Andere, wie schon der Prophet Hosea (vgl. die oben zitierte Textstelle Hos 13,14) und dann der große Heilsprophet im babylonischen Exil, der Zweite Jesaja, schildern Gottes Vergebungshandeln als einen Loskauf, bei dem die dem Untergang Geweihten wie einst das Volk in Ägypten aus ihrer Knechtschaft befreit werden.

> Siehe, ihr seid um eurer Sünden willen verkauft, und eure Mutter ist um eurer Abtrünnigkeit willen entlassen …
> Ist mein Arm nun so kurz geworden, dass er nicht mehr erlösen (wörtlich: loskaufen) kann? (Jes 50,1 f.)
>
> Geht heraus aus Babel, flieht von den Chaldäern!
> Mit fröhlichem Schall verkündigt dies und lasst es hören,
> tragt's hinaus bis an die Enden der Erde und sprecht:
> Der HERR hat seinen Knecht Jakob erlöst (d. h. ausgelöst) (Jes 48,20).

Von solchem Loskaufen und Auslösen sprechen auch einige Psalmisten, wenn sie den vergebenden Gott rühmen als den, »der dein Leben vom Verderben loskauft« (Ps 103,4), oder bitten bzw. darauf vertrauen, dass Gott Israel aus allen seinen Sünden und Nöten »erlösen« möge (Ps 25,22; 130,8).

Doch Vergebung ist immer auch ein Vorgang der Heilung. Denn die Sünde ist wie eine Krankheit, die das eigene Leben angreift und zerstört. Daher muss der Sünder wie der Aussatzkranke mit Ysop gereinigt werden, damit sein Leben neu beginnen kann. Die Sünde muss wie klebender Schmutz vom eigenen Leib abgewaschen, sie muss wie bei einem Schmelzprozess aus dem Leben des Beters herausgeschmolzen werden, damit er, durchwalkt und geläutert, wie ein neuer Mensch noch einmal in den Bund Gottes eintreten und an Gottes Heil teilhaben kann.

> (3) Sei mir gnädig, Gott, nach deiner Güte,
> nach der Fülle deiner Barmherzigkeit tilge aus meine Verbrechen.
> (4) Gründlich wasche mich ab von meiner Schuld,
> und von meiner Sünde reinige mich …
> (9) Entsündige mich mit Ysop, dass ich rein werde,
> wasche mich, dass ich weißer als Schnee werde …

(12) Ein reines Herz schaffe mir, Gott,
und einen beständigen Geist mache neu in mir …
(14) Bringe mir wieder die Lust deines Heils,
und mit einem willigen Geist stütze mich. (Ps 51,3 ff.)[12]

In diesem Text werden alle drei Hauptbegriffe genannt, die die Sünde in ihren unterschiedlichen Aspekten ansprechen. Zugleich wird die Befreiung von der Schuld mit drei Verben bezeichnet, die die Reinigung als einen den Menschen bis ins Innerste erneuernden Akt beschreiben. Es geht um das Tilgen und Wegwischen von pǽš a‘ (V.3b), das Auswalken von ‘āwōn (V.4a), das Ausschmelzen von hattā’t (V.4b)[13] und schließlich insgesamt um einen Entsündigungsvorgang wie bei der Reinigung von Aussatz (V.9). Der an der Sünde krankende Mensch kann nicht nur äußerlich abgewaschen, er muss ganz und gar erneuert werden. Entsprechend werden dann in den folgenden Bitten (V.12) Verben gebraucht, die eine Neuschöpfung, ein br’ von Herz und Geist, zum Ausdruck bringen. »Angesichts der den Menschen vom ersten Augenblick seiner Existenz an bedrohenden tödlichen Krankheit ›Sünde‹ bittet er darum, daß Gott ihn von der Mitte seiner Existenz her neu schaffen möge.«[14]

IV. Geschichten von Sünde und Vergebung

Das alttestamentliche Verständnis von Sünde und Vergebung, das bisher anhand des Gebrauches entscheidender Begriffe dargestellt wurde, lässt sich auch in zentralen Erzählungen und prophetischen Texten wieder finden, die erst vor dem Hintergrund der skizzierten Zusammenhänge ihre besondere Bedeutung erkennen lassen.

12 Übersetzung nach E. Zenger/F.-L. Hossfeld, Psalmen 51–100, HThK AT, Freiburg i. Br. 2000, 38 f.

13 Nach Zenger/Hossfeld, a. a. O., 50, rückt das Verb *thr pi* (reinigen) an dieser Textstelle das Ausschmelzen der Schlacke aus edlem Metall vor Augen, wie auch in Mal 3,3.

14 E. Zenger, Morgenröte, 187.

1. *Vergebung als Verwandlung des Bösen in Gutes*

Die Josefsgeschichte (Gen 37–50) ist, wie auch immer man sie sonst bestimmen möchte[15], wesentlich eine Erzählung von Sünde und Vergebung.[16] Sie zeigt, wie die Brüder Josefs, die sowohl Josef wie auch ihrem Vater gegenüber schwerste Schuld auf sich luden, noch einmal die gleichen Situationen durchleben müssen, in denen sie einen ihrer Brüder verraten, ihren alten Vater getäuscht und betrogen haben. Darum spielt Josef ein vermeintlich böses Spiel mit ihnen, indem er zunächst Simeon und später Benjamin aussondert und – jedenfalls Simeon – in den Kerker wirft. Doch die Brüder, so an ihre einstige Schuld erinnert (vgl. Gen 42,21 f.) und bestürzt, dass Gott ihren ʿāwōn gefunden hat (Gen 44,16), sind nun nicht mehr bereit, einen aus ihrer Mitte im Stich zu lassen. Juda, der seinem Vater nicht noch einmal den Schmerz antun kann, den jüngsten Sohn zu verlieren, will für Benjamin in Ägypten bleiben und dem ihm fremden Herrn als Sklave dienen. Da aber kann sich Josef nicht länger verstellen. An diesem Höhepunkt der Geschichte gibt er sich seinen Brüdern zu erkennen und leitet nach den bestandenen »Prüfungen« die Versöhnung ein. Dennoch ist das Drama zwischen Josef und seinen Brüdern noch nicht zu Ende. Nach dem Tod des Vaters kommen die Brüder noch einmal zu Josef, um ihn, dessen späte Rache sie fürchten, um Vergebung zu bitten. Josef aber antwortet:

> »Fürchtet euch nicht, bin ich denn an Gottes Stelle?
> Ihr gedachtet Böses gegen mich zu tun, Gott aber gedachte es gut zu machen, zu tun, was heut am Tage ist, ein großes Volk am Leben zu erhalten.«[17] (Gen 50,19 f.).

---

15 Vgl. die Einführung und den Forschungsüberblick bei R. Lux, Josef. Der Auserwählte unter seinen Brüdern. Biblische Gestalten 1, Leipzig 2001, 27–32. 219–243.

16 Als Geschichte einer Versöhnung wird die Josefsgeschichte auch von A. Schenker vorgestellt. Ders., Versöhnung und Sühne. Wege gewaltfreier Konfliktlösung im Alten Testament, BiBe 15, Stuttgart 1981, 15–40.

17 Übersetzung nach R. Lux, a. a. O., 210 f.

Gott hat das Böse, das die Brüder beabsichtigt hatten, zum Guten »umgedacht«[18]. Aus dem Plan, den ungeliebten Bruder zu beseitigen, ist unter seinem Planen eine Aktion geworden, die Jakob und seinen Söhnen das Überleben in Ägypten zur Zeit der Hungerjahre ermöglichte. So hat Gott die Unheil und Tod nach sich ziehende Tat der Brüder umgewendet und zum Guten umschlagen lassen. Dies ist sein Vergeben! Er löscht die Unheilsfolge der bösen Tat aus und verwandelt ihre Wirkung in Segen. Wie aber kann Josef, nachdem Gott bereits vergeben hat und das Böse zum Guten werden ließ, noch Böses mit Bösem vergelten? Er würde Gott in den Arm fallen und neues Unheil in die Welt bringen.

2. *Die zu schwere Sünde von Sodom und Gomorrha*

Eine Geschichte von Sünde und Vergebung, allerdings mit negativem Ausgang, ist auch Abrahams Eintreten für Sodom (Gen 18,17–33). Es handelt sich bei diesem Text nicht eigentlich um eine Erzählung, sondern um die Erörterung einer theologischen Frage, die seit Jeremia (vgl. Jer 5,1) prophetisches Nachdenken bewegt hat. Sie ist hier in ein Gespräch, in ein Ringen Abrahams mit Gott, gekleidet. Die Frage zielt darauf, ob denn Gott den Unschuldigen mit dem Ruchlosen, den Gerechten mit dem Übeltäter gemeinsam untergehen lässt. Was zählt in Bezug auf das Schicksal eines Volkes oder einer menschlichen Gemeinschaft vor Gott mehr? Was hat das größere Gewicht und damit auch die stärkere geschichtliche Auswirkung: die Bosheit der Vielen oder das Rechttun einiger weniger, die Gleichgültigkeit und das Versagen der Mehrheit oder die Zivilcourage und das Lebensopfer weniger Einzelner? Was rechnet Gott an, wem gibt er Gewicht[19]? Es geht in diesem Ringen Abrahams mit Gott noch nicht (oder nicht mehr?) um die Frage nach der individuellen Vergeltung,

18 Hier wird dasselbe Verb hšb (denken, einschätzen, etwas anrechnen als) gebraucht wie in Ps 32,2 und Gen 15,6.

19 Vgl. Gen 18,20: »Das Geschrei über Sodom und Gomorrha, das ist groß, und ihre Sünde, die ist sehr *schwer*.«

die der Prophet Ezechiel aufwirft (Ez 14,12–20; 18,1–20). Es geht, wie es Gerhard von Rad im Unterschied zu manchen neueren Auslegern bereits richtiger gesehen hat, – um Stellvertretung. »Wonach bestimmt sich Gottes Urteil über Sodom und Gomorra? – nach der Bosheit der Vielen, oder der Unschuld der Wenigen? … Sollte vor Gott nicht selbst eine kleinere Anzahl von Unschuldigen so wichtig sein, so dass ihn diese Minderheit dann zum Strafaufschub für das ganze Gemeinwesen veranlassen könnte?«[20] Wie aktuell diese Frage noch immer ist, lehrt uns der Blick in unsere eigene Geschichte. Versuchen wir doch noch heute, angesichts der moralischen Katastrophe unseres Volkes unter der nationalsozialistischen Diktatur eine neue ethische Orientierung in der hochgehaltenen Erinnerung an jene wenigen zu finden, die, auch wenn sie dem Rad nicht in die Speichen fallen konnten, dennoch Zeichen des Widerstandes gesetzt haben. Können diese wenigen unserem Volk Orientierung und Hoffnung geben? Kann ihre Gerechtigkeit – jedenfalls zu einem Teil – an die Stelle jener unvorstellbaren Verbrechen treten, die uns bis heute entsetzen? Gott lässt sich im Ringen mit Abraham herunterhandeln auf die Zahl von zehn Gerechten, die es in Sodom geben soll, damit diese Unheilsstadt nicht untergehen muss. Doch es gab nicht einmal zehn Gerechte in Sodom. Hätte Abraham vielleicht noch weiter handeln sollen? – Im Neuen Testament gibt der Apostel Paulus die Antwort, dass Gott der Welt ihre Sünde nicht zurechnet um der Gerechtigkeit und des Lebensopfers eines Einzigen willen. »Gott war in Christus und versöhnte die Welt mit sich selbst und rechnete ihnen ihre Sünden nicht zu …« (2. Kor 5,19).

3. Moses vergebliches Eintreten für sein Volk

Das Aufwiegen der Guttaten der Gerechten gegen die Bosheit der Frevler ist der Geschichte in Ex 32 schon sehr nahe, die

20 G. v. Rad, Das erste Buch Mose (Genesis), ATD 2–4, Göttingen [12]1987, 181.

berichtet, wie Mose nach dem Aufstellen des goldenen Stierbildes in der Wüste vor Gott für sein Volk stellvertretend eintrat. In dieser Erzählung wird die Schuld reflektiert, die Jerobeam, der erste König des Nordreiches, beging und in die dieses Land dann über zwei Jahrhunderte verstrickt blieb. Um das Volk zu hindern, immer wieder nach Jerusalem, dem kultischen Mittelpunkt des Südreiches, zu wallfahrten, ließ Jerobeam an den Grenzen seines Reiches in Bethel und Dan zwei Heiligtümer errichten, in denen der Gott Israels im Bild des kanaanäischen Baal, als goldener Stier, verehrt wurde, – eine Maßnahme, die bis zum Untergang des Nordreiches im 8. Jahrhundert Bestand hatte (vgl. 1. Kön 12,26–33; Hos 10,5 f.; 13,2) und auf die die spätere Überlieferung nur mit größtem Abscheu zurückblickte. Nahezu alle Könige des Nordreiches werden in den deuteronomistisch redigierten Königsbüchern daran gemessen, ob sie in der Sünde Jerobeams geblieben sind und Israel weiterhin zum Abfall verführten oder nicht (1. Kön 15,34; 16,26; 22,53 u. ö.). Neben dem kanaanäischen Kultwesen ist für die Deuteronomisten das Aufstellen der beiden Stierbilder (von denen immer nur verächtlich als den »Kälbern« gesprochen wird) die Sünde, die den Untergang des Staates unter dem Ansturm der Assyrer herbeigeführt hat (vgl. 2. Kön 17,7–23).

In Ex 32 werden das Tun Jerobeams und der Abfall des Volkes in die Wüstenzeit Israels zurückverlegt, und es wird darüber nachgedacht, wie Mose auf diesen Treubruch reagiert (hätte). Daher erzählt die Geschichte, wie noch während sich Mose auf der Spitze des Sinai bei Gott aufhält, schon das Volk unten am Fuß des Berges dabei ist, von diesem Gott abzufallen. Mose kehrt zurück und wirft beim Anblick des »Kalbes« die soeben empfangenen Gesetzestafeln voll Zorn und Entsetzen aus der Hand. Er »zerschmettert« die Tafeln, zerstört das Kalbsbild und gibt es, in Wasser aufgelöst, den Israeliten zu trinken. Das bedeutet: Der Bund mit JHWH ist zerbrochen, der Stierkult wird vernichtet, Israel muss seine Schuld auf sich nehmen, es muss sie »trinken«. Dennoch steigt Mose am anderen Morgen noch einmal auf den Berg, um – wenn es möglich ist – Sühne zu erwirken für die Sünde des Volkes. Seine Worte an Gott lauten: »Ach, dieses Volk hat eine große Sünde begangen: sie haben sich einen Gott aus Gold gemacht. Und nun vergib ihnen doch ihre Sünde! Wo nicht, so tilge mich aus deinem Buche, das du geschrieben hast« (Ex 32,31 f.). Mose ist bereit, das Unheil zu tragen, das Israel mit seinem Treubruch auf sich gezogen hat. Sein Name möge aus dem Buch Gottes getilgt, sein Leben ausgelöscht werden, damit Israel weiterhin vor JHWH bestehen und unter seiner Führung in das Gelobte Land gelangen kann. Doch Gott lehnt das Angebot des Mose ab.»Wer sich an mir versündigt, den tilge ich aus meinem Buche« (32,33). Jeder, der sich an ihm versündigt, hat, wie es der Prophet Ezechiel verkündigt (Ez 14,12–20), sein eigenes Schicksal zu tragen. Deshalb soll das Volk ohne Gott, nur von einem Engel geführt, weiterziehen. Gott wird zu einem späteren Zeitpunkt, den er sich vorbehält, die Sünde am Volk »aufsuchen« (32,34).

4. Das stellvertretende Leiden des Gottesknechts

Obwohl in Exodus 32,30–34 betont wird, dass jeder Sünder vor Gott die Folgen seiner Taten selbst übernehmen muss, gibt es dennoch einen Textzusammenhang im Alten Testament, in dem das Gegenteil berichtet wird. Es handelt sich um Abschnitte im Buch des Zweiten Jesaja (42,1–4; 49,1–6; 50,4–9; Jes 52,13–53,12), die von einem besonderen Knecht Gottes, seiner Erwählung und seinem Auftrag reden, aber auch von der Mühsal und Beschwernis seines prophetischen Wirkens und den Anfeindungen, denen er ausgesetzt war, erzählen. Im vierten und letzten Abschnitt, in dem von dem Leiden und Sterben dieses Knechtes gesprochen wird, kommen offenbar die Schüler dieser prophetischen Gestalt zu Wort. In jedem Fall sprechen hier Zeitgenossen, die nun im Rückblick wie in einer Art Nachruf vom Knecht Gottes und ihrer Beziehung zu ihm berichten.

> Er wuchs ja auf wie ein Spross vor uns
> und wie eine Wurzel aus dürrem Land.
> Nicht Wohlgestalt hatte er und nicht Schönheit,

dass wir ihn angeschaut,
und keine Ansehnlichkeit, dass wir ihn begehrt hätten.
Verachtet und verlassen von Menschen,
ein Mann der Schmerzen, mit Krankheit vertraut;
wie einer, vor dem man das Gesicht verhüllt,
war er verachtet, wir achteten ihn nicht. (Jes 53,2 f.)[21]

Solange er unter ihnen lebte, konnten diejenigen, die hier das Wort nehmen, auf das jämmerliche und elende Leben des Knechtes nur mit Abscheu und Verachtung blicken. Denn seine Leidensgestalt ist nicht nur im ästhetischen Sinn abstoßend für sie gewesen, sie haben auch seinen Leidensweg, der mit einer Exekution und dem Begräbnis unter Gottlosen endete, für die Folge seiner eigenen Sünde gehalten und somit allen Kontakt mit dem Unglücklichen vermieden. Doch nun ist ihnen im Licht einer neuen Gottesoffenbarung (vgl. Jes 52,13–15) aufgegangen, dass sich Gott von diesem Menschen nicht abgewandt hat, dass er ihm Erfolg geben und ihn vor den Völkern erhöhen wird[22]. So bekommt im Licht dieser neuen Gottesoffenbarung das elende Leben, Leiden und Sterben des Knechtes für die Zurückblickenden eine völlig neue Bedeutung:

Fürwahr, unsere Krankheit – er trug sie,
und unsere Schmerzen –, er schleppte sie.
Wir aber achteten ihn für einen Getroffenen,
einen von Gott Geschlagenen und Gebeugten.
Er aber war durchbohrt von unseren Freveln,

21 Die Texte sind nach der Übersetzung von H.-J. Hermisson, Das vierte Gottesknechtslied im deuterojesajanischen Kontext (in: B. Janowski/P. Stuhlmacher, Der leidende Gottesknecht. Jesaja 53 und seine Wirkungsgeschichte, Tübingen 1996, 1–25, hier 6–9), wiedergegeben. Wo Hermisson wegen des korrumpierten Textes mehrere Wiedergabemöglichkeiten anbietet, wurde die verständlichere gewählt. Anführungszeichen, die auf Textvarianten aufmerksam machen, wurden weggelassen.

22 Das Motiv vom Lohn bzw. Erfolg des Knechtes hat H.-J. Hermisson durch alle vier Gottesknechtslieder verfolgt und gezeigt, daß dieser Lohn in der Bewahrheitung dessen besteht, was der Knecht im Auftrag seines Gottes verkündigt hat: dem Anbrechen der Heilswende für die Welt. Vgl. H.-J. Hermisson, Der Lohn des Knechts, in: J. Jeremias/L. Perlitt, Die Botschaft und die Boten (FS für H. W. Wolff), Neukirchen-Vluyn 1981, 269–287.

> zerschlagen von unseren Sünden;
> Züchtigung zu unserem Heil lag auf ihm,
> und durch seine Strieme ward uns Heilung.
> Wir alle irrten umher wie Schafe,
> ein jeder kümmerte sich um seinen Weg.
> Aber Jahwe ließ ihn treffen unser aller Sünde. (Jes 53,4–6)

Stellvertretend hat der Knecht Gottes getragen, was von den Sprechenden selbst verursacht worden ist. Die Folgen ihrer eigenen Sünden und Verschuldungen haben nicht sie, sondern ihn, den Schuldlosen, getroffen. Sie durften leben, vielleicht sogar aus dem Exil in die Heimat zurückkehren, obwohl sie alle in die Irre gegangen sind, obwohl jeder nur auf den eigenen Weg, aber nicht auf den Weg Gottes mit ihnen geblickt hat. Er aber, der seinem Auftrag bis zu Ende treu geblieben ist und auch das Leidensgeschick wehrlos angenommen hat, hat sein Leben in den Tod hingegeben und sich unter die Übeltäter zählen lassen. So ist sein Leben und Sterben zu einem »Schuldopfer«[23] geworden, mit dem er die Sünden der Vielen auf sich nahm.

> Bedrängt war er, er aber beugte sich
> Und tat seinen Mund nicht auf;
> wie ein Schaf, das zur Schlachtung gebracht wird,
> und wie ein Mutterschaf, das vor seinen Scherern stumm ist, …
> Aus Bedrückung und Gericht wurde er weggerafft,
> und sein Geschick – wer befasst sich damit? …
> Und man gab bei Frevlern sein Grab
> Und bei Übeltätern seine Grabstätte,
> Obwohl er kein Unrecht getan
> Und in seinem Munde kein Trug war.
> Aber Jahwe, dessen Plan es war, ihn zu schlagen,
> heilte den, der sein Leben als Schuldausgleich einsetzte.
> Er wird Nachkommenschaft sehen, lange leben,
> und der Plan Jahwes wird durch ihn gelingen.

---

23 *'āšām* bedeutet die Schuldverpflichtung, die Ersatzleistung, und wird erst in der Priesterschrift neben dem Sündopfer als Bezeichnung einer Opferart, nämlich des Schuldopfers (Lev 5,14 ff.), gebraucht. Das Wort wird deshalb in den Übersetzungen von Jes 53,10 entweder mit »Schuldopfer« oder »Schuldtilgung/Schuldausgleich« wiedergegeben.

Wegen der Mühsal seines Lebens wird er Licht sehen,
wird sich sättigen an seiner Erkenntnis. (Jes 53,7–11a)

Man spürt es diesen Worten noch ab, mit welcher Erschütterung die Überlebenden auf das Leben und Sterben des Knechtes zurücksehen. Die plötzliche Einsicht, dass der Knecht als vor Gott Gerechter und Schuldloser hat leiden und sterben müssen, fällt mit der eigenen Schulderkenntnis zusammen. Im Schicksal des Knechtes erkennen die Zurückblickenden ihre eigene, von ihnen begangene und eigentlich ihnen zukommende Sünde, aus der sie durch das stellvertretende Leiden dieses Einen errettet wurden. So verstehen sie sich nun als die durch den Knecht gewonnene »Beute«, als seine »Nachkommen«, die durch seine Schuldtilgung wieder zum Leben kommen, die in der Heimat ihren Weg mit JHWH unverdienterweise ganz neu beginnen durften.

Das abschließende Gotteswort fasst den Sinn dessen, was der Gottesknecht hatte erleiden müssen, noch einmal zusammen und bekräftigt, dass auch er, der getötete und im gottlosen Land begrabene Knecht, eine Zukunft bei seinem Gott haben wird.[24]

Gerecht macht mein Knecht die Vielen,
und ihre Sünden – er schleppt sie.
Darum geb' ich ihm Anteil unter den Vielen,
und mit Zahlreichen wird er Beute teilen
dafür, dass er sein Leben dem Tod preisgegeben hat
und zu den Frevlern gerechnet wurde.
Er aber trug die Schuld der Vielen
Und trat für die Frevler ein. (Jes 53,11b.12)

Bernd Janowski hat im Blick auf Jes 52,13–53,12 mit Recht von der »Dramatik der Stellvertretung« gesprochen[25]. Hier

---

24 Zu den Bildern, in denen eine persönliche Hoffnung auch für den getöteten Knecht zum Ausdruck kommt, vgl. meine Untersuchung über das Schicksal des Gottesknechts in: G. Kittel, Befreit aus dem Rachen des Todes. Tod und Todesüberwindung im Alten und Neuen Testament, BTSP 17, Göttingen 1999, 57–68.

25 B. Janowski, Er trug unsere Sünden. Jesaja 53 und die Dramatik der Stellvertretung, ZThK 90 (1993), 1–14. Der Aufsatz ist in verschiedenen Aufsatzsammlungen wieder abgedruckt, zuletzt in B. Janowski,

wird nicht eine dogmatische Theorie vorgetragen, sondern befreiende Geschichte erzählt. In dem Leiden, das dem Einen in der Treue zu seinem Auftrag widerfährt, übernimmt und spiegelt er zugleich die Schuld der Vielen, die in ihrer Blindheit und Gleichgültigkeit an Gott und seinen Wegen vorbeigegangen sind. Aber indem sie das erkennen und sich also zu ihrer eigenen Schuld bekennen, öffnet sich auch für die Vielen der Weg in die Gottesgemeinschaft und damit in das Heil Gottes zurück. Es ist ein Weg, der die Geretteten mit dem zu Tode Gekommenen zusammenschließt, auch über dessen gewaltsames Ende hinweg.

Dass gerade dieser alttestamentliche Text im Neuen Testament aufgenommen wurde, verwundert nicht. Er ist den Jüngern Jesu zur Hilfe geworden und hat ihnen die Sprache gegeben, mit der sie das schreckliche Sterben Jesu am Kreuz im Licht des Heilsratschlusses Gottes neu verstehen und aussagen konnten.[26]

Stellvertretung. Alttestamentliche Studien zu einem theologischen Grundbegriff, SBS 165, Stuttgart 1997, 67–96. Eine andere Interpretation hat in neuerer Zeit A. Schenker in seiner Studie: Knecht und Lamm Gottes (Jesaja 53). Übernahme von Schuld im Horizont der Gottesknechtslieder, SBS 190, Stuttgart 2001, vorgelegt. Schenker möchte das vierte Gottesknechtslied verstehen, ohne auf die Kategorie der Stellvertretung und des Rollentausches zurückzugreifen. Daher steht bei ihm Jes 53,7 im Zentrum. Weil der Knecht die ihm von den Vielen zugefügte Schuld schweigend trägt, ohne eine Schadensersatzforderung oder einen Bestrafungsanspruch zu erheben, geht auch Gott mit Schweigen über diese Schuld hinweg und nimmt das Leiden des Knechtes als »Versöhnungsleistung« (95) an. Doch ganz abgesehen von der Frage, ob die Vielen den Knecht so, wie es der Autor annimmt, wirklich direkt getötet haben, scheint mir Schenkers Versuch das Gewicht, das die Sünde *vor Gott* hat, zu unterschätzen sowie Gottes Initiative in dem ganzen Geschehen zu relativieren (Jes 53,10!). Die von Schenker beschriebene Schuldübernahme wirkt wie eine theoretische Konstruktion, die m. E. der geschichtlichen Dramatik nicht gerecht wird.

26 Vgl. meine Auslegung der Prophetie vom leidenden Gottesknecht, in der ich Jes 53 in seiner Dramatik, aber auch als »alttestamentliche Vorwegnahme« der neutestamentlichen Versöhnungsbotschaft gedeutet habe. In: Der Name über alle Namen II, BTSP 3, Göttingen ²1996, 48–59.

V. Das kultische Sühnopfer

Bisher ist von geschichtlichen Erfahrungen die Rede gewesen, in denen Israel Gottes vergebendes, den Schuldzusammenhang gnädig durchbrechendes Handeln erfuhr. Doch auch im kultischen Ritual ist die nachexilische Gemeinde dem versöhnenden Gott begegnet und hat hier im symbolischen Vollzug erlebt, dass JHWH ein Gott ist, der durch den Tod hindurch neues Leben schenkt. Wenn wir uns nun den Sünd- und Versöhnungsopfern zuwenden, wie sie in nachexilischer Zeit in priesterlichen Kreisen ausgebildet und theologisch reflektiert wurden, müssen wir allerdings all das ausblenden, was religionsgeschichtlich sonst über Opfer gesagt und gedacht wird. Die Sünd- und Schuldopfer, wie sie in nachexilischer Zeit am Tempel in Jerusalem vollzogen wurden, auch das große Versöhnungsopfer, das der Hohepriester einmal im Jahr am großen Versöhnungstag darbrachte, stehen in keinem Zusammenhang mit der vorexilischen, kanaanäisch beeinflussten Opferpraxis. Sie haben auch nichts mit solchen Opfern zu tun, die der Mensch einer zürnenden Gottheit darbringt, um sie – wie in vielen Religionen – zu besänftigen und gnädig zu stimmen. Die Sündopfer sind im Gegenteil eine Gabe Gottes. Sie sind Gottes Geschenk an ein Volk, das hatte erleben müssen, wie seine nationale Existenz in den Flammen des durch die eigene Sünde heraufbeschworenen Gerichtes unterging. Nun aber wird ihm hier von demselben Gott, der das Gericht verfügte, die Rettung aus dem Schuld-Unheilszusammenhang gewährt. Jetzt wird Israel von Gott Sühne angeboten, damit es – allerdings nur für bestimmte Sünden – Vergebung und Heil als wirksame Befreiung aus Sünde und Tod empfangen kann. Entsprechend heißt es nach der Beschreibung des jeweiligen, nach den verschiedenen Opferanlässen, den opfernden Personen und zur Verfügung stehenden Opfertieren unterschiedenen Rituals regelmäßig: »So soll der Priester die Sühnung für ihn vollziehen, und ihm wird vergeben.« (vgl. 3. Mose 4,20.26.31.35; 5,6.10.13.16.18; 6,7).[27]

---

27 Auf die Einzelheiten der Sünd- und Schuldopfer geht I. Willi-Plein ausführlich ein in ihrem Kapitel: »Rituale als Bewältigung der Bedrohung

Uns mögen die in Lev 4–6 und 16 beschriebenen kultischen Rituale befremdlich vorkommen. Trotzdem lohnt es sich, uns in sie hineinzudenken und die grundlegenden Fragen und Antworten bewusst zu machen, die in ihnen aufgehoben sind. Eine Frage, die uns an den nachexilischen Sühnekult näher heranführen kann, ist, wie Hartmut Gese sehr nachdrücklich gezeigt hat, die nach der nicht wieder gutzumachenden Schuld. Wie kann Schuld, die nicht durch eine Ersatzleistung auszugleichen ist, weggetragen werden? Wie kann ein Mensch jenseits solcher Schuld noch einmal von vorn beginnen? »Es gehört zu den Grunderfahrungen des Menschen, daß er einer Situation begegnen kann, in der er sein Leben verwirkt hat. Er sieht, daß er zum Totschläger oder sogar zum Mörder geworden ist oder, wenn nicht in rechtlicher Hinsicht, daß er in moralischer oder religiöser oder in einer anderen Hinsicht den Tod ›verdient‹ hat. Er steht in einem irreparablen Unheilsgeschehen, irreparabel, weil es die Grenze seiner Existenz mit einschließt, er steht in der Situation, wo nichts wieder gutgemacht werden kann. Ein Volk (nicht eine ›Gesellschaft‹, sondern ein Kollektivum, das sich füreinander verantwortlich weiß) kann dieser Situation begegnen …, wenn es z. B. die Blutschuld des Krieges erkennt oder sich in furchtbares Unheil schuldvoll verstrickt weiß. Auch ein Land (nicht eine geologische Größe, sondern als Menschenheimat eine quasi-anthropologische Größe) kann als Ort eines Unheilsgeschehens total verdorben sei, kann nicht mehr bergen, Leben tragen. Gibt es für den Menschen, der in Schuld, in welcher Form auch immer, an die Grenze seiner Existenz kommt, gibt es für ein Volk in entsprechender Situation die Möglichkeit, sich aus dieser Verstrickung zu lösen? Gibt es die Möglichkeit eines neuen Lebens jenseits des irreparablen Geschehens?«[28] Die Antwort auf diese Fragen gibt nach Gese der alttestamentliche Süh-

von Lebenszusammenhängen«. In: Dies., Opfer und Kult im alttestamentlichen Israel. Textbefragungen und Zwischenergebnisse, SBS 153, Stuttgart 1993, 96–127, hier 96–104.

28 H. Gese, Die Sühne, in: Zur biblischen Theologie. Alttestamentliche Vorträge, München [3]1989, 85–106, hier 86 f.

neritus. Er bringt zur Darstellung, dass es ein Leben des Sünders jenseits seiner Schuld, mit der er eigentlich sein Leben verwirkt hat, geben kann, dass diese Befreiung aber durch den Tod geht. Daher wird im Sühneritus, wie er vor allem am großen Versöhnungstag für ganz Israel vollzogen wird, das eigene verwirkte und schuldbelastete Leben mit dem Blut des Opfertieres zusammengebunden. Es wird in einer real-symbolischen Handlung an das Heilige, den Altar Gottes, oder – so in der Zeremonie am Großen Versöhnungstag – an den unsichtbaren Gottesthron hinter dem Vorhang im Allerheiligsten des Tempels hingegeben, damit es von hierher gereinigt und geläutert, als ein neues Leben, vom Menschen zurückempfangen werden kann. Diesem Sühnegeschehen dienen die hier nicht weiter zu erläuternden Einzelheiten[29] wie die Handaufstemmung und der Blutritus, durch die der opfernde Mensch sein Leben mit dem des hingeopferten Tieres identifiziert und sein eigenes, durch die Sünde verwirktes Leben mit diesem Blut – denn nach alttestamentlicher Auffassung ist das Leben im Blut (vgl. Lev 17,11) – Gott anheim gibt. So ist die Sühne in Israel »Heilsgeschehen«[30]. Sie ist der Weg, den Gott eröffnet, um dem Menschen, der sein Leben durch nicht wieder gut zu machende Schuld zerstört hat,

29 Vgl. die Beschreibung der Liturgie des großen Versöhnungstages bei A. Schenker, Versöhnung und Sühne, 111 f. Allerdings versteht Schenker den Vorgang der Entsühnung anders als Gese. Das »verströmende« Blut des Sündopfertieres ist nach Schenkers Meinung »keineswegs Abbild des verwirkten Lebens des schuldigen Menschen, das eigentlich hätte verströmt werden müssen«. Es stellt vielmehr »das Mittel dar, das die Hochherzigkeit Gottes als Zeichen der Versöhnung zwischen ihm und den Sündern ersonnen und eingesetzt hat«. Schenker, a. a. O., 108. Doch warum die Versöhnung gerade auf diesem Weg geschieht, kann Schenker nicht deuten. Der Blutritus scheint eine willkürliche Setzung Gottes, die das Sein des Sünders nicht mit einbezieht. Vgl. auch A. Schenker, Art. Sühne II. Altes Testament, in: TRE 32, 335–338, wo der Verfasser seine Sicht erneut dargelegt hat.

30 Die Erkenntnisse Geses hat B. Janowski in seiner ursprünglich als Dissertation vorgelegten und später erweiterten ausführlichen Untersuchung: Sühne als Heilsgeschehen. Traditions- und religionsgeschichtliche Studien zur Sühnetheologie der Priesterschrift, Neukirchen-Vluyn ^{2}2000, umfassend begründet und weitergeführt.

neues Leben zu ermöglichen, das nicht mehr von den Schatten der Vergangenheit verdunkelt, nicht mehr von der Last der Sünde erdrückt wird. »Sühne geschieht also eigentlich durch eine (stellvertretende) Totalhingabe, ist damit Lebenserrettung, die der Mensch erstrebt und Gott ermöglicht. Gott befiehlt nicht die Sühne, sondern der Mensch erbittet sie. Die kosmische Ordnung bedarf des Ausgleichs, auch und gerade im Letzten; aber die Sühne ermöglicht die menschliche Weiterexistenz. Sie ist Aufrichtung des Gefallenen, Heilung des Todkranken.«[31]

VI. Das verwirkte Leben und die Frage nach einem Lösegeld

Dass und wie es auch im rechtlichen Bereich die Möglichkeit gab, sich von Schuld, die eigentlich zum Tode führt, zu befreien, hat Bernd Janowski in einer Untersuchung über die Einrichtung des Lösegeldes gezeigt.[32] kōfær, Lösegeld, meint eigentlich eine Ersatzleistung, ein Deckungsgeld, mit dem ein eingetretener Schaden im zivilen Bereich wieder gutgemacht werden kann und soll. Doch wurde, wie Janowskis Analyse von Ex 21,28–32 zeigt, diese Ersatzgabe nur bei besonders schwerem Anlass angewandt. Wo ein Mensch eigentlich selbst den Tod verdient hat, weil er etwa auf sein »stößiges« Rind nicht aufgepasst hat, sodass ein anderer Mensch zu Tode kam, konnte er sein verwirktes Leben durch ein Lösegeld auslösen.

> War jedoch das Rind schon seit einiger Zeit stößig, und sein Besitzer ist gewarnt worden, und er hat es doch nicht gehütet, so soll man das Rind, wenn es einen Mann oder ein Weib tötet, steinigen, und auch sein Besitzer soll getötet werden. Will man

31 H. Gese, Sühne, 87.

32 B. Janowski, Auslösung des verwirkten Lebens. Zur Geschichte und Struktur der biblischen Lösegeldvorstellung, in: Ders., Gottes Gegenwart in Israel. Beiträge zur Theologie des Alten Testaments, Neukirchen-Vluyn 1993, 5–39. Die folgenden Ausführungen schließen sich an Janowskis Gedankenführung an.

> ihm aber ein Lösegeld auferlegen, so soll er geben, was man ihm auferlegt, um sein Leben auszulösen. (Ex 21,29 f.)

Diese Versöhnungsmöglichkeit hat Deuterojesaja vom rechtlichen in den theologischen Bereich übertragen, indem er Gottes Rettungshandeln an Israel als einen solchen Loskauf beschrieb. So heißt es in einem Heilswort, in dem Gott selbst sein Volk anredet:

> Denn ich bin der HERR, dein Gott,
> der Heilige Israels, dein Heiland.
> Ich gebe Ägypten als Lösegeld für dich,
> Kusch und Seba an deiner statt,
> weil du teuer bist in meinen Augen,
> wertgeachtet, und ich dich liebe.
> Ich gebe Menschen an deiner statt und Völker für dein Leben.
> So fürchte dich nun nicht, denn ich bin bei dir ... (Jes 43,3–5)

In die geschichtliche Situation übersetzt, bedeutet dieses Wort, dass Gott in seiner Liebe alles für Israel zu geben bereit ist. Gott lässt die Weltgeschichte in Bewegung kommen, um Israel aus dem babylonischen Exil zu befreien. »Der Heilszusage V.3b zufolge gibt Jahwe (an Kyros als den Empfänger des kofaer) Ägypten, Kusch und Saba, d. h. das ganze damals bekannte Nordost-Afrika zur Auslösung Jakob-Israels aus dem Exil und damit zur Bewahrung des Lebens Israels«.[33] Dabei ist zu bemerken, dass bei dieser »Auslösung« nicht das verschuldete Israel das Lösegeld bezahlt. Derjenige, an dem das Volk schuldig geworden ist, JHWH selbst, zahlt die Ersatzgabe, um Israel aus dem Sünde-Unheilsgeschehen freizukaufen.

Doch gibt es ein Lösegeld zur Auslösung verwirkten Lebens auch angesichts des Todesgeschicks? Diese Frage wird im 49. Psalm gestellt, in dem das für alle gleiche Todesschicksal zur Sprache kommt. Die Antwort lautet ausdrücklich: Nein! Auch für jene, »die sich verlassen auf Hab und Gut und pochen auf ihren großen Reichtum« (V.7), gilt:

---

33 A.a.O., 29.

> Doch loskaufen kann sich keiner,
> keiner Gott das Lösegeld für sich bezahlen –
> zu teuer ist der Kaufpreis für ihr Leben. (Ps 49,8 f.)

Angesichts des Sterben Müssens gibt es kein kōfær, das der Mensch als Lösegeld für sein Leben geben könnte. Nur Gott kann den Menschen, der sich bis in den Tod vertrauend an ihm festhält, »erlösen aus des Todes Gewalt«, indem er die Beziehung zu ihm nicht abbrechen lässt (vgl. Ps 49,16).[34]

Die Psalmstelle 49,8 f. ist im Neuen Testament aufgenommen. Im Anschluss an die Frage, was es dem Menschen nützt, wenn er die ganze Welt gewönne, so er doch Schaden nimmt an seiner »Seele« (psyché)[35], fragt Jesus in Mk 8,37: »Denn was könnte ein Mensch geben als Entgelt für sein Leben?« Nichts! So muss auch hier die Antwort lauten. Der Mensch hat keinen Gegenwert, mit dem er sein Leben auslösen könnte. Dennoch verweist Jesu Wort, das Markus wenig später im Anschluss an den Rangstreit unter den Jüngern überliefert, darauf, dass der Menschensohn »nicht gekommen ist, dass er sich dienen lasse, sondern dass er diene und sein Leben gebe als Lösegeld für viele« (Mk 10,45). Nicht der sündige Mensch, wohl aber der Menschensohn, der wie der jesajanische Gottesknecht die Sünden der Vielen trägt und sein Leben als Schuldopfer einsetzt (Jes 53,10 ff.), gibt mit seinem Tod auch das Lösegeld (Jes 43,3 f.), das die Vielen aus ihren Schuldverstrickungen freikauft.

VII. Ausblick: Erlösung durch das Sterben und die Auferstehung Jesu Christi

Die neutestamentlichen Zeugen haben in vielfältiger Weise auf die Sprache und Denkvoraussetzungen des Alten Testamentes zurückgegriffen, als sie versuchten, das unbegreifli-

34 Vgl. G. Kittel, Befreit, 41–44.

35 In der biblischen, vom Hebräischen her geprägten Sprache ist die Seele (hebr. *næfæš*) der Sitz der Lebendigkeit des Menschen, sein Atem, sein Empfinden, sein wirkliches Leben, sein Selbst. Daher wird das Wort psyché in unseren Bibeln unterschiedlich übersetzt.

che und schreckliche Sterben Jesu am Kreuz als mit Gottes Plan und Wirken im Einklang zu verstehen. Auch im Geschick Jesu hat Gott das, was Menschen böse gedacht haben, zum Guten gewendet, wie es die Petruspredigten in der Apostelgeschichte (Act 2,23 f.36; 3,13.15; 5,30 f. u. ö.) immer wieder betonen. Um des unschuldigen und gehorsamen Leidens und Sterbens Jesu willen rechnet Gott der Welt ihre Sünde nicht zu (2. Kor 5,19). Jesus hat wie der unbekannte Gottesknecht, von dem Jesaja sprach, sein Blut für »Viele« vergossen (Mk 14,24); er ist »für unsere Sünden« gestorben (Röm 4,25; Gal 1,4; 1. Kor 15,3), und durch seine Wunden sind wir heil geworden (1. Petr 2,22–25). In Christus haben wir die Erlösung »durch sein Blut« (Eph 1,7; Röm 5,9; 1. Joh 1,7), denn sein Sterben am Kreuz ist der Sühneort (Röm 3,25) und zugleich das Sündopfer (Röm 8,3; 1. Joh 2,2; 4,10), in und mit dem auch unser Leben vor Gott in den Tod gegeben worden ist. Daher gilt: wie Christus von den Toten auferstanden ist, dürfen auch wir in der »Neuheit des Lebens« wandeln (Röm 6,2 ff.; 2. Kor 5,14 f.; Gal 2,19 f.).[36] Sein Leben und Sterben ist das »Lösegeld«, mit dem er uns und die Vielen vor der Verurteilung in Gottes letztem Gericht losgekauft hat (Mk 10,45; 1. Petr 1,18 f.).

In diesen und weiteren neutestamentlichen Aussagen[37] ist vorausgesetzt, dass Sünde mehr ist als nur eine böse Gesinnung des Menschen, die sich in einzelnen isolierten Taten äußert, dass sie vielmehr unser ganzes Leben prägt und mit

---

36 Vgl. hierzu ausführlicher mein Kapitel »Gestorben für unsere Sünden« in: Der Name II, 69–87. Zur Frage nach der Bedeutung der neutestamentlichen Sühnopferchristologie und unseren Verstehensmöglichkeiten verweise ich auf meinen Aufsatz: Die biblische Rede vom Sühnopfer Christi und ihre unsere Wirklichkeit erschließende Kraft, JBTh 9 (1994), 285–313.

37 Vgl. O. Hofius, Art. Sühne IV. Neues Testament, in: TRE 32, 342–347. Hofius macht in diesem Artikel deutlich, dass letztlich alle Textstellen im Neuen Testament, die von der Bedeutung des Sterbens Jesu handeln, im Sühnegedanken wurzeln bzw »erst in seinem Licht ihre theologische Plausibilität gewinnen« (346). Vgl. ders., Sühne und Versöhnung. Zum paulinischen Verständnis des Kreuzestodes Jesu, in: O. Hofius, Paulusstudien (WUNT 51), Tübingen ^{2}1994, 33–49.

ihren Folgen und Auswirkungen umklammert hält. All diese Sätze zeigen aber auch Gottes Vergebung als ein machtvolles Geschehen auf, das ganz real aus den Verstrickungen der Sünde befreit. Gott sieht nicht milde über die Sünde hinweg. Mit solch »billigem« Vergeben wäre angesichts der täglich erfahrenen zerstörerischen Kraft des Bösen niemandem geholfen. Er hat vielmehr in einer dramatischen Aktion in die Geschichte dieser Welt eingegriffen, indem er seinen Sohn das auf sich nehmen ließ, was wir nicht tragen und ertragen können. Gott hat Jesus Christus an die Stelle treten lassen, wo unser aller durch die Sünde korrumpiertes Leben endet: in die Finsternis des Todes und der ewigen Gottesverlassenheit, damit niemand mehr in dieser Finsternis und Gottesferne umkomme. Wer Jesu Leiden und Sterben als für sich geschehen erkennt, wer es also im Glauben annimmt, wird wie die Rückblickenden in Jes 53 zur schonungslosen Selbsterkenntnis geführt. Er sieht sich in dieses Sterben verschlungen und darf und soll doch nach dem neuen Leben greifen, in das hinein Gott Jesus von den Toten auferstehen ließ. In ihm ist für alle Sünder das Leben eröffnet worden, das nicht in den ewigen Tod, sondern in die Gemeinschaft der Liebe Gottes, in das ewige Leben, führt. Denn Gott »hat den, der von keiner Sünde wusste, für uns zur Sünde gemacht, damit wir in ihm die Gerechtigkeit würden, die vor Gott gilt« (2. Kor 5,16).

»Schlachtopfer gefallen dir nicht« (Ps 40,7)

Der Kreuzestod Jesu: Ein Opfer?

WOLFGANG SCHOBERTH

Kaum ein anderes Thema des christlichen Glaubens ist so umstritten wie die Bedeutung des Todes Jesu und seine Deutung als Opfer. Hängt für die Einen an diesem Verständnis des Kreuzes Jesu nicht weniger als die ganze Substanz des christlichen Glaubens, die Gewissheit von Heil und Erlösung, so ist für andere gerade diese Vorstellung nicht nur veraltet und weithin unverständlich, sondern darüber hinaus theologisch unhaltbar und geistlich unerträglich.

Der vorliegende Beitrag will diese Auseinandersetzungen nicht ausführlich nachzeichnen, sondern soll vielmehr einige Thesen erarbeiten, die hier zur Klärung beitragen können, indem die hermeneutische Problematik und die soteriologische Fragestellung miteinander verbunden werden. Solche Klärungen sind um so wichtiger, als der Streit um das rechte Verständnis des Kreuzes Jesu oft genug geprägt ist von eigentümlichen Missverständnissen und Unterstellungen, in denen jede Seite sich von Positionen abgrenzt, die eigentlich niemand vertritt. Das gilt nicht nur für Kritiker außerhalb des Christentums, die nicht selten gerade die Kreuzesverkündigung als Ansatzpunkt nehmen – und sich dabei meist nicht die Mühe machen, sich zu informieren, was christlich vom Kreuz Jesu überhaupt geglaubt und gedacht wird. Auch die innerkirchliche und die theologische Debatte sind nicht freizusprechen von derartigen Verkürzungen und Unterstellungen.

Auf der anderen Seite ist es auch wenig hilfreich, nun in einer Gegenbewegung die traditionellen Formulierungen generell gegen jede Kritik verteidigen zu wollen: Nicht nur sind einige der tradierten Sprachformen selber theologisch bedenklich und bringen gerade das nicht zum Ausdruck, was sie doch leisten sollen[1]; zum anderen ist es gerade ihre irreduzibel metaphorische Struktur, die es erforderlich macht, immer wieder neu kritisch zu bedenken, ob es sich dabei noch um geeignete und hilfreiche Sprachformen handelt: Nicht die Formulierungen sind das theologisch Bedeutsame, sondern das, was mit ihnen zur Sprache gebracht wird.

Die Alternative ist demnach diese: Sind die in Frage stehenden tradierten Sprachformen unverständlich geworden; rufen sie heute ein problematisches Verständnis hervor oder sind sie nach wie vor hilfreich und vielleicht auch unverzichtbar? Kann die Bedeutung des Kreuzes Christi mit den tradierten Formulierungen – Opfer und Sühnopfer, Stellvertretung etc. – heute noch sachgemäß ausgesagt werden? Erst recht gilt die Aufgabe einer gründlichen Durchsicht den theologischen Extrapolationen und dann auch den ethischen Folgerungen, die aus diesen tradierten Vorstellungskomplexen abgeleitet wurden. So hält Dorothee Sölle völlig zu Recht fest: »Jeder Versuch, das Leiden unmittelbar oder mittelbar von Gott verursacht anzusehen, steht in der Gefahr, sadistisch über Gott zu denken.«[2] Was dieses Urteil aber theologisch bedeutet, wie dann über Leiden und Kreuz sachgemäß zu sprechen sein kann, ist damit noch nicht gesagt.

Dorothee Sölle greift eine bestimmte Position an, die das Leiden als Gottes Willen erklären will, und weist sie begründet zurück. Das ist etwas ganz anderes als eine unspezifische

---

1 Kann man z. B. den Vers »Ach, meine Sünden haben dich geschlagen; / ich, mein Herr Jesu, habe dies verschuldet, / was du erduldet.« (EG 81,3; Text: Johann Heermann 1630) noch als metaphorische Spitzenaussage verstehen (dass ein buchstäbliches Verständnis hier fehlgehen muss, liegt auf der Hand), während das Kreuzesgeschehen selbst gerade nicht mit Deutungen überlastet wird, so wird das in dem Vers: »Du großer Schmerzensmann, / vom Vater so geschlagen, / Herr Jesu, dir sei Dank / für alle deine Plagen« (EG 87, 1; Adam Thebesius 1652/1663) problematisch verschoben – diese Formulierung gibt dann in der Tat zu theologischer Kritik hinreichend Anlass.

2 D. Sölle, Leiden; Stuttgart 1973, 37. Vgl. auch dies., Stellvertretung. Ein Kapitel Theologie nach dem »Tode Gottes«. Stuttgart, 1982.

Generalanklage, die sich gegen niemand richtet und alle treffen will. Diese Haltung findet sich z. B. zugespitzt bei Elga Sorge, wenn sie behauptet, dass der »Sohn Gottes ... in der christlichen Theologie zu einem ohnmächtigen Gott herabgewürdigt [wurde], um das Sinn-bild eines angeblich allmächtigen, aber in der Lebens-Wirklichkeit hilflosen Gottes nicht sinnlos erscheinen zu lassen und abschaffen zu müssen.«[3] Ist für sie das Kreuz Christi also keine Realität, sondern strategisch geschickte Erfindung? Sie scheint den ersten Christen einige Raffinesse zuzutrauen. Die Folge dieser Erfindungen ist für sie dann das ›herkömmliche‹, sado-masochistische und lebensfeindliche Gottesbild, »das bis auf den heutigen Tag Gültigkeit beansprucht«.[4] Zeugt schon ihre Verwendung des Begriffs ›Sado-Masochismus‹ von wenig sexualpsychologischer Sorgfalt, so ist die theologische Spitze gänzlich unscharf: Was genau ist ›das christliche Gottesbild‹ und wer vertritt es? Was rechtfertigt ihre Verkürzungen, die sich über die innere Logik der summarisch zurückgewiesenen theologischen Argumentationen hinwegsetzen zu können meinen? Es ist doch wohl eine Grundforderung an jede Kritik, dass sich die Kritisierten zumindest wiedererkennen können.

Ohne Zweifel ist es nicht nur berechtigt, sondern unabdingbar notwendig, theologische Rechtfertigungen menschlicher Gewalt und Unterdrückung aufzubrechen und zu überwinden. Fraglich ist freilich mit welchen Mitteln das geschehen kann: Ich sehe jedenfalls die Gefahr, dass sich die genannte Kritik gerade der Kriterien beraubt, die zur Kritik der Gewalt nötig sind. Generalvorwürfe sind selbst repressiv, weil sie die theologische Debatte vor ihrem Beginn schon abschneiden und die Mühe zu ersparen scheinen, überhaupt verstehen zu wollen, was die kritisierte Position (und das ist dann nicht selten die halbe oder ganze Theologie- und Kirchengeschichte) genau sagt. Sie stehen zudem in der Gefahr der Selbstimmunisierung gegen jede Kritik.

---

3 E. Sorge, Frau und Religion. Weibliche Spiritualität im Christentum; Stuttgart u. a. [3]1987, 41.

4 A. a. O. 42.

Statt solcher unfruchtbaren abstrakten Debatten, in denen der reale oder fiktive Gegner nur dazu herhalten muss, die eigene Sicht der Dinge zu legitimieren, wäre genau anzugeben, *was* Gegenstand der Kritik sein soll. Weder *die* traditionelle Theologie noch *die* feministische Theologie oder auch *die* moderne Theologie sind reale Größen; der Gegensatz von ›Traditionalisten‹ und ›Modernisierern‹ ist (nicht nur theologisch) eine fatale Simplifikation.

Von der überzogenen und daher irreführenden Generalkritik an der christlichen Gotteslehre wiederum deutlich zu unterscheiden ist die Kritik an in der Geschichte des Christentums nicht seltenen moralischen Ableitungen, die aus dem Kreuzestod Jesu folgern, Leiden und Selbstopfer seien die christlichen Tugenden schlechthin. Diese Ableitungen bedürfen nach meiner Überzeugung in der Tat scharfer Kritik. Aber auch hier gilt das Gebot theologischer Differenziertheit: Es ist eine Sache, das Leiden und Opfern (aus meist in der Tat durchsichtigen ideologischen Motiven) von den Christen zu *fordern*; ein anderes ist es, das auferlegte Leiden theologisch zu reflektieren.[5]

Die Schärfe, die die genannten Streitigkeiten kennzeichnet, ist verständlich, weil es bei dem Kreuz Christi um das Zentrum der christlichen Verkündigung geht. Gerade darum kann es aber bei einem Aneinander-Vorbeireden nicht bleiben. Vielmehr ist es notwendig, gleichsam einige Schritt zurückzugehen, um die theologischen Voraussetzungen aufzuzeigen, die in die Rede vom Opfertod Jesu eingehen. Vielleicht wird sich dabei erweisen, dass die öffentlich ausgetragenen Gegensätze mitunter keine sind. So ist es z. B. ein Scheingegensatz, wenn auf der einen Seite die Gegenwartsrelevanz des Glaubens und seine befreiende Kraft aufgerufen und auf der anderen Seite die Verlässlichkeit der Theologie und das Festhalten am Christusbekenntnis eingeklagt wird: Beides gehört ganz offensichtlich zusammen. So lässt sich auch eine erste These aufstellen, die für meine Überlegungen grundlegend ist und die m. E. auch von beiden Seiten der Kontroverse akzeptiert wird:

---

5 Vgl. dazu unten S. 111.

1. Jede Rede vom Kreuz Christi, die in Widerspruch zur grundlosen und voraussetzungslosen Liebe Gottes geriete, ist theologisch unhaltbar.

Als grundlegende These ist diese Aussage allerdings wenig bestimmt und kann zu unterschiedlichen Folgerungen führen: Man kann einerseits um Gottes willen die Vorstellung vom Opfer eliminieren, damit der liebende Gott erkennbar wird; man kann aber auch gerade an dieser Vorstellung festhalten, weil man in ihr die geeignete Sprachform erkennt, diese Liebe auszudrücken. Dies ist darum möglich, weil man jeweils anderes unter ›Opfer‹ versteht. Nun ist die Unfähigkeit, einander zu verstehen, selbst wieder ein theologisches Problem, insofern sie darauf deutet, dass über die Kriterien kein Einvernehmen besteht und bestehen kann. Wenn aber die Kategorie ›Opfer‹ unverständlich wird, dann hätte das weit reichende Folgen für Theologie und Kirche, weil es sich hier ja nicht nur um ein theologisches Denkmodell handelt, sondern um einen Begriff, der die Sprache der Frömmigkeit und der Gottesdienste prägt.

Es kann kein Zweifel daran bestehen, dass sich die hermeneutischen Kontexte in der Rede vom Opfer seit der biblischen Zeit grundsätzlich geändert haben: Dies gilt gerade nicht nur für theologische Vorstellungskomplexe, sondern vor allem für die soziale Realität des Opfers. Für heutige Autoren ist ›Opfer‹, unserem Sprachgebrauch entsprechend, in aller Regel eine symbolische, allenfalls eine moralische Redeweise; die *kultische* Dimension des Opfers dagegen, wie sie für die biblischen Texte eine geradezu selbstverständliche, täglich erlebbare Realität war, ist unserem Verstehen zunächst mindestens fremd. Dass die biblische Rede vom Opfer eingebettet ist in eine den HörerInnen geläufige Opferpraxis und -theologie, kann für ein angemessenes Verständnis nicht einfach übersprungen werden. Wo dieser Hintergrund nicht mehr gesehen wird, erfährt der Begriff des Opfers mehrfache, keineswegs unproblematische Übertragungen, die gerade dann theologisch bedenklich werden können, wenn der aus dem Bereich des Kultischen abgezogene Begriff religiös neu besetzt wird. Der isolierte Begriff des Opfers, der aus seinen genuinen Kontexten herausgebrochen wird, in denen seine Verständlichkeit gewährleistet war, ist dann nicht geschützt, neu und vielleicht gegen seine ursprüngliche Intention interpretiert oder auch unverständlich zu werden. Die Problematik der Opfertheologie ist zunächst also eine Folge aus der allgemeinen hermeneutischen Einsicht, dass (nicht nur) die traditionellen Interpretationen bis hin zu den biblischen Begriffen, mit denen das Kreuzesgeschehen ausgesagt wird, bestimmte Kontexte voraussetzen, die sich nicht aus sich selbst verstehen.

2. Die Verständlichkeit aller Deutungen des Kreuzes Jesu hing und hängt an spezifischen Verstehensbedingungen, die sich verändern können.

Diese hermeneutische Aussage hat besondere Brisanz darum, weil keiner der Sätze, in denen der Glaube sich ausspricht, sich aus seinen spezifischen Verstehensbedingungen herauslösen lässt. Theologische Sätze und Begriffe lassen sich nicht isoliert tradieren, sondern bedürfen ihrer jeweiligen Zusammenhänge, was – wie im Fall des Opfers – dann zu besonderen Schwierigkeiten führt, wenn die *sozialen* und *kulturellen* Kontexte des Verstehens wegfallen. Hier sind zunächst die Transformationen zu nennen, die einerseits mit der Lösung der christlichen Gemeinden vom Judentum, andererseits mit der Zerstörung des zweiten Tempels verbunden waren: Gerade die neutestamentliche Rede vom Opfer setzt in vielfältiger Weise das Wissen um jüdische Praxis und Theologie des Opfers voraus. Vollends führte das durch den Siegeszug des Christentums bedingte Ende der antiken Opferpraxis dazu, dass Opfer keine unmittelbar anschauliche kultische Realität mehr waren; das ›Opfer‹ wurde zur ›geistigen‹ Wirklichkeit. Damit aber mussten neue Verstehenshorizonte erschlossen werden, die selbst wieder spezifische kulturelle und soziale Bedingungen voraussetzen und darum in anderen Epochen und Kontexten möglicherweise erneut Schwierigkeiten für das Verstehen hervorrufen.

Diese hermeneutische Problematik wird an der folgenreichsten theologischen Neuinterpretation des Kreuzesgeschehens sehr deutlich: der ›Satisfaktionslehre‹, die Anselm von Canterbury im 11. Jhd. entwickelte und die unter den Verstehensbedingungen mindestens eines halben Jahrtausends verständlich machen konnte, was am Kreuz geschieht. Gerade dieses Modell gilt aber heute Vielen als theologisch außerordentlich fragwürdige Konzeption; die skizzierte Kritik am ›traditionellen‹ christlichen Opferverständnis zielt wohl vor allem auf dieses Modell ab, wenngleich es zumeist stark verkürzt wahrgenommen wird.[6] Charakteristisch ist die Formulierung von Julie Hopkins: »Es ist moralisch verabscheuungswürdig zu behaupten, Gottvater habe das Selbstopfer seines einzigen Sohnes verlangt, um die Waagschalen der Gerechtigkeit ins Gleichgewicht zu bringen. Ein Gott, der durch Schmerzen, Verzweiflung und gewaltsamen Tod bestraft, ist nicht ein Gott der Liebe, sondern ein Sadist und ein Despot.«[7] Dem ist durchaus zuzustimmen – nur trifft es nicht das soteriologische Modell Anselms.

Auch hier muss ein Eintrag unserer Verstehensbedingungen zu einer Verzeichnung führen: Der Gott Anselms ist alles andere als ein unerbittlicher Despot; vielmehr muss man im Auge behalten, was für Anselm und seine Zeit ›Satisfaktion‹ bedeutet, dass sie eben nichts mit einer abstrakten Gerechtigkeitsvorstellung zu tun hat und schon gar nicht Ausdruck mörderischer Ehrsucht ist – das konnte sie erst unter den Bedingungen eines ›aufgeklärten‹ Absolutismus werden. Gerechtigkeit ist hier vielmehr die notwendige Bedingung friedlichen Lebens und ›Satisfaktion‹ ein rechtlich geregeltes Instrument zur möglichst gewaltfreien Beilegung von Auseinandersetzungen.[8] Die Bedrohung der Gerechtigkeit und die

6 Solche Verkürzungen finden sich übrigens nicht selten auch bei den Anhängern dieses Modells.

7 J. Hopkins, Feministische Theologie. Wie Frauen heute von Jesus reden können; Mainz 1996,63 f.

8 Vgl. dazu G. Althoff: Genugtuung (satisfactio). Zur Eigenart gütlicher Konfliktbeilegung im Mittelalter; in: Modernes Mittelalter. Neue Bilder einer populären Epoche, hg. von J. Heinzle, Frankfurt/M. 1994, 247–265.

Notwendigkeit von Satisfaktion ist in diesem Zusammenhang kein Gedankenkonstrukt, sondern eine vitale Erfahrung. Darum verfängt auch die Kritik an Anselms angeblich despotischen und blutrünstigen Gottesbild nicht. Anselms Ausgangspunkt ist die sehr realistische Einschätzung, dass menschliches Leben fortwährend bedroht ist durch Menschen: Vergossenes Blut und Gewalt *ist* durch die Sünde längst schon in der Welt.[9]

Anselms Lehre hat ihren Kern darin, dass Gott nicht so handelt, wie es von einem Herrscher eigentlich zu erwarten ist, nämlich durch Vergeltung. Vielmehr bietet Gott nicht nur die Möglichkeit der Satisfaktion an, sondern übernimmt auch noch selbst die Satisfaktionsleistung: Er schont sich selbst nicht, sondern nimmt in seinem Sohn die durch die Sünde der Menschen entstandene Schädigung der Gerechtigkeit auf sich.[10] Dass auf diese Weise kein bloßer Straferlass gegebenen ist – der schließlich selbst die Gerechtigkeit und damit die Bedingungen des Lebens zerstören würde –, sondern sowohl die göttliche Gerechtigkeit aufrechterhalten wird als auch die göttliche Liebe zur Verwirklichung kommt, ist in dieser lange Zeit plausiblen und geradezu verbindli-

---

9 Eine wirkungsgeschichtlich vielleicht noch verhängnisvollere Verzeichnung hat der Ausdruck »Auge um Auge« erlitten, mit der nach wie vor »alttestamentliche« Religion diskreditiert wird. Auch hier geht es ja um die Minimierung von Gewalt und die Gewährleistung von Rechtssicherheit. So dient Dtn 19, 16 ff. der Abwehr falscher Aussagen vor Gericht, also der Voraussetzung des Rechtsfriedens, wobei wiederum genaue Vorschriften gemacht werden, damit hier keine übereilte Verurteilung geschieht. Und auch die bekanntere Stelle Lev 24, 17 ff. dient der (unter den gegebenen Bedingungen zunächst einzig möglichen) Sühne von Verletzungen und Verbrechen, um deren Überhandnehmen zu verhindern, wobei in der weiteren Entwicklung zahlreiche Möglichkeiten zur Ablösung der körperlichen Vergeltung durch Ersatzleistungen entwickelt wurden.

10 Nur am Rande erwähnt sei hier, dass die modernen Schwierigkeiten mit der Soteriologie nicht zuletzt daran hängen, dass man, anders als Anselm, kaum mehr konsequent trinitarisch denkt: Für Anselm ist der Sohn nicht unterlegenes Gegenüber, sondern eben selbst Gott; die gängigen psycho-analytischen Unterstellungen vom Bild des übermächtigen Vaters gehen daher fehl.

chen Denkform wiederum die Voraussetzung dafür, dass in der Welt Leben und Friede möglich ist.

Die Rekonstruktion der Satisfaktionslehre Anselms kann freilich nicht das hermeneutische Problem lösen, dass seine Verstehenshorizonte nicht die unseren sind. Dass sein Modell so lange als vorbildliche Artikulation der Frage nach der Heilsbedeutung des Todes Jesu gelten konnte, beruhte auf der Plausibilität der Voraussetzungen dieses Modells. Weil diese Voraussetzungen nicht mehr gegeben sind, kann die Satisfaktionstheorie *für uns* kaum mehr eine befriedigende theologische Sprachform sein. Festzuhalten bleibt freilich, dass in Anselms Modell einige theologische Grundsätze berücksichtigt sind, die für die Lehre von der Erlösung nach wie vor Geltung beanspruchen können: 1) Erlösung ist ein Geschehen, das Gott allein wirkt – anders wäre die Universalität der Sünde nicht ernst genommen.[11] 2) Dieses Geschehen geschieht den Sündern zum Heil, nicht zur Vernichtung. 3) Gott handelt so, dass sowohl seine Gerechtig-

11 Ich sehe nicht, wie Dorothee Sölle eine Trivialisierung der menschlichen Unheilsgeschichte vermeiden kann, wenn sie die Fähigkeit der Menschen zu einem »Ja zum Leben in Gerechtigkeit und Frieden« (Art. Kreuz IV. Kreuz und Auferstehung; in: Wörterbuch der feministischen Theologie, hg. von E. Gössmann u. a., Gütersloh 1991, 233–236, 235) behauptet: Alles eine Frage des guten Willens? Oder bedürfen Menschen nicht vielmehr – gerade nach der reformatorischen Theologie, auf die sie sich im gleichen Absatz beruft – zu diesem Ja allererst der Befreiung durch Gott? Dass die »herkömmliche Christologie ... uns Menschen von der Einheit mit Gott« (ebd.) ausgeschlossen habe, ist darum auch schlicht falsch: Freilich ist diese Einheit eben *christologisch* und nicht moralisch gedacht. Und die weitergehende Behauptung: »Je exklusiver die Christologie, desto antijüdischer die Theologie« (ebd.) ist in ihrer Allgemeinheit eine bloße, leicht zu widerlegende Unterstellung – man vergleiche nur die Christologien von Karl Barth und Emmanuel Hirsch –, die darum auch die eigene Absicht unterläuft, die fatalen Antijudaismen in der Christologie aufzudecken und zu überwinden. Am genannten Band von Elga Sorge ist wiederum zu sehen, wie antijudaistisch eine feministisch-inklusive Christologie werden kann. Zu dieser Problematik vgl. Susannah Heschel, Konfigurationen des Patriarchats, des Judentums und des Nazismus im deutschen feministischen Denken; in: C. Kohn-Levy/I. Korotin (Hg.), Der feministische ›Sündenfall‹? Antisemitische Vorurteile in der Frauenbewegung, Wien 1994, 160–184.

keit als auch seine Liebe erhalten bleiben bzw. aufgerichtet werden.

3. *Eine sachgemäße Deutung des Kreuzes Jesu muss unter veränderten Verstehensbedingungen das Heilshandeln Gottes neu zur Sprache bringen.*

Weil unter unseren Verstehensbedingungen ›Satisfaktion‹ als theologisches Konzept nicht mehr ohne Weiteres einleuchten kann, bedürfen wir anderer Artikulationsformen. Es ist kaum möglich und auch nicht wünschenswert, in der Verkündigung und auch in der Lehre gleichsam als Verstehenshintergrund immer auch das von Anselm vorausgesetzte germanische Rechtssystem mitzuliefern, zumal dieses selbst nicht Gegenstand der Soteriologie ist, sondern nur den Hintergrund seiner Interpretation darstellt. Wo dieser Hintergrund wegfällt, muss aber das Modell unverständlich oder irreführend werden bzw. in den Missbrauch führen.

Die kirchliche und theologische Sprache ist an solcher Verkehrung nicht schuldlos: Oft werden Begriffe und Sätze wiederholt, die unsere Wirklichkeit nicht mehr erreichen. Die großen leitenden Sätze und Begriffe des Glaubens können aber auch ein geradezu tragisches Schicksal erleben: In ihrem isolierten Gebrauch können sie mitunter das Gegenteil von ihrem eigentlichen Inhalt bewirken.

So ist in ihrem biblischen Sinn die Rede von der Sünde gerade als überführende Rede befreiend – und nur als befreiende auch theologisch legitime Rede[12] –; wird aber von Sünde außerhalb des genuinen Zusammenhangs von Gottes guter Weisung und vor allem ohne den beständigen Blick auf Vergebung gesprochen, ist Sünde unter der Hand zur moralischen Kategorie verkehrt und nur noch als Bezichtigung wahrnehmbar. Dann ist nur zu verständlich, wenn Men-

---

12 Vgl. dazu W. Schoberth, Erbsünde. Zu den Schwierigkeiten der Rezeption eines zentralen Themas; in: M. Seitz und Karsten Lehmkühler (Hg.), In der Wahrheit bleiben. Dogma – Schriftauslegung – Kirche. Festschrift für Reinhard Slenczka zum 65. Geburtstag, Göttingen 1996, 160–175.

schen sich gegen die Zumutung wehren, als Sünder angesprochen zu werden; dann freilich ist auch die mit dem Kreuz Christi verbundene Überwindung der Sünde als *Heils*ereignis nicht mehr kenntlich.

Die notwendigen neuen Sprachformen, in denen das Evangelium jeweils zur Sprache kommen soll, müssen sich also wiederum auch an den tradierten messen lassen, um zu überprüfen, ob in ihnen auch wirklich das Evangelium zur Sprache kommt. So ist die hermeneutische Aufgabe, die sich angesichts der veränderten Verstehensbedingungen stellt, eine doppelte:

> 4. *Die zentralen tradierten Begriffe und Sätze des Glaubens bleiben um der Identität des Glaubens willen unverzichtbar; sie ›funktionieren‹ allerdings nur in einer jeweils neuen Anstrengung des Verstehens.*

Die hermeneutische Grundregel jeder angemessenen soteriologischen Rede formuliert Ingolf U. Dalferth treffend: »Von der Heilsbedeutung des Todes Jesu zu sprechen heißt, von diesem Tod so zu sprechen, dass das zur Sprache kommt, was das Neue Testament von ihm zu sagen sucht, wenn es ihn als Sühnopfer zur Sprache bringt.«[13] Dalferth betont hier mit Recht einerseits die Forderung der sachlichen Übereinstimmung der Rede von der Heilsbedeutung des Todes Jesu mit dem neutestamentlichen Zeugnis, andererseits aber auch die Variabilität der Sprachformen: ohne diese doppelte Bewegung wird das soteriologische Reden entweder beliebig oder verbleibt in einer unkräftigen Wiederholung der biblischen Sprachformen.

Es ist demnach wenig hilfreich, die tradierten Zentralbegriffe und -aussagen des Glaubens selbst fur gleichsam un-

---

13 I. U. Dalferth, Der auferweckte Gekreuzigte. Zur Grammatik der Christologie, Tübingen 1994, 270; wiederholt 271 (im Original kursiv). Dies kann freilich, wie er in seinem außergewöhnlich instruktiven Beitrag hinzufügt, nur solange gelten, wie sich die Kategorie des Sühnopfers als soteriologisch adäquat erweist.

wandelbar zu nehmen und als den wesentlichen Inhalt des Glaubens auszugeben: Das ginge auch an ihrer eigenen Funktion vorbei: Sie haben ihren eigentlichen Ort zum einen im liturgischen Gebrauch[14], zum anderen aber in der theologischen Reflexion, die mit ihrer Hilfe ihre kritische und regulative Aufgabe wahrnimmt.[15] Diese Formulierungen bedürfen, um hinreichend verstanden werden zu können, der Kenntnis der biblischen Überlieferungen, aus denen sie gewonnen wurden: Nur als handhabbare Zusammenfassungen (»Summierungen«) biblischer Überlieferungen können sie theologisch Geltung beanspruchen. Werden sie aus diesem Zusammenhang gelöst, stehen solche theologischen Grundaussagen, die immer Verdichtungen und damit abgekürzte Formulierungen sind, in der Gefahr, ein Eigenleben zu entwickeln, das theologisch bedenkliche Konsequenzen hervorbringen kann.[16]

Daraus folgt aber auch, dass die Deutung des Todes Jesu als Opfer nicht notwendigerweise als die privilegierte oder gar die einzig legitime gelten kann. Das würde schon dem neutestamentlichen Befund widersprechen, der neben dem Vorstellungskreis des Opfers an durchaus zentralen Stellen auch andere Arten des Redens vom Kreuz Christi kennt.[17]

---

14 Auch das christliche Bekenntnis ist primär ein liturgischer Text; es würde (und wurde) gründlich missverstanden, wenn man in ihm eine Darlegung von Sachverhalten oder die Sammlung der Grundsätze einer weltanschaulichen Bewegung sehen wollte.

15 Zum Verständnis der Sprache des Glaubens vgl. vor allem D. Ritschl, Zur Logik der Theologie. Kurze Darstellung der Zusammenhänge theologischer Grundgedanken; München ^{2}1988.

16 Bonhoeffers missverständliche und oft missverstandene Rede von der ›Arkandisziplin‹ hat wohl hier ihren genauen systematischen Ort: Diejenigen, denen die »*Geheimnisse* des christlichen Glaubens« bekannt sind, müssen sie »vor Profanierung« behüten (D. Bonhoeffer: Widerstand und Ergebung. Briefe und Aufzeichnungen aus der Haft. <DBW 8> Gütersloh 1998, 405 f. 415). Das geschieht nun aber gerade nicht dadurch, dass man diese (nach biblischem Verständnis allemal offenbaren) Geheimnisse nun auch *in* der Kirche und den Gottesdiensten verschwiege.

17 Nur am Rande sei darauf hingewiesen, dass der Bezug auf Jes 53 nicht notwendig Sühnopfervorstellungen impliziert: Das Schlachten des Lam-

In der Christentumsgeschichte haben die westliche und die östliche Tradition den Kern der Heilsgabe unterschiedlich bestimmt: Dominiert im Westen die Sphäre von Gerechtigkeit, Recht und Vergebung, so dass das Heil vornehmlich als Befreiung von der Sünde ausgesagt wurde, so steht im Osten die Frage nach der Unvergänglichkeit im Vordergrund, so dass hier das Heil vornehmlich als Gabe des Ewigen Lebens verstanden wird. Diese unterschiedliche Akzentuierung zeigt aber zugleich, dass die verschiedenen Vorstellungsbereiche nicht gegeneinander ausgespielt werden können und dürfen: Für den Westen wie den Osten ist die Zusammengehörigkeit von Sündenvergebung und Ewigem Leben unbezweifelbar.

5. *Das Heil hängt nicht an einer bestimmten Deutung des Kreuzes, sondern am Handeln Gottes in Kreuz und Auferstehung. Dieses Handeln muss immer wieder neu und immer wieder in verschiedenen Anläufen und Perspektiven ausgesagt werden.*

Aus dieser These ist aber weder abzuleiten, dass man sich beliebige, momentan passend scheinende Vorstellungen ›heraussuchen‹ könne, noch dass scheinbar veraltete schlicht zu eliminieren wären. Die verschiedenen Sprachformen und Vorstellungskomplexe, in denen im Neuen Testament das Handeln Gottes in Christus ausgesagt wird,[18] bilden vielmehr ein dichtes Geflecht, in dem die einzelnen Bilder aufeinander verweisen. Nur an diesem Geflecht der biblischen Sprachformen kann überprüft werden, ob in unserem Spre

mes ist in einer agrarischen Gesellschaft auch ohne kultischen Bezug ein nahe liegender, weil alltäglicher Vergleich zum Leiden.

18 Vgl. Dalferth, a. a. O. 260 f.: »Nicht von ungefähr wurde allerdings keines dieser dogmatischen Reflexionsmodelle seitens der Kirche als definitive Heilsdeutung propagiert und als Heilsdogma festgeschrieben. Zu nachdrücklich erinnert das Neue Testament daran, daß Christen das Heil in Jesus Christus nicht nur auf eine, sondern auf vielfältige Weise aussagen und zur Deutung aussagen und zur Darstellung bringen können und müssen.«

chen Gottes Handeln in Christus ausgesagt wird oder andere, eigene Vorstellungen von vermeintlichem Heil.

Dies war gerade an der Vorstellung vom »Opfer Christi« zu beobachten: Wenn sie von der biblischen Überlieferung gelöst wird, öffnet das die Möglichkeit, nun alle möglichen Assoziationen, die sich zum Begriff des »Opfers« – positiv wie negativ – einstellen können, in das Christusgeschehen einzutragen. Der theologisch legitime Weg folgt aber gerade der umgekehrten Richtung: Was »Opfer Christi« und dann für Christen legitimerweise überhaupt »Opfer« heißen kann, ergibt sich nur aus der Betrachtung dessen, was in Jesus Christus in Kreuz und Auferstehung geschehen ist. Wenn hier im Anschluss an die biblische Überlieferung und dann auch die theologische Tradition von Opfer geredet werden muss, so kann das nur sehr sorgfältig und reflektiert geschehen und gerade nicht in einem affirmativen Anschluss an irgendwelche Opferkonzepte, die vielleicht nach wie vor populär sind oder auch gerade der Kritik unterzogen werden sollen.

6. *Die Bemühung um gegenwartsnahe Sprachformen kann theologisch gerade nicht bedeuten, dass man sich an kulturell herrschende Plausibilitäten anschließt. Vielmehr werden diese Plausibilitäten durch das Evangelium durchbrochen.*

Dieser dialektische Umgang mit den Verstehensbedingungen lässt sich wiederum gerade an den biblischen Texten erkennen, in denen vom Tod Jesu als einem Opfer die Rede ist. Der Hebräerbrief, der die ausführlichsten und dichtesten Belege für ein Verständnis des Todes Jesu als Opfer bietet, aber auch Paulus und die Deuteropaulinen setzen offensichtlich recht genaue Kenntnisse jüdischer Opferpraxis und -theologie voraus. Sie setzen weiterhin voraus, dass diese Theologie und Praxis für ihre Hörer Plausibilität besitzt, wie aus der Vielzahl der Anspielungen hervorgeht. Die neutestamentlichen Zeugen zeichnen aber nun nicht einfach den Tod Jesu in plausible Vorstellungen vom Opfer ein; das ist um so bemerkenswerter, als es sich beim Opfer im Jerusalemer Tempel doch um rituelle Handlungen handelte, die Gottes Tora folgen. Die neutestamentliche Rede vom Opfer durchbricht vielmehr zugleich den Verstehensrahmen, den sie voraussetzt. Der Hebräerbrief, der die Opferterminologie in geradezu technischem Sinn aufnimmt, kontrastiert systematisch das Opfer Christi mit dem vorfindlichen Opferkult. Dabei muss jeder Versuch, sich eine reale Opferhandlung so vorzustellen, wie der Hebräerbrief sie schildert, scheitern: Denn ein Opfer, das nicht wiederholt werden muss, ja nicht einmal wiederholt werden kann, in dem dann Priester und Opfertier letztlich derselbe sind, sprengt jeden Opferkult.[19] Mehr noch: Der Hebräerbrief kennt nicht nur selbstverständlich die prophetische Kritik am Opfer, sondern zitiert Ps 40,7 ausdrücklich am Eingang seiner Ausführungen zum Opfer Christi: »Opfer und Gaben, Brandopfer und Sündopfer hast du nicht gewollt, sie gefallen dir auch nicht.« (Hebr 10,8)

Solche Durchbrechung der den Hörern selbstverständlichen Logik des Opfers bedeutet nun aber nicht deren völlige Aufhebung: Das Opfer im Tempel ist vielmehr für die neutestamentlichen Zeugen ein Ausgangspunkt für ein Verstehen des Kreuzes, wenngleich in seinem Rahmen die Einzigartigkeit des Todes Jesu nicht mehr auszusagen ist. Diese Gleichnisfähigkeit hat aber auch *nur* das Opfer, das aus der Tora hervorgeht. Dies ist nun für ein aktuelles Verständnis des Todes Jesu von größter Bedeutung:

7. *Nur das Opfer, wie es aus der Tora folgt, ist nach biblischem Zeugnis gleichnisfähig für den Tod Jesu. Irgendein anderes ›Opfer‹, sei es auch moralisch von höchstem Ansehen, hat diese Gleichnisfähigkeit nicht.*

19 Diese Spannung wird mit Begriffen ›Selbstopfer‹ oder ›persönliches Opfer‹ nicht hinreichend erfasst.

Dabei fällt auf, dass nicht nur die kultische Opferpraxis der heidnischen Umwelt in keiner Weise herangezogen wird, sondern auch die in der Antike durchaus verbreitete und zumindest den gebildeten Hörern geläufige und plausible Opferkritik und vor allem die Transformation in ein ethisches und personales Verständnis von Opfer neutestamentlich gerade nicht rezipiert wird. Die Spezifik der neutestamentlichen Rede ist demnach noch nicht erfasst, wenn man dabei nur auf die Spiritualisierung und Personalisierung des Opferthemas abhebt; sie würde erst recht in der Ethisierung verfehlt, die auf eine wie immer geartete Vorbildlichkeit des Opfers Jesu abhebt: Die neutestamentlichen Texte sind sich gänzlich einig darin, dass das Kreuz Jesu Christi einmalig und also gerade kein Beispiel möglicher Nachahmung ist.

In der Diskussion wird merkwürdigerweise selten bedacht, dass die Antike nicht nur das kultische Opfer heidnischer Religiosität kennt, sondern und gerade die ethische Übertragung des Opfergedankens schätzt: Dass diese Traditionslinie neutestamentlich eben nicht aufgenommen wird, obwohl doch sonst durchaus Elemente der hellenistischen Philosophie adaptiert werden, ist hermeneutisch von einiger Bedeutung. Ohne dass ich das hier ausführlich diskutieren könnte: Entstammen die Elemente, die man an einer ›christlichen‹ Opfertheologie kritisiert, nicht viel eher der Traditionen der klassischen Antike als biblische Ursprüngen? In der klassischen Literatur Griechenlands und erst recht in der neuzeitlichen Rezeption der Antike ist das heroische und moralisch-tragische Selbstopfer – von Leonidas über Iphigenie bis Antigone (nicht zufällig Krieger und Frauen!) – geradezu ein literarischer Topos. Im Gegensatz zum Kreuz Christi werden aber die Geschichten dieser Selbstopfer gerade in der Neuzeit bewusst als nachahmenswerte Beispiele Teil des allgemeinen Bildungskanons: Die Rezeption der Antike seit der Renaissance hat eben auch diesen pädagogisch-ethischen Zweck, der dann auch in der Philosophie von – um nur zwei Namen zu nennen, die für die politische Realität Deutschlands von größter Wirkung waren – Schiller bis Nietzsche in der Verherrlichung des

Heldentums ihren Niederschlag gefunden hat.[20] Die Vermutung liegt zumindest nahe, dass die christliche Verkündigung des Opferheroismus nur eine nachträgliche Legitimierung unter Einbeziehung umgedeuteter biblischer Versatzstücke war; die Bilder jenes Heroismus jedenfalls entstammen nicht dem Neuen Testament.

Dass nur das in der Tora angelegte und kein anderes Opfer den Rahmen abgeben kann, in dem das Kreuz Jesu Christi ausgesagt werden kann, ist nach zwei Seiten von Bedeutung: Zum einen geht daraus hervor, dass die christliche Verkündigung nur dann an ein eventuell vorhandenes kulturelles Vorverständnis von Opfer anschließen kann, wenn dieses Vorverständnis eben nicht verstärkt, sondern durchbrochen wird.[21] Zum anderen muss gefragt werden, was das religiöse Opfer, wie es die Tora kennt, zu einem möglichen Auslegungshorizont des Kreuzes Jesu macht, der dann freilich auch wieder verlassen werden muss.

Die neutestamentlichen Autoren benutzen, wenn sie formulieren wollen, was im Kreuz Jesu Christi geschah, eine Vielzahl von Anspielungen auf alttestamentliche Texte und Komplexe. Die exegetische Auseinandersetzung, welche Texte dabei jeweils genau im Blick sind, kann hier auf sich beruhen. Von theologisch zentraler Bedeutung ist allerdings, *dass* sich hier durchweg Anspielungen finden, dass die neutestamentlichen Zeugen also das Kreuzesgeschehen nicht in eigenen Worten formulieren (können), sondern das sprachliche Material benötigen, das ihnen das Alte Testament bereitstellt. Die Texte dokumentieren damit, dass sie hier ein Geschehen bezeugen, das sich letztlich der Aussagbarkeit immer wieder auch entzieht. Paradox formuliert sind die neutestamentli-

---

20 Vgl. S. Lorenz / W. Schröder: Art. Opfer II. Der O.[pfer]-Begriff in der Philosophie der Neuzeit; in: HWP 6, 1230–1237, bes. 1235–1237.

21 Dies kann geradezu als eine hermeneutische Fundamentalregel christlicher Verkündigung gelten: Sie durchbricht eben das Vorverständnis, auf das sie sich bezieht, um verständlich sein zu können. So ist auch zu sagen, dass nur so an ein gesellschaftlich vorgegebenes Sünden- und Schuldbewusstsein angeschlossen werden kann, dass vom Kreuz her unsere Plausibilitäten von Schuld und Sünde durchkreuzt werden.

chen Zeugen gerade durch ihre Verwurzelung im Volk Israel darauf vorbereitet, dass von Gott immer mehr und anderes zu erwarten ist, als unsere Plausibilitäten vorgeben.

8. Erst die Aufnahme alttestamentlicher Artikulationsformen ermöglicht der christlichen Gemeinde, das letztlich unaussagbare Geschehen in Sprache zu fassen. Sie tun dies in verschiedenen Versuchen und Bewegungen; sie benutzen dabei die sprachlichen Elemente, die die größte Nähe zu diesem Geschehen aufweisen.

Für die Bewegung, wie angesichts des Unausdenklichen die Sprache der Verkündigung entsteht, kann exemplarisch die Erzählung von den Emmausjüngern (Lk 24,13 ff.) stehen. Sie haben nicht nur den Tod Jesu miterlebt, sondern haben auch den Bericht der Frauen vom leeren Grab gehört (V.22 ff.). Auch diese neue Botschaft ändert nicht ihre Lage: Sie sind traurig (V.17), bleiben verhaftet in der Erfahrung des Todes Jesu und damit des Scheiterns all ihrer Hoffnungen. Obwohl sie also die ganze Geschichte bis zur Botschaft von der Auferstehung kennen, verstehen sie nicht, was da geschehen ist und bleiben traurig. Die Situation ändert sich erst, als der Fremde (»Bist du der einzige unter den Fremden in Jerusalem, der nicht weiß, was in diesen Tagen dort geschehen ist?«, V.18) anfängt »bei Mose und allen Propheten und legte ihnen aus, was in der ganzen Schrift von ihm gesagt war« (V.27).[22]

Das Zeugnis der Schrift eröffnet den Jüngern einen Weg, das in seiner ganzen realen Härte unverstehbare Kreuzesgeschehen neu zu sehen. Ein Verstehen dieses Geschehens hieße nun gerade nicht, einen hinreichenden Grund dafür anzugeben, der das Geschehen erklärbar machte: Dass Christus solches »erleiden musste«, darf nicht mit einer Kausalerklärung verwechselt werden, sondern eröffnet mehr Fragen, als es

22 Diese Formulierung impliziert keineswegs notwendigerweise eine schlichte typologische Auslegung nach dem Schema von Verheißung und Erfüllung.

beantwortet: Die Auslegung des Fremden beginnt erst mit diesem Satz. Die Auslegung führt wiederum nicht dazu, dass für die Jünger das Fragen aufhörte und durch eine Erklärung stillgestellt würde.

9. *Im theologischen Sinn steht das Verstehen nicht am Ende einer Bewegung, sondern beginnt sie: Das Fragen hört nicht auf, bekommt aber eine bestimmte Richtung.*

Die Richtung, die durch die Anwendung des Alten Testaments auf das Kreuz Jesu vorgezeichnet ist, ist dadurch gekennzeichnet, dass auch dieses Geschehen nicht aus Gottes Macht herausfällt – was wiederum nicht heißt, dass es er so ›bewirkt‹ hätte. Die neutestamentlichen Texte formulieren dabei vorsichtig: Gott hat Jesus Christus »für uns alle dahingegeben« (Röm 8, 32) – das hier verwendete Wort hat eher den Sinn des Zulassens und Nichteingreifens als des intentionalen Bewirkens.[23] Was Gott ›tut‹, ist nach dieser Formulierung, dass er *nicht* eingreift. Vielmehr wäre zugespitzt zu sagen: Gott gibt die Souveränität über das Geschehen auf und überlässt das Gesetz des Handelns den Menschen. Gott erscheint im Neuen Testament eben nicht als das Subjekt des Kreuzigens: Gekreuzigt haben ihn, wie die neutestamentlichen Schriften durchweg festhalten, die römischen Machthaber. *Wie* Gott in diesem Geschehen doch wirksam war, das ist ja gerade erst die Frage, die nach einer theologischen Antwort verlangt. Die Formulierung, dass Gott Jesus ans Kreuz gebracht habe, ist jedenfalls eine biblisch nicht gedeckte und theologisch irreführende Verkürzung. Die handelnden Menschen sind dabei auch nicht schlicht Gottes blindes Werkzeug, sondern sehr wohl autonom und überlegt handelnde Akteure – gegen Gottes Gebot und Willen. Die

---

23 *Paradidomi* wird von Paulus z. B. auch in der scharfen Gerichtsrede in den ersten Kapiteln des Römerbriefs verwendet: Die Folge daraus, dass Gott die Sünder dahingegeben hat (Röm 1, 24. 26. 28), ist, dass ihnen genau das widerfährt, was sie selbst bewirken – ohne dass Gott es verhindert.

Darstellung sowohl des Hohen Rates wie auch des Pilatus lässt daran keinen Zweifel.

Es ist also eben nicht Gott, der kreuzigt; vielmehr ist das Kreuz Christi eine schreckliche, unbezweifelbare Tatsache, die Gottes Nichteingreifen offenbart: Nicht Gott bestimmt dieses Geschehen, sondern Menschen. So berichten die Jünger in Lk 24 das Geschehen auch auf solche Weise, dass Gott darin eben *keine* Rolle spielt: »wie ihn unsre Hohenpriester und Oberen zur Todesstrafe überantwortet und gekreuzigt haben. Wir aber hofften, er sei es, der Israel erlösen werde.« (V. 20 f.) Das Geschehen, von dem alle soteriologischen Überlegungen ausgehen müssen, ist eine grausame *menschliche* Realität.

10. Am Anfang steht die Faktizität des Kreuzes – nicht die Vorstellung, das Symbol, der Begriff, sondern die blutige Realität.

Das vergossene Blut ist keine Erfindung, sondern eine schreckliche Erfahrung: Darum geht alle Kritik an der zentralen Stellung des Kreuzes für den christlichen Glauben fehl, auch wenn sie dafür ethische und psychoanalytische Kategorien verwendet. Es ist die Erfahrung der Realität des abgründig Bösen, gegen das nun Gott selbst machtlos scheint: Er konnte diesen Jesus nicht retten. Am Kreuz triumphiert das Böse ganz offensichtlich.

Dass das Kreuz zum wichtigsten Symbol im Christentum werden konnte, ist mithin die Erinnerung daran, dass der Glaube nicht aus der Welt herausnimmt, sondern mitten in ihren Leiden steht; das Kreuz ist zugleich Protest gegen die Verharmlosung des Bösen in der Welt. Das Neue Testament kennt keine Verherrlichung des Leidens, wie die Passionsberichte in aller Deutlichkeit zeigen. Ihre Darstellung ist vielmehr von solcher schmerzlichen Nüchternheit geprägt wie etwa auch viele Kreuzesdarstellungen in der Kunstgeschichte, die als Inbegriff menschlichen Leidens schlechthin gelten können. Umgekehrt ist da, wo das Kreuz empört zurückgewiesen wird, nicht selten eine Verdrängung der Realität des

Leidens zu beobachten oder aber eine Überforderung und Überschätzung menschlicher Fähigkeiten. Die Abschaffung von Leid und Ungerechtigkeit erscheint dann ganz im Zuge der neuzeitlichen Reduktion auf das handelnde Subjekt als eine Frage des guten Willens abgestellt; Erlösung wird so zur längst überfälligen Einsicht in die richtige Sicht der Dinge. Die Macht des Bösen, auch über die, die guten Willens sind, ist in der lateinamerikanischen Befreiungstheologie freilich ernster genommen.

Menschen töten und kreuzigen Jesus: daraus entsteht die theologisch entscheidende Frage, ob und wie Gott in diesem Geschehen noch dabei ist. Gott hat Jesus *dahingegeben* – hat er ihn aufgegeben? Das wäre das Ende aller Hoffnungen. So sprechen die Emmausjünger von ihrer Hoffnung ausdrücklich in der Vergangenheit: wir *hofften*. Und darum wird ihnen auch ungewiss, wer Jesus war; seine Vollmacht, die sie in seinem Lehren und Handeln erfahren hatten, bestreiten sie nicht; ihre Gewissheit, dass in Jesus Gottes Reich gegenwärtig wird, ist aber zerbrochen und durch die Realität des Kreuzes widerlegt. Ist Gottes Reich, das Zentrum der Verkündigung Jesu, doch in weitester Ferne oder durch die Sünde überwunden?

Hier hat die christliche Kreuzesverkündigung ihre innerste Dramatik, in der sie sich der äußersten Anfechtung aussetzt: der Gottverlassenheit, dem Verstummen Gottes, dem Tod Gottes. Jesus war »einer der Propheten« (V.19), aber Gott hat ihn nicht gerettet. Im alttestamentlichen Zeugnis eröffnet sich für die Jünger die Möglichkeit, dieses Geschehen doch irgendwie in Beziehung zu Gott zu halten: Das Schicksal der Propheten Gottes ist ihnen aus den Schriften vertraut; vom Knecht Gottes ist noch mehr gesagt: »Wir aber hielten ihn für den, der geplagt und von Gott geschlagen und gemartert wäre.« (Jes 53,4) Das müssen die Jünger auch vom Gekreuzigten denken. Freilich bietet das Lied vom Gottesknecht auch eine Perspektive, die darüber hinausführt: »Aber er ist um unsrer Missetat willen verwundet und um unsrer Sünde willen zerschlagen. Die Strafe liegt auf ihm, auf dass wir Frieden hätten, und durch seine Wunden sind wir geheilt.« (V.5) Lässt sich diese heilvolle Perspektive auch im Kreuz Jesu entdecken?

Die Wirklichkeit des Kreuzes ist nicht zu leugnen; die Gegner Jesu bestreiten nicht einmal, dass hier Gott handelt: Das Schicksal und die Realität der Mächte in der Welt haben diesen Jesus mitsamt seinem Anspruch, Gottes Gegenwart zu verkörpern, eliminiert. Gott selbst hat ihn doch offensichtlich verworfen. Alles entscheidet sich daran, ob man dem folgt oder daran festhalten kann, dass dieses Geschehen – irgendwie – »für uns« geschehen ist.

11. *Das christliche Bekenntnis steht und fällt an der Frage, ob der von Menschen bewirkte Kreuzestod Jesu doch ›für uns‹ geschehen ist, ob hier das tödliche Schicksal oder doch Gott handelt.*

Im Neuen Testament wird dieses ›für uns‹ auf unterschiedliche Weise auszusagen versucht; verschiedene Vorstellungskomplexe bringen zur Sprache, dass bei aller menschlichen Verursachung auch Gottes Handeln aussagbar ist. *Beide* Dimensionen müssen dabei im Blick bleiben, wie das exemplarisch in Apg 2,23 ausgesprochen ist: »Diesen Mann, der durch Gottes Ratschluss und Vorsehung dahingegeben war, habt ihr durch die Hand der Heiden ans Kreuz geschlagen und umgebracht.«

Dieses christliche Grundbekenntnis zur Sprache zu bringen, kann durch die biblische Vorstellung des Opfers geschehen, die durch die Faktizität des Kreuzes auch nahe liegt: Jesus *ist* getötet worden, sein Blut *ist* vergossen worden. Nicht dass Jesu Blut vergossen wurde, steht in Frage, sondern welche Bedeutung diesem Ereignis zukommt. Für ein Verständnis dieses Geschehens bietet sich die Opfervorstellung dann an, wenn man sie nicht an einem diffusen Opferbegriff, sondern konsequent in den Bahnen des biblischen Zeugnisses versteht.[24] Ihr Kern ist eben nicht die blutige

---

24 In diesem Zusammenhang kann ich auf die außerordentlich anregenden Reflexionen von René Girard zum Opfermythos und zum Opfermechanismus nur hinweisen; vgl. z. B. R. Girard, Ich sah den Satan vom Himmel fallen wie einen Blitz. Eine kritische Apologie des Christentums,

Handlung, sondern dass für das Volk im Opfer die Gewissheit eröffnet ist, in einer Welt voller Leiden, Tod und Sünde doch Gottes Gegenwart zu erfahren.

> 12. *Das Zentrum der biblischen Opfervorstellung ist die Gewissheit der Gegenwart Gottes; das Gewicht liegt gerade nicht auf dem konkreten Vollzug der Handlung.*

Nur so ist ja der überraschende Befund zu erklären, dass Israels Glauben den wiederholten Verlust des Tempels und damit auch den Verlust auch nur der Möglichkeit zu einem formal gültigen Opfer überstehen konnte. Auch die prophetische Kritik am Opferkult setzt voraus, dass sich der theologische Kern des Opfers vom Schlacht- und Brandopfer lösen lässt: Die Opfertheologie ist letztlich unabhängig vom Vollzug des rituellen Opfers. Der Hebräerbrief dokumentiert das eindrücklich: Er setzt die Geltung der Opfertheologie voraus in einer Zeit, da nach der Zerstörung des zweiten Tempels gar kein vollgültiges Opfer mehr vollzogen werden konnte. Zugleich schärft er eben das *Ende* der Opferhandlungen ein: Das entscheidende Kriterium erkennt er darin, dass dieses Opfer »ein für allemal« (Hebr 9,12) geschah.

> 13. *Das Kreuz Jesu ist für den Glauben ein singuläres Ereignis, obwohl es gleichermaßen ein Kreuz unter Millionen ist. Einzigartig ist das Kreuz Christi, weil Gott selbst hier in besonderer Weise einbegriffen ist. Gerade darum bedeutet es das Ende jeder religiösen Rechtfertigung des Opfers.*

Nach *diesem* Opfer kann kein anderes mehr Gott dargebracht werden. Jede religiöse Überhöhung menschlicher Op-

---

München 2002. Von diesen Überlegungen ausgehend ließe sich ein christliches Verständnis des Todes Jesu als Durchbrechung und Überwindung des nach wie vor die Menschheitsgeschichte prägenden Opfermechanismus formulieren – gerade indem Gott dieses Opfer zu seiner eigenen Sache macht.

fer widerspricht dem Bekenntnis zur Einzigartigkeit des Kreuzes Jesu Christi.[25] In der christologischen Konzentration verschmelzen geradezu Opfertheologie und Opferkritik, deren theologischer Sinn dort nicht erreicht wird, wo das Unverständnis oder die Abscheu angesichts der kultischen Opferpraxis bestimmend sind. Die verbreitete Kritik am ›äußerlichen‹ Opferkult hat den Protestantismus in seiner Geschichte nicht gehindert, menschliche Opferbereitschaft religiös aufzuladen und geradezu zu einer Imitatio Christi zu stilisieren, wie die vielen Heldengedenksteine auf Friedhöfen und an Kirchen belegen. Demgegenüber entzündet sich die biblische Opferkritik nicht an einer vagen und pervertierbaren Ethisierung und Spiritualisierung; sie hat vielmehr ihr Zentrum in der Ausrichtung am Handeln Gottes.[26] Nur in klarer Nachordnung zu Gottes Handeln sprechen dann Röm 12,1 und 1 Petr 2,5 von dem Gott wohlgefälligen Opfer; dieses Opfer ist aber eben keine einzelne Handlung, sondern wird zur Metapher für das christliche Leben insgesamt.

Wenn aber, wie die bisherigen Überlegungen gezeigt haben, Opfer überhaupt nur in deutlicher Umwandlung als Interpretationsrahmen für den Kreuzestod Jesu tauglich sein kann, stellt sich verschärft die Frage, warum dann über-

---

25 Dass das Selbstopfer bis hin zur Selbsttötung freilich unvermeidbar werden kann, hat nicht zufällig Dietrich Bonhoeffer herausgestellt; vgl. D. Bonhoeffer, Ethik; hg. von I. Tödt, H. E. Tödt, E. Feil und C. Green, <DBW 6> München 1992, 196 f. Auch gilt aber die Unterscheidung des menschlichen Handelns vom göttlichen: Das Tun des Willens Gottes ist eben nicht so zu verstehen, »daß neben die Tat Gottes nun auch die eigene Tat des Menschen gestellt werden – und sei es als Dank, als Opfer ...« (A. a. O. 329)

26 Die Opferkritik in Psalm 40 ist weder moralisch noch kultkritisch begründet, sondern speist sich aus der Entgegensetzung von Opfer einerseits und dem Lob der großen Werke Gottes andererseits: »HERR, mein Gott, groß sind deine Wunder und deine Gedanken, die du an uns beweisest; dir ist nichts gleich! Ich will sie verkündigen und davon sagen, wiewohl sie nicht zu zählen sind. Schlachtopfer und Speisopfer gefallen dir nicht, aber die Ohren hast du mir aufgetan. Du willst weder Brandopfer noch Sündopfer.« (Ps 40, 6 f.) Die Folge aus dem Bekenntnis zu Gottes Handeln ist dann wiederum, dass der Beter dem in seinem Tun entsprechen will.

haupt diese Vorstellung herangezogen und nicht vielmehr eine stimmigere gesucht wird. So ist es nach Gerhard Friedrich »im Blick auf den Auftrag, den der Prediger des Evangeliums hat, unsachgemäß, von Opfer, Stellvertretung, Loskauf und dgl. zu reden«[27], weil die Verstehensvoraussetzungen fehlen, die bei den ersten Hörern vorauszusetzen gewesen seien. Stattdessen schlägt er vor, Jesus als »Anführer aus der Welt des Todes in das Reich des Lebens« auszusagen, um so »unmißverständlich die Bedeutung und den Anstoß des Heilswirkens Gottes in Jesus Christus seinen Hörern« kundtun zu können.[28] Friedrich benennt mit Recht die hermeneutischen Schwierigkeiten; freilich überschätzt er die Möglichkeiten unmissverständlichen Sprechens ebenso, wie er die Funktionsweise von Metaphern und Gleichnissen verkennt.

14. Die neutestamentlichen Metaphern rufen nicht einfach selbstverständlich vorauszusetzende Verstehensvoraussetzungen ab, sondern eröffnen in ihrem genuinen Zusammenhang eine eigene und überraschende Sicht auf das Heilsgeschehen, aber auch auf die Wahrnehmungen und Erfahrungen des Lebens.

Diese Sprachbilder und Metaphern erzeugen selbst eine Welt und schaffen in der Umformung der Verstehenskontexte gleichsam selbst die Voraussetzung dafür, angemessen aufgenommen und weiter gesprochen zu werden. Metaphern können wie auch Begriffe nie isoliert stehen, sondern haben ihren jeweiligen Sinn nur in spezifischen Kontexten, die *mit* erzählt werden müssen. Das gilt für die tradierten Sprachformen, in denen der Kreuzestod Jesu Christi ausgesagt wurde, ebenso wie z. B. für Friedrichs bevorzugte Metapher des ›Anführers‹, die alles andere als ›unmissverständlich‹ ist – die alltagssprachliche Verwendung des Ausdrucks findet sich zumeist in Zusammenhängen, die nicht gerade als heilsam

27 G. Friedrich, Die Verkündigung des Todes Jesu im Neuen Testament; <BThSt 6> Neukirchen-Vluyn 1982, 145.

28 A. a. O. 176; im Original kursiv.

gelten können. Diese Metapher ist wie auch die Kategorien von Opfer, Stellvertretung[29] etc. darauf angewiesen, dass sie vom Christusgeschehen her ihre Eindeutigkeit gewinnen.

15. Alle christologischen und soteriologischen Begriffe und Metaphern sind nur dann sinnvoll, wenn sie unmittelbar auf die Geschichte Jesu Christi bezogen sind und aus ihr heraus verstanden werden.

Der Begriff des Opfers ist mithin nur dann eine legitime Interpretation des Kreuzes, wenn seine spezifische Semantik aus diesem Geschehen und seinen Kontexten abgeleitet wird. Unter diesen Voraussetzungen kann dieser Begriff aber auch als besonders angemessen gelten, gerade weil seine Umformung die Kategorien des Verstehens in Bewegung bringen. Das alttestamentliche Opferverständnis bringt die wesentliche Voraussetzung ein, dass nicht das Tun der Priester, sondern Gottes Handeln das Opfer konstituiert. Diese Konzentration auf das Handeln Gottes lehrt aber die Realität des Kreuzes neu sehen. Wie die Opferhandlung *aus sich heraus* keine Wirksamkeit entfaltet, sondern nur dadurch Bedeutung gewinnt, dass Gott dieses Handeln in Gebrauch nimmt und mit seiner Verheißung verbindet, so kann das Kreuz erst dadurch zum Heilsereignis werden, dass Gott sich dieses Geschehen des Leidens und der Gottferne aneignet. Dies wird nach biblischem Zeugnis darum möglich, weil das Kreuz nicht die einzige und letzte Realität bleibt. Was das Kreuz für den Glauben ist, wird also erst rückwirkend erkennbar:

---

29 In seiner großen Studie zum Begriff der Stellvertretung hat Christof Gestrich gezeigt, dass es sich auch hier keinesfalls um ein obsoletes Konzept handelt; vielmehr kann gerade diese soteriologische Kategorie nicht nur das Zentrum des christlichen Glaubens aktuell artikulieren, sondern auch unsere Wirklichkeit in einem anderen, dem Licht des Evangeliums neu erfahrbar werden lassen (C. Gestrich, Christentum und Stellvertretung. Religionsphilosophische Untersuchungen zum Heilsverständnis und zur Grundlegung der Theologie; Tübingen 2001).

16. Dem Verständnis des Kreuzes als einem Heilsereignis geht die Erfahrung der Gegenwart des Auferstandenen voran.

Weil Christus auferweckt wurde, muss das Kreuz noch einmal neu gelesen werden; und nur weil der Auferstandene seiner Gemeinde gegenwärtig ist, *kann* das Kreuz neu gelesen werden. Ohne die Erfahrung von Ostern ist und bleibt das Kreuz ein Justizmord und ein Verbrechen. Aber auch nach Ostern bleibt das Kreuz Mord; freilich ist diese Sicht des Geschehens für den Glauben nicht die einzige. Von Ostern her erhält die Aussage, dass Gott Jesus dahingegeben hat, noch eine zweite Bedeutung: Gott hat ihn nicht aufgegeben, sondern entzieht den Tätern die Herrschaft über das Geschehen. Dabei hängt alles davon ab, dass man beides im Blick behält: Das Kreuz bleibt ein menschliches Verbrechen (wie so unendlich viele in der Geschichte); es wird von Gott gleichsam in Dienst genommen. Die Dramatik in den Sprachbildern des Neuen Testaments ist dabei ganz ernst zu nehmen: Gott gibt dahin – an die Welt, die er liebt. Gott liefert Jesus aus – den Mächten der Welt, deren Realität und Mächtigkeit so schmerzlich und leidvoll erfahren wird.

Von Ostern her erhält die Aussage, dass Jesus dahingegeben wurde, einen weiteren Horizont: Nicht nur einen Menschen, sondern sich selbst hat Gott dahingegeben; diese Hingabe aber, die am Kreuz in ihrer Radikalität offenbar wird, bestimmt schon das Geschehen der Weihnacht, wie es sich bereits als der innere Kern der Erwählung Israels und der Sendung der Kirche erweist.

17. Gott hat sich in Jesus Christus nicht erst am Karfreitag dahingegeben, sondern schon an Weihnachten: nicht erst am Kreuz, sondern im ganzen Leben und Wirken Jesu.

Die Reichweite dieses Geschehens[30] ist nicht zu begrenzen auf das gläubige Selbstbewusstsein von Menschen – in der überfordernden Konzentration auf das menschliche Bewusstsein sehe ich die Problematik von Friedrichs Vorschlag, der zwar an die Plausibilitäten neuzeitlichen Selbstverständnisses anschließt, in solcher Engführung aber gegenüber der Weite neutestamentlicher Heilsaussagen eine deutliche Reduktion vornimmt. Demgegenüber ist das Kreuzesgeschehen nach dem Zeugnis des Neuen Testaments nicht weniger als ein kosmisches Ereignis.

Die Dramatik, die mit dem eigentümlichen Kontrast zwischen der Partikularität eines Justizmords am Rande der Zivilisation und der buchstäblichen Universalität der Perspektive auf Gottes Schöpfung gegeben ist, bringt die Kategorie des Opfers zur Sprache gerade in ihrer kultischen Vorstellungswelt. Das Kreuz ist nach dem Neuen Testament nicht als Einzelgeschehen zu isolieren, sondern gehört zuinnerst hinein in den Kampf Gottes gegen den Tod und die Mächte des Todes. In diesem Kampf sind Menschen zuerst Erleidende, die schmerzvoll erfahren, welche Macht der Tod noch immer ausübt; sie zu Akteuren oder Initiatoren zu machen, ist nicht nur Überforderung, sondern letztlich zynisch. Gerade weil die Dimensionen dieses Geschehens alle menschlichen Kapazitäten übersteigen, kann es angemessen nur kultisch repräsentiert werden: Eben in solchen Vollzügen, in denen das zur Erfahrung gebracht wird, was die Grenzen der Erfahrung sprengt. Das bringt die Kategorie des Opfers – dieses einzigartigen Opfers – durchaus angemessen zur Sprache.

30 Dies stellt Sigrid Brandt ganz zutreffend heraus; vgl. S. Brandt, Opfer als Gedächtnis. Auf dem Weg zu einer befreienden theologischen Rede vom Opfer; <Altes Testament und Moderne 2> Münster 2001. Dabei ist die von ihr eingeschärfte Unterscheidung von *sacrifice* und *victim* durchaus hilfreich für ein angemessenes Verständnis der Opferkategorie; sie betont auch zu recht, dass »menschliche Wirklichkeit ... eo ipso *Opferwirklichkeit*« (354) ist. Ihre Scheu vor jedem kultischen Opferverständnis erscheint mir jedoch zu undifferenziert; der Grund für diese Scheu liegt wohl in einem zu engen Begriff des Kultischen.

18. Das Kreuz ist das Signum des Sieges Gottes über die Mächte und die Macht des Todes – ein Sieg, der die Leiden nicht relativiert.

Darum ist das *Kreuz* Zeichen der Hoffnung, gerade für die Leidenden: Weil hier die Wirklichkeit des Leidens und die Realität des Todes nicht verleugnet oder gegenüber einer vielleicht besseren Zukunft relativiert werden, zerbricht die Hoffnung, die hier wurzelt, nicht angesichts der Übermacht. Das Kreuz ist damit keine Verherrlichung der Leiden, sondern die Umkehr der menschlichen Begriffe: Wo wir nur Niederlage, Krankheit und Leiden sehen, wo das Recht gegen die Macht zu unterliegen scheint, da ist nach Gottes Urteil nicht alles gesagt. Die Theologie des Kreuzes schärft vielmehr ein, dass Gottes Wille mächtiger ist als das, was ihm widersteht – auch durch den Tod hindurch. Dass Gott nicht mit den stärkeren Bataillonen ist, dass Gott und Erfolg nicht zusammenfallen – das ist am Kreuz zu lernen. Und darum ist im Kreuz Gottes Wille zu erkennen – nicht weil Gott den Tod will, sondern weil er ihn hier überwindet.

19. Die Verkündigung des Kreuzes verwandelt unsere Vorstellungen von Gott und göttlicher Ordnung.

Bei Paulus ist diese Revolution der Gotteserfahrung in aller Deutlichkeit ausgesprochen. Er nimmt die Formel aus Dtn 21,23 auf, nach der ein Aufgehängter verflucht ist bei Gott, und wendet sie auf das Kreuz Christi an, indem er diesen Fluch gerade nicht abschwächt, sondern als gültig ansieht: »Christus aber hat uns erlöst von dem Fluch des Gesetzes, da er zum Fluch wurde für uns; denn es steht geschrieben: ›Verflucht ist jeder, der am Holz hängt‹« (Gal 3, 13). Ein stärkerer Gegensatz zu dem, was uns einleuchtet, was uns selbstverständlich scheint, ist nicht denkbar. Die Verfluchung ist hier geradezu der *Grund* unseres Heils: Damit werden unsere Vorstellung von Gott und göttlicher Ordnung umgekehrt. Indem Gott sich mit dem Verfluchten identifiziert, besetzt er den letzten Ort, den sein Schöpferwille nicht erreichte: die Sünde und die Gottferne. Damit aber kann die tiefste menschliche Angst zur Ruhe kommen: Keiner fällt aus der Nähe des lebenschaffenden Gottes; nirgends ist Trostlosigkeit, wenn der Gott allen Trostes die Gottverlassenheit selbst auf sich nimmt.

20. *Gott ist nicht Garant der Siege und nicht bei den Gewalthabern. Aber gerade darum ist er uns heilsam nahe. Was uns belastet, was uns ängstigt, das alles hat am Kreuz Christi seinen Platz – weil Gott der ganz andere ist gegenüber unseren Gottesbildern.*

Opfer als ›Nahung‹

Ein jüdisch-christliches Gespräch zur Spiritualität des Opfers

Alexander Deeg

Opfer – ein unbequemer Begriff. In der Alltagssprache überwiegen wohl die negativen Konnotationen: ›Man muss Opfer bringen‹, sagen Eltern ihren Kindern, und suggeriert die Wettbewerbsgesellschaft den Arbeitnehmern. ›Es sind Opfer zu beklagen‹, heißt es in den Nachrichten im Blick auf die Opfer des Verkehrs, der Drogen, des Hungers, der Kriege oder des Terrorismus.[1]

Opfer – im Deutschen fällt zusammen, was andere Sprachen trennen: (1) Das Opfer als victima (engl: victim) – das passive Opfer, dem etwas zustößt, dem Gewalt angetan wird. Nicht zuletzt die Verbindung von Opfer und Gewalt führte dazu, dass sich manche Christinnen und Christen schon seit Jahren dagegen wehren, noch vom ›Opfer‹ – etwa im Blick auf die Deutung des Todes Jesu oder des Abendmahls – zu sprechen.[2] Und (2) das Opfer als sacrificium (engl: sacrifice) – das aktive Opfer der Hingabe oder Darbringung. Aber auch als sacrificium spricht man nicht unbedingt gerne von Opfer. Zu oft wurde dieses Reden instrumentalisiert, um von Menschen Opfer zu verlangen – Opfer

1 H.-J. Höhn wirft einen interessanten Blick auf den aktuellen Gebrauch des ›Opfer‹-Begriffs, vgl. H.-J. Höhn, Spuren der Gewalt. Kultursoziologische Annäherungen an die Kategorie des Opfers, in: Das Opfer. Biblischer Anspruch und liturgische Gestalt, hg. v. A. Gerhards und K. Richter, Freiburg/Basel/Wien 2000 (= QD 186), 11–29.

2 Vgl. dazu nur etwa P. Bukowski, in: Abendmahl. Fest der Hoffnung. Grundlagen – Liturgien – Texte, hg. im Auftrag des Deutschen Evangelischen Kirchentages von Chr. Begerau, R. Schomburg und M. v. Essen, Gütersloh 2000, hier: 36.

für den Staat, die Ideologie, die Religion, das Funktionieren der Wirtschaft.

Opfer – überrascht lese ich hingegen, wie das rabbinische Judentum der ersten Jahrhunderte n. Chr. den Begriff des Opfers positiv aufnahm, um zentrale Lebensformen der eigenen Religion mit ihm zu deuten. Auch nachdem der Tempel in Jerusalem im Jahr 70 n. Chr. zerstört und damit ein Opfer am dortigen Altar nicht mehr möglich war, sprachen Jüdinnen und Juden noch vom Opfer – und dies nicht als Reminiszenz an die Vergangenheit, sondern als gegenwärtige Möglichkeit.

Opfer – in dem verwirrenden Feld unterschiedlicher konnotativer Auren trete ich im Folgenden aus christlicher Perspektive in ein Gespräch mit der jüdisch-rabbinischen Tradition und mit dem gegenwärtigen Judentum. Meine Erwartung geht dahin, dass sich aus diesem Gespräch, aus der Wahrnehmung des ›Anderen‹, auch Anregungen gewinnen lassen für ein verändertes Reden vom Opfer im christlichen Diskurs.

Ein christlich-jüdisches Gespräch zum Thema ›Opfer‹ stößt allerdings auf besondere Schwierigkeiten. Ich benenne die beiden m. E. größten ›Stolpersteine‹:

(1) Zum einen diente das ›Opfer‹ in der Geschichte christlich-jüdischen Mit- und Gegeneinanders immer wieder auch dazu, christliche Überlegenheit gegenüber dem Judentum aufzuweisen. Das ›Alte‹ des jüdischen Opferwesens wurde betont. Es sei charakteristisch für den Versuch des Menschen, sich selbst einen Zugang zu Gott zu verschaffen – jenseits der Gnade. Es sei typisch für eine ›Gesetzesreligion‹ und nun antithetisch oder typologisch[3] überholt. Noch in seinem im Jahr 2000 erstmals erschienenen Buch zur Liturgie betont Joseph Kardinal Ratzinger, dass der Tod Jesu die

3 Eine solche Argumentation kann bereits auf neutestamentliche Deutungen zurückgreifen. So verbindet Paulus in 1. Kor 5,7b *typologisch* Christus mit dem Opfer des Passalammes; stärker *antithetisch* beleuchtet etwa Hebr 10,1–18 die Opfer des ›Gesetzes‹ im Gegenüber zu dem *einen* Opfer durch Jesus Christus.

Erfüllung des ›alten‹ (!) Kultes bedeute, weswegen auch die Zerstörung des Jerusalemer Tempels als eine theologische Notwendigkeit zu deuten sei.[4]

(2) Andererseits stellt sich die Frage, wie ›nach Auschwitz‹, nachdem rund 6 Millionen europäischer Juden ›Opfer‹ wurden, noch von ›Opfer‹ gesprochen werden kann. Elie Wiesel, der 1928 in Sighet (Rumänien) geborene jüdische Schriftsteller, der die Konzentrationslager Auschwitz und Buchenwald überlebte, bezeichnete das Geschehen von ›Auschwitz‹ meines Wissens nach als erster mit dem Wort ›Holocaust‹ (›Ganzopfer‹, ›Brandopfer‹), das er Gen 22 entnahm. In Gen 22 wird Abraham von Gott aufgefordert, seinen Sohn Isaak als Brandopfer (= ›holocaust‹) darzubringen (Gen 22,2). Im letzten Moment allerdings verhindert ein Engel das Opfer. Elie Wiesels Wortverbindung zog weite Kreise; er selbst nahm sie aber später wieder zurück und sprach stattdessen von ›Schoa‹ (= Zerstörung, Vernichtung). Es dürfe nicht geschehen, so sein Argument, dass der Ermordung von Jüdinnen und Juden durch die Nationalsozialisten aufgrund der Bezeichnung als ›Opfer‹ nachträglich Sinn unterstellt werde.[5]

Das Reden vom ›Opfer‹ im jüdisch-christlichen Kontext ist belastet. Die beiden angedeuteten Stolpersteine kann und will ich nicht ausblenden. Allerdings mache ich sie nicht zum Ausgangspunkt des folgenden Gesprächs, sondern versuche vielmehr neu auf die Stimme des rabbinischen Judentums zu

---

4 Vgl. J. Kardinal Ratzinger, Der Geist der Liturgie. Eine Einführung, Freiburg/Basel/Wien [6]2002 [1. Aufl. 2000], 30–43 [Kapitel 3: Vom Alten zum Neuen Testament. Die vom biblischen Glauben bestimmte Grundgestalt christlicher Liturgie], vgl. bes. 37.41 f.

5 Vgl. dazu G. Steins, Die ›Bindung Isaaks‹ im Kanon (Gen 22). Grundlagen und Programm einer kanonisch-intertextuellen Lektüre. Mit einer Spezialbibliographie zu Gen 22, Freiburg u. a. 1999 [= Herders biblische Studien 20], 6 und 6 Anm. 13. Auch Emil L. Fackenheim betont die beiden wesentlichen Differenzen der ›Schoa‹ zu Gen 22: Im biblischen Text gibt es, zumindest für Abraham, eine Freiheit der Entscheidung, und für beide, Abraham und Isaak, geht die Geschichte gut aus (vgl.: E. L. Fackenheim, Geleitwort, in: M. Krupp, Den Sohn opfern? Die Isaak-Überlieferung bei Juden, Christen und Muslimen, Gütersloh 1995, 7–9 [hier: 7]).

hören und habe die Hoffnung, dass sich dadurch auch in den genannten Problemfeldern Perspektiven eröffnen können.

Um die Bedeutung des ›Opfers‹ für das rabbinische Judentum verstehen zu können, erscheint es mir gerade angesichts der konnotativen Vielschichtigkeit des Begriffs nötig, genauer zu klären, welches semantische Feld das Wort im rabbinischen Judentum vor allem eröffnet. Ich versuche diese Klärung in einem ersten Abschnitt im Rückgang auf den Tanach[6], vereinfache und verstehe das Opfer grundlegend als einen Begriff, der menschliche Wege im Spannungsfeld von Gottes Heiligkeit und seiner Welt-Wirklichkeit eröffnet. Aufgrund dieser Verortung des Begriffs wird es möglich, in einem zweiten Abschnitt zu erkennen, wie im rabbinischen Denken zentrale Aspekte jüdischen Glaubenslebens (Beten, Lernen und Handeln) in den Deuteraum des ›Opfers‹ eintreten konnten. Abschließend stelle ich in einem dritten Abschnitt die Frage: Welche Zukunft hat die Deutekategorie des Opfers, welchen Beitrag zum Verständnis des Glaubenslebens von Juden und Christen kann sie heute leisten? Aspekte einer ›Spiritualität des Opfers‹ kommen hier zur Sprache.

I. Opfer – menschliche Bewegung im Spannungsfeld von Gottes Heiligkeit und seiner Weltwirklichkeit

Versucht man, das Reden von ›Opfer‹ im Tanach zu bestimmen, stellt man bald fest: Dieses Reden ist vielschichtig. »Jede Frage nach dem Opfer im Alten Testament trägt eine Systematisierung an den alttestamentlichen Kult heran, die dem biblischen Befund nicht entspricht« – so betont Ina Willi-Plein.[7] Dennoch unternahmen es bereits im 6. Jh. v. Chr. die

6 *Tanach* ist Kurzform für ›Tora‹, ›Nevi'im‹ (Propheten) und ›Ketuvim‹ (Schriften), für die drei Teile also, die die ›Bibel Israels‹ und das christliche sog. ›Alte Testament‹ ausmachen.

7 I. Willi-Plein, Opfer im Alten Testament, in: Das Opfer [oben Anm. 1], 48–58 (zit. 48; Hervorhebung AD); vgl. auch dies., Opfer und Kult im alttestamentlichen Israel. Textbefragungen und Zwischenergebnisse, Stuttgart 1993 (= SBS 153), 28.

Verfasser der Priesterschrift, einen Begriff zu suchen, der verschiedene Aspekte des ›Opfer‹-Handelns zu umschreiben vermag. Aus der Verbwurzel qrb (sich nähern, nahekommen) bildeten sie das Substantiv qorban.[8] Luther gab es in aller Regel mit ›Opfer‹ wieder. Als Martin Buber und Franz Rosenzweig ab 1925 den Tanach neu ins Deutsche übersetzten, schlossen sie sich nicht einfach dieser Luther-Übersetzung an. Sie wandten sich dagegen, das eigentümliche Wort qorban durch die Übersetzung mit ›Opfer‹ in die »Allgemeinheit der Religionsgeschichte«[9] aufzulösen. Gleichzeitig erkannten sie die Dynamik neu, die in dem Wort qorban steckt, und schufen die Worte ›Nahung‹, ›Darnahung‹. Es gehe um Bewegung, um »das Verhältnis des Opfernden zu seinem Gott und einen Vorgang zwischen beiden«[10].

Um überhaupt von ›Nahung‹ sprechen zu können, ist es freilich nötig, die Ferne, das Gegenüber Gottes zur Welt in den Blick zu nehmen, besser vielleicht: das Spannungsfeld zwischen Gottes Gegenwart in der Welt und seiner Unterschiedenheit von der Welt. Wieder ist es die Priesterschrift, die dieses Spannungsfeld begrifflich auf den Punkt bringt. Da gibt es Heiliges (qadosch) und Profanes (chol).[11] Beide Aspekte erscheinen im Tanach aber nicht als getrennte Sphären oder statische Bereiche, sondern als Pole eines Span-

---

8 Vgl. zu *qorban* als Sammelbegriff Lev 1,1 f. und dazu H. J. Fabry, Art. קרבן, in: ThWAT VII (1993), 165–171, hier: 166.168; L. Rost, Art. Opfer I, in: BHH (Studienausgabe 1994), 1345–1350, hier: 1345 und M. Wiener, Art.: Opfer, in: Jüdisches Lexikon. Ein enzyklopädisches Handbuch des jüdischen Wissens in vier Bänden, 2. Aufl. des Nachdrucks der 1. Aufl. [Berlin 1927], Frankfurt/Main 1987, 578–581, hier: 580. Die Verbalform *qrb* konnte bereits vorpriesterschriftlich für ›opfern‹ verwendet werden; vgl. Fabry, a. a. O., 165.

9 M. Buber, Zu einer neuen Verdeutschung der Schrift. Beilage zum ersten Band: Die fünf Bücher der Weisung, Darmstadt 1992 [zuerst Heidelberg 1954], 19. Vgl. dazu H.-Chr. Askani: Das Problem der Übersetzung – dargestellt an F. Rosenzweig. Die Methoden und Prinzipien der Rosenzweigschen und Buber-Rosenzweigschen Übersetzungen, Tübingen 1997 (= HUTh 35), 160–166.

10 Buber, a. a. O., 19.

11 Vgl. H. Seebaß, Art. Opfer II. Altes Testament, in: TRE 25 (1995), 258–267, hier: 262.

nungsfeldes, in dem sich ständig Bewegung ereignet. Gott als der Schöpfer ist in seiner Heiligkeit auf die ›profane‹ Welt bezogen, bewegt sich auf sie zu und ermöglicht dadurch die Bewegung der Welt auf ihn hin. Dieses Geschehen lässt sich als Dynamik der Heiligung beschreiben[12] und findet u. a. im Heiligkeitsgesetz (Lev 17–26) eine dichte Formulierung: Gott lässt seinem Volk durch Mose ausrichten: »Ihr sollt heilig werden, denn heilig bin Ich, euer Gott« (Lev 19,2[13]). Prägnant bringt der jüdische Religionsphilosoph Abraham Joshua Heschel (1907–1972[14]) zum Ausdruck, wie sich jüdisches Leben im Blick auf diese Dynamik erwartungsvoll beschreiben lässt. Er schreibt: »Wir leben am Rande des Mysteriums«[15]. Und das heißt ja: in der ständigen Erwartung, dass mitten im ›profanen‹ Leben Gottes Heiligkeit als Geheimnis aufscheint.

Das Opfer, qorban, gehört hinein in diese erwartungsvolle Dynamik der Heiligung. Das Opfer, qorban, hält das Spannungsfeld von Heiligkeit und Profanität zusammen, ›inszeniert‹ es, indem es ein menschliches Handeln beschreibt, auf dem die Verheißung der Heiligung liegt.[16] Es wäre von daher falsch, das Opfer zu verstehen als den Versuch des Menschen, sich Gott gnädig zu stimmen, sich ihm anzunähern.

12 Vgl. dazu E. Zenger, Die priesterlichen Schichten (›P‹), in: E. Zenger u. a., Einleitung in das Alte Testament, Stuttgart/Berlin/Köln 1995 (= KStTh 1,1), 89–108, hier: 103–105.

13 Übersetzung von Buber/Rosenzweig. Luther übersetzte den ersten Teil des Satzes mit dem erheblich statischeren Präsens: »Ihr sollt heilig sein [. . .]«. Vgl. auch Willi-Plein, Opfer und Kult [oben Anm. 7], 47 f., die betont, dass es bei der ›Heiligkeit‹ nicht um eine ›Beschaffenheit‹ gehe, sondern um ›ein Verhältnis‹; vgl. auch Buber, Verdeutschung [oben Anm. 9], 20.

14 Vgl. zur Biografie Heschels B. Dolna: An die Gegenwart Gottes preisgegeben. Abraham Joshua Heschel. Leben und Werk, Mainz 2001.

15 A. J. Heschel, Der Mensch fragt nach Gott. Untersuchungen zum Gebet und zur Symbolik, Neukirchen-Vluyn 1982 (= InfJud 3), 1.

16 Vgl. J. J. Petuchowski, Zur Dialektik der Kappara. Einführung in das jüdische Verständnis von Umkehr und Versöhnung, in: Versöhnung in der jüdischen und christlichen Liturgie, hg. v. H. Heinz, K. Kienzler und J. J. Petuchowski, Freiburg/Basel/Wien 1990 (= QD 124), 184–196, hier: 189.

Der Tanach redet umgekehrt: Gott selbst hat den Opferkult eingesetzt und damit »eine Einrichtung geschaffen [...], die Israel einen ständigen Lebensverkehr mit ihm eröffnete«[17].

Vom Altar des Jerusalemer Tempels stieg ständig Rauch auf, am Wochentag und am Schabbat. Die beiden Opferzeiten des Wochentags wurden spätestens seit dem 2. Jh. v. Chr. mit dem Wort tamid bezeichnet, das nominal ›Fortdauer‹ und adverbial ›beständig‹ bedeutet. Am Schabbat trat mit dem musaf-Opfer ein weiteres, drittes Opfer hinzu (vgl. Num 28,9 f.).[18] So machte die beständig aufsteigende Rauchsäule ansichtig, wie das Leben des Volkes Israel hineingenommen ist in die Dynamik der Heiligung. Der ständig aufsteigende Rauch vergewisserte das fehlbare und immer wieder schuldig werdende Volk seiner Gottesbeziehung.

Wenn das Opfer in dieser Hinsicht als von Gott eingeräumter Weg im Spannungsfeld von Heiligkeit und Profanität gesehen werden kann, verwundert es nicht, dass dem Opfer im Jerusalemer Tempel eminente Bedeutung zugemessen wurde.[19] So achtete etwa König Herodes bei seinen groß angelegten Umbauarbeiten am Tempel darauf, dass das Opfer keinen einzigen Tag unterbrochen wurde.[20] Und als zwei Generationen später die Stadt Jerusalem im ›Judäischen Krieg‹ (66–70/73 n. Chr.) von römischen Soldaten belagert war, hielten die Tempelpriester das tamid-Opfer solange als irgend

17 G. v. Rad, Theologie des Alten Testaments, Band 1: Die Theologie der geschichtlichen Überlieferungen Israels, München [10]1992 [1. Aufl. 1960], 273.

18 Vgl. G. Stemberger, Art. Opfer III. Judentum, in: TRE 25 (1995), 267–270, hier: 267; vgl. Dan 8,11.13; 11,31; 12,11 (2. Jh. v. Chr.) und vgl. 2. Kön 16,15.

19 Eine merkwürdige Perspektive zeichnet demgegenüber Ratzinger, wenn er das Opfergeschehen im Tempelkult während seiner ganzen Existenz von einem ›Ungenügen‹ gezeichnet sieht. Vgl. Ratzinger, Der Geist der Liturgie [oben Anm. 4], 33 f.

20 Vgl. F. Siegert, Die Synagoge und das Postulat des unblutigen Opfers, in: Gemeinde ohne Tempel. Community without Temple. Zur Substituierung und Transformation des Jerusalemer Tempels und seines Kultes im Alten Testament, antiken Judentum und frühen Christentum, hg. von B. Ego, A. Lange und P. Pilhofer in Zusammenarbeit mit K. Ehlers, Tübingen 1999 (= WUNT 188), 335–356, hier: 341.

möglich aufrecht.[21] Der Priester Joseph ben Matthitjahu ha-Kohen, besser bekannt als Josephus, und der einflussreiche Rabbi Jochanan ben Zakkai bemühten sich in Verhandlungen mit den Aufständischen und den Römern, die Zerstörung des Tempels unter allen Umständen zu verhindern.[22] Vergeblich. Am 10. Av des Jahres 70 ging der Jerusalemer Tempel in Flammen auf. Schon vorher, am 17. Tammuz, war es den Priestern nicht mehr möglich, das ständige Opfer aufrecht zu erhalten.[23] Der von Gott eingeräumte Weg der Heiligung durch die Opfer im Tempel war an ein Ende gekommen.

Wie reagierten Jüdinnen und Juden darauf? Von Rabbi Jochanan ben Zakkai wird Ambivalentes berichtet:

> Einerseits erscheint er verzweifelt, am Boden zerstört: »Als Rabbi Jochanan ben Zakkai sah, dass der Tempel zerstört und das Heiligtum verbrannt war, stand er auf, zerriss seine Kleider und legte seine Tefillin [Gebetsriemen, AD] zur Seite und setzte sich und weinte und seine Schüler mit ihm.«[24] Das Ablegen der Tefillin ist Symbolhandlung: Das Gebet scheint unmöglich, die Beziehung zu Gott abgebrochen. Folgt man der Mischna ist Rabbi Jochanans Reaktion keineswegs übertrieben. Denn in der Mischna kann der Opferdienst als eine der drei Säulen bezeichnet werden, auf denen die Welt ruht.[25] Verzweifelt war nicht nur

---

21 Vgl. A. Rothkoff, Art.: Sacrifice. Second Temple Period. Later Interpretations, in: EJ 14, 607–615, hier: 612.

22 Vgl. zu Josephus seine eigene Darstellung in: F. Josephus, Geschichte des judäischen Krieges, Leipzig ^{5}1978, 426 f.; und vgl. dazu H. Eshel, Josephus' View on Judaism without the Temple in Light of Discoveries at Masada and Murabba'at, in: Gemeinde ohne Tempel [oben Anm. 20], 229–238, hier v. a. 232. Vgl. zu Jochanan ben Zakkai vor allem die bewegende Schilderung seiner Geschichte bei E. Wiesel, Die Weisheit des Talmud. Geschichten und Portraits, Freiburg/Basel/Wien 1992, 47–59 und E. E. Urbach, The Sages. Their Concepts and Beliefs, übs. v. I. Abrahams, Cambridge (MA) und London ^{3}1994, 596–599.

23 Vgl. Willi-Plein, Opfer im Alten Testament [oben Anm. 7], 55.

24 Der Text findet sich in dem außerkanonischen Traktat Avot de Rabbi Natan (Version II, Kap. 7, 11a; Ausgabe S. Schechter, New York ^{2}1945 [Übersetzung AD]); vgl. dazu auch S. Safrai, Der Versöhnungstag in Tempel und Synagoge, in: Versöhnung in der jüdischen und christlichen Liturgie [oben Anm. 16], 32–55, hier: 39.

25 »Auf drei Säulen ruht die Welt: auf der Tora, auf dem Opferdienst [hebr.: *avoda*] und auf dem Tun guter Taten« (m Avot 1,2).

Rabbi Jochanan. Manche Jüdinnen und Juden – so wird berichtet – wollten keine Kinder mehr haben, keinen Wein mehr trinken und kein Brot mehr essen.[26]

Aber: Auch eine andere Seite Rabbi Jochanans ist überliefert. Nach der Zerstörung des Tempels, so wird erzählt, war er mit Rabbi Jehoschua unterwegs. Als die beiden die Ruinen des Tempels sahen, sagte Rabbi Jehoschua: »Weh uns! Denn er [der Tempel, AD] ist zerstört, der Ort, an dem die Verfehlungen Israels gesühnt werden.« Rabbi Jochanan tröstete und entgegnete: »Mein Sohn, gräme dich nicht darüber. Es gibt eine Versöhnung, die wie jene [im Tempel, AD] ist. Und welche ist es? Das Vollbringen guter Taten.«[27]

Die Trauer über die Zerstörung des Tempels führt bei Rabbi Jochanan nicht zur Resignation. Er bleibt – bildlich gesprochen – nicht weinend mit seinen Schülern sitzen, sondern fragt neu danach, wie ›Nahung‹, Leben mit Gott in der Welt, möglich wird.[28] So wird Rabbi Jochanan zum Symbol der Ambivalenz des Jahres 70 für die Geschichte des Judentums: Dieses Jahr bedeutete Abbruch und Neuanfang.[29] Am deut-

---

26 Vgl. dazu Wiesel, Die Weisheit [oben Anm. 22], 58.

27 Der Text findet sich in Avot de Rabbi Natan (Version I, Kap. 4, 11a); vgl. dazu auch Safrai, Versöhnungstag [oben Anm. 24], 35 f. und S. Schreiner, Wo man Tora lernt, braucht man keinen Tempel. Einige Anmerkungen zum Problem der Tempelsubstitution im rabbinischen Judentum, in: Gemeinde ohne Tempel [oben Anm. 20], 371–392, hier: 384.

28 Die Zerstörung des Tempels im Jahr 70 n. Chr. bedeutete für Jüdinnen und Juden ja nicht zum ersten Mal die Nötigung, jüdisches Leben ohne den Tempel zu führen. Bereits in der Zeit der Babylonischen Gefangenschaft war dies nötig. Unter anderem etablierte aber auch die Gemeinschaft von Qumran aufgrund ihrer radikalen Tempelkritik eine Gemeinschaft ohne Tempel. Vgl. dazu L. H. Schiffman, The Qumran Community's Withdrawal from the Jerusalem Temple, in: Gemeinde ohne Tempel [oben Anm. 20], 267–284.

29 In gewisser Hinsicht wird das Jahr 70 so paradigmatisch für zahlreiche Momente jüdischer Geschichte. »Wir können«, so schreibt Y. H. Yerushalmi, »die Geschichte der jüdischen Hoffnung nicht untersuchen, ohne gleichzeitig die Geschichte der jüdischen Verzweiflung zu studieren.« (in: ders., Ein Feld in Anatot. Versuche über jüdische Geschichte. Aus dem Amerikanischen von W. Heuss und B. Röhm, Berlin 1993, 83).

lichsten wurde der Neuanfang in Javne sichtbar, einem Ort an der Mittelmeerküste. Dort gründete Rabbi Jochanan ein neues Zentrum, einen Ort der Lehre und des Studiums, der Sammlung der Überlieferung, der vielen Fragen und der Suche nach Antworten. »Warum«, so fragt Elie Wiesel, »wollte er Jabne? Nicht um Jerusalem zu ersetzen, Jerusalem würde für immer unersetzlich bleiben, sondern um außerhalb Jerusalems von Jerusalem träumen zu können, um das Gesetz auf andere Weise als vorher zu leben, um zu leben oder wieder leben zu lernen in der Erwartung.«[30]

II. Opfer – Beten, Lernen und Handeln

Was kann an die Stelle des tamid-Opfers im Tempel treten? Auf welchem menschlichen Handeln liegt nun die Verheißung der Heiligung? In den ersten Jahrhunderten n. Chr. wurde unter den Rabbinen über diese Frage diskutiert. Und wie es rabbinischer Diskussion entspricht, gibt es keine endgültige Entscheidung, sondern vielmehr eine Pluralität der Stimmen. Allerdings kristallisierten sich drei Vollzüge heraus, die mit dem Tempelopfer in Verbindung gebracht wurden: das Gebet (avoda), das Lernen der Tora und das Tun der Mizwot (›Gebote‹).[31] Mehrfach werden diese drei Handlungen im rabbinischen Schrifttum miteinander in Beziehung gesetzt und mit dem Opfer verbunden. Ich gebe exemplarisch eine Passage aus dem Midrasch Sifre zum Buch

30 Wiesel, Die Weisheit des Talmud [oben Anm. 22], 44.

31 Alle drei Vollzüge lassen sich auf das oben zitierte Wort aus mAvot 1,2 zurückführen. Dort werden ›Tora, Opferdienst (*Avoda*) und das Tun guter Taten‹ als die drei Dinge genannt, auf denen die Welt ruht. Das ›Gebet‹ kann dabei eintreten in den Begriff der *Avoda*. Vgl. dazu auch S. C. Reif, Judaism and Hebrew Prayer. New perspectives on Jewish liturgical history, Cambridge 1993 [Taschenbuch 1995], 98; Schreiner, Wo man Tora lernt [oben Anm. 27], 381; Stemberger, Art.: Opfer [oben Anm. 18], 268 f. und vgl. insgesamt M. Fishbane: The Exegetical Imagination. On Jewish Thought and Theology, Cambridge (MA)/London 1998 [Kap.: Substitutes for Sacrifice in Judaism, 123–135 u. 216–218 (Anm.)].

Deuteronomium[32] wieder, die alle drei Vollzüge im Umkreis eines Verses aus dem Buch Deuteronomium verortet:

Die Rabbinen diskutieren über die Wendung ולעבדו (uleovdo; wörtlich: ›und ihm zu dienen‹; Wurzel: avad) aus Dtn 11,13[33]: »Werdet ihr nun auf meine Gebote hören [...], dass ihr den Herrn liebt und ihm dient (uleovdo) [...], so will ich [...]«. Häufig steht das Verb avad für den Opferdienst im Tempel. Die rabbinische Diskussion findet aber nach 70 n. Chr. statt. Avad kann nicht mehr einfach auf den Tempeldienst bezogen werden. Was kann das Wort dann aber bedeuten? Ein Rabbiner schlägt vor: uleovdo meine die Lehre und das Lernen der Tora. Andere finden dafür einen Bestätigung: Die gleiche Wendung kommt nämlich bereits in Gen 2,15 vor, in der Paradiesgeschichte: »Und Gott, der Herr, nahm den Menschen und setzte ihn in den Garten Eden, leovda (ihn zu ›bebauen‹) und zu bewahren.« Damals stand noch kein Tempel; in der Vorstellung der Rabbinen gab es aber durchaus schon die Tora, sogar schon längst vor der Schöpfung der Welt.[34] Und daher folgern sie: »Siehe, gemeint ist [mit dem Wort avad, AD] die Lehre und das Lernen; und [das Wort, AD] ›bewahren‹ [aus Gen 2,15, AD] – das meint die Gebote (Mizwot).« Aus diesem Blick auf Gen 2,15 ergibt sich als Schlussfolgerung dieses Diskussionsganges: »Und wie die Avoda des Altars Avoda genannt wird, so wird auch das Lernen und Lehren Avoda genannt.«

Andere Rabbinen erklärten dazu aber: Nein, das Wort avad müsse als ›beten‹ gedeutet werden. Dies folgern sie u. a. aus einer Stelle im Danielbuch (Dan 6,21). Dort spricht der babylonische König Darius von Daniel als von einem, der Gott ohne Unterlass ›dient‹. Wieder erscheint das Wort avad. Aber es ist völlig klar, dass es keinen Tempeldienst in Babylon gegeben haben kann.

---

32 Vgl. dazu G. Stemberger, Einleitung in Talmud und Midrasch, München ^{8}1992, 266–269.

33 Alle folgenden rabbinischen Zitate entstammen dem Midrasch Sifre Deuteronomium, 41, 87 f. (Vgl. dazu auch die – allerdings teilweise etwas verwirrende – deutsche Übersetzung: Der tannaitische Midrasch Sifre Deuternomium, übersetzt und erklärt von H. Bietenhard, Bern u. a. 1984 [= JudChr 8], 134 f. und dazu insgesamt Urbach, The Sages [oben Anm. 22], 967 Anm. 4 und 967 f.).

34 bT Pesachim 54a und bT Nedarim 39b zählen die Tora zu den sieben Dingen, die schon vor Erschaffung der Welt ›da‹ waren.

> Die Rabbinen folgern: »Und wie die Avoda des Altars Avoda genannt wird, so wird auch das Gebet Avoda genannt.«
> In dem Wort abad/avoda, das ›klassisch‹ auch den Tempeldienst bezeichnen konnte, kommen so für die Rabbinen das Studium der Tora und das Gebet zusammen; aufgrund der engen Verknüpfung mit dem Wort ›bewahren‹ in Gen 2,15 ist auch das Tun der Mizwot mit im Blick.

Abraham Joshua Heschel fasst Gebet, Torastudium und Tun der Mizwot bezeichnenderweise unter dem Begriff der ›Heiligung‹ zusammen: »Das Studium von Gottes Wort ist ein Beispiel für die Heiligung des Denkens [...], das Gebet ein Beispiel für die Heiligung von Worten, Observanz [= Handeln gemäß der Mizwot, AD] ein Beispiel für die Heiligung des Tuns.«[35]

Die Rabbinen verknüpfen alle drei menschlichen Handlungen mit dem Begriff des Opfers. Ich beleuchte im Folgenden das Gebet, das Studium der Tora und das Tun der Mizwot – und frage, was geschieht, wenn sie in den Deutungsraum des ›Opfers‹, der ›Nahung‹ eingetragen werden. Gleichzeitig weise ich auf liturgische, hermeneutische und ethische Anstöße hin, die sich aus der Wahrnehmung der jüdischen Deutungen für die christliche Diskussion ergeben.

1. Beten als Opfer: Die Avoda

Bis heute beten diejenigen Jüdinnen und Juden, die ihr Leben an der Halacha ausrichten,[36] regelmäßig dreimal werktags und viermal am Schabbat ein fest formuliertes Gebet. Sie können dieses Beten als avoda bezeichnen – wie vormals den Tempeldienst. Wie verhält sich dieses rituelle Gebet zum Opfer im Tempel? Entstand es nach dem Jahr 70, als der Tempel

35 Heschel, Der Mensch fragt nach Gott [oben Anm. 15], X.

36 *Halacha* meint das jüdische Religionsgesetz, besser vielleicht: die *Weglehre* jüdischen Glaubens (von dem hebr. Verb *halach* = gehen!). Es wäre nicht korrekt, Juden, die ihr Leben an der Halacha ausrichten, pauschal als ›orthodoxe‹ Juden zu bezeichnen, da auch zahlreiche liberale, konservative oder rekonstruktionistische Juden ihr Leben an der Halacha orientieren. Eher könnte von ›religiösen‹ Juden (hebr.: *dati*), bzw. ›[die Halacha] bewahrenden‹ Juden (hebr. *schomrani*) gesprochen werden.

zerstört war, als Ersatz für das regelmäßige Opfer? Oder bereits als der Tempel noch stand – um die Beteiligung aller Jüdinnen und Juden am Weg der ›Nahung‹ zu eröffnen? Oder ist schon die Alternative falsch? Im babylonischen Talmud (bT Berachot 26b[37]) finden sich zwei divergente Aussagen: Rabbi Jose ben Chanina[38] leitet die Gebete von ihrer Einsetzung durch die Erzväter ab, Rabbi Jehoschua ben Levi[39] betont, sie seien ›gegenüber‹ dem Tempeldienst eingerichtet. Der Talmud Jeruschalmi – das in Palästina entstandene Pendant zum babylonischen Talmud – fügt noch eine dritte Deutung hinzu: Die Gebete lassen sich auf die Übergänge im je individuellen Tagesablauf des Menschen zurückführen. Im Einzelnen wird wie folgt argumentiert:

> Zunächst die Diskussion zwischen Rabbi Jose und Rabbi Jehoschua. Da meint Rabbi Jose: »Die Gebete? – Die Väter [gemeint: die ›Erzväter‹ / Patriarchen Abraham, Isaak und Jakob, AD] haben sie eingerichtet.« Zum Beleg seiner Aussage verweist Rabbi Jose auf ein älteres rabbinisches Zitat. Dieses wiederum zeigt anhand des Tanach, dass Abraham der Schöpfer des Morgengebetes (Schacharit) sei, Isaak des Nachmittagsgebetes (Mincha) und Jakob des Abendgebetes (Maariv).
> Dagegen behauptet Rabbi Jehoschua: Nein, »die Gebete sind gegenüber den tamid-Opfern eingerichtet.«[40] Und auch er kann die Autorität älterer rabbinischer Aussagen zur Stützung seines Diktums bemühen. So ergebe sich der Bezug der Gebete auf das Opfer schon allein dadurch, dass die Zeiten, in denen das Gebet gesprochen werden darf, den Zeiten entsprechen, in denen im Tempel das Opfer dargebracht werden konnte.

---

37 Eine (bis heute gut zu benutzende) Übersetzung des ganzen Talmuds und so auch des Traktats Berachot erstellte zu Beginn des 20. Jh.s L. Goldschmidt, Der babylonische Talmud, hier: Band 1, Berlin 1930, 115 f.

38 Zweite Generation der Amoräer (= Rabbiner zwischen Abschluss der Mischna und des Talmuds) in Palästina, vgl. Stemberger, Einleitung [oben Anm. 32], 94.

39 Rabbi Jehoschua war »einer der hervorragendsten Amoräer Palästinas in der 1. Hälfte des 3. Jhs.« (Stemberger, Einleitung [oben Anm. 32], 91; erste Generation der palästinischen Amoräer).

40 Die Wendung ›gegenüber‹ (*kenägäd*) signalisiert, dass Rabbi Jehoschua keineswegs an einen Ersatz oder ein zeitliches Nacheinander denkt!

Zwei Aussagen – das Gebet aus der Zeit der ›Väter‹, das Gebet ›gegenüber‹ dem Tempelkult –, jeweils eine Belegstelle und leider auch jeweils ein Problem. So könnte man Rabbi Jose fragen: Wenn es denn so ist, dass die Patriarchen die Gebete einsetzten, wieso betet man dann am Schabbat ein zusätzliches Gebet, das musaf-Gebet? Dieses entspricht doch dem Brauch am Tempel, wo es am Schabbat ein zusätzliches Opfer gab. Hat nicht doch Rabbi Jehoschua recht? Aber auch Rabbi Jehoschuas Meinung muss sich kritische Fragen gefallen lassen: Wenn es denn so ist, dass die Gebetszeiten ›dem Opfer gegenüber‹ eingerichtet wurden, wie soll man sich dann erklären, dass zweimal täglich das tamid-Opfer dargebracht wurde, es aber drei tägliche Gebetszeiten gibt?[41]

Es geschieht nicht oft in der rabbinischen Literatur – aber in Bezug auf diese Diskussion formuliert der Talmud einen Kompromiss: »Die Gebete wurden [zwar] von den Vätern angeordnet, aber die Rabbiner stützen sie [zusätzlich] durch die Opfer.« Das Gebet ist – so der Kompromiss – einerseits also älter als der Tempel. Es reicht zurück in die Frühzeit der Gottesbeziehung Israels[42] und kann keineswegs als ›Notlösung‹ nach 70 n. Chr. gesehen werden. Andererseits aber ist das Gebet unmittelbar auf den Tempel bezogen – so unmittelbar, wie nach biblischer Darstellung Mann und Frau aufeinander bezogen sind: das gleiche Wort kenägäd (›gegenüber‹) verbindet Tempelopfer und Gebet in der Aussage Rabbi Jehoschuas und Mann und Frau in Gen 2,18.

Die dritte Erläuterung zur Ableitung der Gebete stammt von Rabbi Schmuel bar-Nachmani[43] und findet sich im Talmud Jeruschalmi. Dieser meint dort, dass das dreimal-tägliche Gebet den drei Wandlungen aller Geschöpfe im Laufe eines Tages entspreche: vom Schlaf zum Wachsein, vom Sonnenaufgang zum Sonnenuntergang und vom Wachsein zum Schlaf in der Hoffnung auf neues Erwachen.[44] Der ›heilsgeschichtlichen‹ Verortung des Gebets in der Geschichte der Väter und der ›kultischen‹

41 Vgl. zu dieser Frage auch L. Trepp, Der jüdische Gottesdienst. Gestalt und Entwicklung, Stuttgart/Berlin/Köln 1992, 53 und Rothkoff, Art. Sacrifice [oben Anm. 21], 614.

42 Die Zeit der Erzväter konnte im rabbinischen Judentum als ideale ›Jugendzeit‹ gedeutet werden; vgl. hier nur Midrasch Tehillim zu Ps 71,5.

43 Ein hoch angesehener palästinischer Amoräer der dritten Generation, vgl. Stemberger, Einleitung [oben Anm. 32], 95.

44 Der Text findet sich in jT Berachot 7a; vgl. dazu Reif, Judaism and Hebrew Prayer [oben Anm. 31], 102.

Verortung im Bereich des Tempels wächst hier noch eine dritte, ›individuelle‹ Verortung zu.

Gegenüber diesem Reichtum kultischer, heilsgeschichtlicher und individueller Deutung des Gebetes verliert die schwer zu klärende und kontrovers diskutierte historische Frage danach, wie sich das tägliche Gebet entwickelte, deutlich an Gewicht. Am ehesten wird man wohl davon ausgehen können, dass schon vor 70 n. Chr. zu festen Zeiten gebetet wurde (vgl. z. B. Dan 6,11; 9,21), wobei die ›Lesung‹ des ›Schema Jisrael‹ (Dtn 6,4 und begleitende Texte) und eine Form des 18-Bitten-Gebetes gesprochen wurden. Die Entwicklung und Ausgestaltung der Gebetstexte blieb dann aber lange offen.[45]

Was geschieht, wenn das ›Gebet‹ eintritt in den Deuteraum des ›Opfers‹? Vor allem Abraham Joshua Heschel hat sich religionsphilosophisch und theologisch mit dem Gebet im Judentum auseinandergesetzt. Die folgenden beiden Punkte greifen daher auf ihn als jüdischen Dialogpartner zurück:

- *Gebet als ›Opfer‹ ereignet sich zwischen Gott und Mensch:* Religionswissenschaftlich allgemein könnte man das Gebet verstehen als »Ausdruck menschlicher Zuwendung zur Gottheit«[46], als Hinwendung des Menschen zu Gott. Natürlich ist das Gebet menschliche Aktivität – wie ja auch das Opfer menschliches Handeln bedeutet. Würde aber nur dies gesehen, käme eine entscheidende Dimension jüdischen Gebetsverständnisses nicht in den Blick. Abraham Joshua Heschel schreibt: »Wir beten. Wir werden hingetragen zu Ihm, der uns nahekommt.«[47] Der explizierende Satz Heschels bleibt im Passiv (Wir werden hingetragen);

45 Vgl. dazu nur L. A. Hoffman, Art. Gebet III. Judentum, in: TRE 12 (1984), 42–47 [hier: 42 f.] und Reif, Judaism and Hebrew Prayer [oben Anm. 31], 53–87 [The early liturgy of the synagogue].

46 C. H. Ratschow, Art. Gebet I. Religionswissenschaftlich, in: TRE 12 (1984), 31–34, hier: 31.

47 Heschel, Der Mensch fragt nach Gott [oben Anm. 15], 6. Vgl. dazu auch Trepp, Der jüdische Gottesdienst [oben Anm. 41], 11, der betont, »daß dem Wort des Gebets die gleiche Kraft eigne, Gott und Mensch miteinander zu verbinden, wie dem Opferdienst.« Und vgl. K. Davidowicz, Jüdischer Gottesdienst und seine Liturgie: kirche und israel 16 (2001), 3–8, vor allem: 6.

aktiv ist allein Gott, »der uns nahekommt«. Wie das Opfer als qorban entscheidend von der Aktivität, vom Entgegenkommen Gottes lebt, so auch das Gebet.
Und wie das Opfer als Ereignis zwischen Gott und Mensch als eine der Säulen gesehen werden konnte, auf der die Welt ruht, so wird auch das Gebet brisant und relevant. Es geht um weit mehr als um die Innerlichkeit des Menschen, um sein Bedürfnis, sich ›der Gottheit‹ zuzuwenden. Es geht um ›Nahung‹ im Verhältnis des Menschen zum heiligen Gott, um ›Nahung‹, auf der die Welt ruht. Heschel bringt dies eindrücklich zur Sprache: »Für die Heiligen ist ein Gebet ein Wagnis, ein Unternehmen voller Gefahr. Jeder Beter ist ein Priester am größten aller Tempel. Das gesamte Universum ist der Tempel.«[48]

- *Gebet als ›Opfer‹ intoniert eine andere Melodie:* Das Gebet als ›avoda‹ lebt im Kontext der von Gott eröffneten Beziehung zu seinem Volk und zur Welt. In einem musikalischen Bild könnte dies wie folgt gedeutet werden: Das Gebet fügt nicht die eigenen Töne des Menschen zu einer gottgefälligen Melodie zusammen. Der Mensch stimmt vielmehr ein in eine andere Melodie, die das Gebet vorgibt. »Es bringt uns weiter«, schreibt Heschel, »wenn wir das Echo der Musik der Jahrhunderte in uns wiedererwekken, als wenn wir auf der zersprungenen Flöte des eigenen Herzens spielen.«[49]
  Leon Wieseltier verfasste ein lesenswertes Buch zum jüdischen Trauergebet (Qaddisch). Er beschreibt darin, wie ihm das vorgeschriebene und vorformulierte Qaddisch einen neuen Zugang zum Gebet überhaupt eröffnete. Im Bild Heschels gesprochen hatte Wieseltier auf der Flöte

48 Heschel, Der Mensch fragt nach Gott [oben Anm. 15], 49. Der Satz Heschels weist gleichzeitig auf die deutlichste Differenz zwischen der Praxis des Gebets und der Praxis des Opfers hin: Es sind nicht mehr die Priester, die für das ganze Volk aktiv werden, sondern jede und jeder einzelne handelt selbst im Kontext der Heiligung. Eine Trennung von ›Klerikern‹ und ›Laien‹ ist jüdischem Gebetsgottesdienst daher (zumindest theoretisch; Verschiebungen ergaben sich im Kontext der Reformbewegung im Judentum seit dem 19. Jh.) unbekannt.
49 Heschel, Der Mensch fragt nach Gott [oben Anm. 15], 21.

des eigenen Herzens schon lange keine Töne des Gebets mehr hervorgebracht. Mehr als zwanzig Jahre hatte er nicht mehr gebetet. Dann starb sein Vater, und Wieseltier schloss sich der Tradition an und sprach das Qaddisch ein Jahr lang im Rahmen der täglichen Gebete. Und er bemerkte nach und nach, dass seine regelmäßigen Gebete sein »Leben mit Sprache aufladen. Dreimal täglich hebräische Musik.«[50]

Sich auf eine fremde Melodie einzulassen, bedeutet aber auch: die eigenen Melodien zurücktreten zu lassen. Den Ton zu übernehmen, der vorgegeben wird. Die eigenen Gedanken, Sorgen, Wünsche hinter sich zu lassen und einzustimmen in die anderen, vorgegebenen Worte des rituellen Gebetes. Gebet, avoda bedeutet Verzicht, persönliche Hingabe. »Wir sind das Opfer«[51], kann Heschel in diesem Zusammenhang formulieren.[52]

Die von Heschel eröffneten Aspekte einer Betrachtung des Gebets als ›Opfer‹ halte ich für anregend im Kontext eines christlich-jüdischen liturgischen Gesprächs. Ein Anknüpfungspunkt für dieses Gespräch ist seit alters gegeben: Schon der Hebräerbrief bezeichnet das Gebet als ›Lobopfer‹ (Hebr 13,15), zahlreiche Liedtexte nehmen diesen Gedanken auf.[53] Drei Anregungen für ein solches Gespräch deute ich an:

- *Der Raum des Gebets:* Die Praxis fest formulierter Gebete zu festgelegten Zeiten hat das frühe Christentum vom Judentum übernommen und hat diesen in der Form der ›Stundengebete‹ der monastischen Tradition ein eigenes

50 L. Wieseltier, Kaddisch. Aus dem Amerikanischen von F. Griese, München/Wien 2000, Zitat: 72.

51 Heschel, Der Mensch fragt nach Gott [oben Anm. 15], 49; vgl. auch ebda, IX.4.

52 Besonders diesen Aspekt des rituellen Gebets unterstreicht auch der verstorbene Jerusalemer Religionsphilosoph Y. Leibowitz, Vorträge über die Sprüche der Väter. Auf den Spuren des Maimonides, aus dem Hebräischen übersetzt von G. Leibowitz, Obertshausen 1984, 83 f.

53 Vgl. z. B. EG 446, 5: »Du willst ein Opfer haben,/ hier bring ich meine Gaben:/ Mein Weihrauch und mein Widder/ sind mein Gebet und Lieder.« (P. Gerhardt (1647)).

Gepräge verliehen. Daneben bietet aber auch die Liturgie des sonntäglichen Gottesdienstes feste, vorgegebene Elemente (Ordinarium). Sie eröffnen einen rituellen Raum, dessen Mauern durch die gleichbleibenden Formulierungen gebildet werden. Der Raum steht – die Betenden müssen ihn nicht erst mit eigenen Worten oder Gedanken erschaffen. Sie können ihn betreten und begehen.[54] Der Raum steht – trotz der Zweifel, Fragen und Unsicherheiten, die jedes Glaubensleben prägen.

– *Es macht ›Sinn‹, den Raum zu begehen:* Das Opfer des Tempels mit seinen genauen Anweisungen ist – kausal betrachtet – ein weitgehend ›sinnloses‹ Handeln. Anders gesagt: Sein ›Sinn‹ liegt nicht in den erwarteten Folgen des Opfers in der Zukunft, nicht in dem, was es bewirkt, sondern vielmehr in seinem gegenwärtigen Vollzug. In ihm geschieht ›Nahung‹. Könnte so auch das Gebet verstanden werden? Nicht erst deshalb sinnvoll, weil es Folgen in der Zukunft zeigt, sondern einfach deshalb, weil es Bewegung in dem von Gott eröffneten Raum der Heiligung ermöglicht?
– *›Ich‹ trete zurück:* Voraussetzung des Eintritts in den vorgegebenen Raum des Gebetes ist der Verzicht darauf, eigene Räume zu bauen. »Beten ist Opfern. Man bringt sich Gott dar« – so der christliche Theologe Hans Asmussen[55] – ganz ähnlich hatte es auch Heschel formuliert. Das Zurücktreten des ›Ich‹ eröffnet den Raum für das gemeinsame Gebet mit Anderen – und darüber hinaus vielleicht auch dafür, dass der Geist selbst das Wort ergreift, wie Paulus dies im Römerbrief ausdrückt: »Denn wir wissen nicht, was wir beten sollen, wie sich's gebührt; sondern

54 Das Ineinander von eigener Aktivität in vorgegebenem Rahmen, von eigenen Schritten im vorgegebenen Raum bringt das Judentum mit der Polarität der Begriffe *kawwana* (Hingabe) und *qäva* (Festgelegtes) zur Sprache. Vgl. dazu J. J. Petuchowski, Zur Geschichte der jüdischen Liturgie, in: Jüdische Liturgie. Geschichte – Struktur – Wesen, hg. v. H. H. Henrix, Freiburg/Basel/Wien 1979 (= QD 86), 103–110.

55 Zitiert nach: Wir beten, Gebete für Menschen von heute, hg. v. M. Seitz und F. Thiele, Gladbeck ^{8}1978, 36.

der Geist selbst vertritt uns mit unaussprechlichem Seufzen« (Röm 8,26).

2. Lernen als Opfer: Die Tora

Der bedeutende babylonische Amoräer des 4. Jh.s Rava[56] wird im babylonischen Talmud mit dem Wort zitiert: »Wer immer sich mit dem Studium der Tora befasst, der braucht gar kein Brandopfer, kein Sündopfer, kein Speiseopfer und kein Schuldopfer« (bT Menachot 110a[57]). Das Lernen der Tora tritt ein in den Bereich der ›Nahung‹, des Opfers. Und weil Lernen und Lehren im Judentum stets unmittelbar miteinander verknüpft sind, gilt dies auch für die Lehre der Tora: Dem ›Weisen‹, der sitzt und in der Gemeinde auslegt, rechnet es die Schrift an, als ob er Fett und Blut auf dem Altar dargebracht hätte.[58]

Wie kamen die Rabbinen dazu, auch die Tora-Lektüre mit dem ›Opfer‹ in Beziehung zu sehen? Zwei Wege erkenne ich, die zu diesem Gedanken führten:

(1) Zum einen gründen sich die ›Opfer‹ auf die Tora; dort werden sie eingeführt und erläutert (vgl. vor allem Lev 1–7). Ist das Opfer selbst nicht mehr möglich, bleibt immer noch die Lektüre und Interpretation der Opfervorschriften. In der um 200 n. Chr. redigierten Mischna finden sich (obwohl der Tempel nicht mehr stand!) ausführliche Darstellungen zum Opfer und seiner Praxis.[59] Und ausgerechnet in Babylon, weit entfernt von Jerusalem, wurden diese Abschnitte der Mischna weiter diskutiert und kommentiert. Im babylonischen Talmud lässt sich diese detaillierte und für das gegenwärtige Leben der Juden in der Diaspora scheinbar völlig

---

56 Vgl. Stemberger, Einleitung [oben Anm. 32], 101.

57 Zitiert nach Schreiner, Wo man Tora lernt [oben Anm. 27], 385.

58 Avot de Rabbi Natan [oben Anm. 24], Version 1, Kap. 4,18; vgl. dazu Petuchowski, Dialektik der Kappara [oben Anm. 16], 192.

59 Vgl. vor allem das Mischnatraktat mQodaschim und dazu Stemberger, Art. Opfer [oben Anm. 18], 269 und E. G. Hirsch, Art. Sacrifice, in: JE 10 (1905/1909), 615–623, hier: 619–621.

irrelevante Diskussion ausführlich verfolgen.[60] Die Auslegung der Opfergesetze der Tora tritt an die Stelle des Vollzugs des Opfers.

(2) Damit geht zum anderen eine Konzeptualisierung der Tora einher, die die Tora selbst mehr und mehr als ›Heiligtum‹ erkennt, d. h. als Raum, in dem ›Nahung‹ möglich wird, in dem »Gott gesucht und gelobt werden soll«[61]. Das Lesen der Tora wird so zur ›heiligen Handlung‹, vergleichbar mit dem ›Opfer‹ im Tempel. Wie das Opfer seine Bedeutung nicht durch die ›Besonderheit‹ oder gar ›Andersartigkeit‹ seiner Materie erhält (es werden zwar fehlerfreie, aber doch ganz normale Tiere geopfert[62]), sondern dadurch, dass Gott dieses Handeln als Weg der ›Nahung‹ eröffnet, so ist auch die Tora in ihrer ›Materialität‹ ein menschlicher, irdischer Text, auf dem aber die Verheißung liegt, dass sich in ihm Begegnung von Gott und Mensch ereignen kann.

Lesen und Lernen der Tora tritt ein in den Deutebereich des Opfers – ein für die Torahermeneutik bedeutsamer Vorgang, und m. E. auch für die christliche Bibelhermeneutik ein fruchtbarer Anstoß, den ich in zwei Richtungen spezifizieren möchte:

- *Lektüre der ganzen Schrift:* Hätten die Rabbinen der ersten Jahrhunderte n. Chr. überlegt, welche Teile der Tora sinnvollerweise gelesen und kommentiert werden sollten – jetzt, nach der Zerstörung des Tempels –, dann wären die Opfergesetze wohl eher am Rande vorgekommen. Eine unmittelbare Anwendung dieser Texte und der auf ihnen basierenden Diskussionen lag außerhalb des Horizontes. Dennoch aber werden die Texte gelesen und gelehrt, ganz einfach weil sie Teil der Tora sind. Dieser Zugang der Rabbinen

60 Vgl. Stemberger, Art. Opfer [oben Anm. 18], 269.

61 So Erich Zenger in Bezug auf die Endredaktion des Psalterbuches. Seine Einsichten zur Konzeptualisierung des Psalters als Heiligtum lassen sich m. E. auch auf die rabbinische Sicht der Tora insgesamt übertragen (vgl. E. Zenger, Der Psalter als Heiligtum, in: Gemeinde ohne Tempel [oben Anm. 20], 115–130, Zitat 126).

62 Vgl. Lev 1,3 u. ö.

lässt mich fragen: Welche Vorentscheidungen sind dafür verantwortlich, dass zahlreiche Texte der ›Heiligen Schrift‹ in christlicher Rezeption so wenig beachtet werden? Das gilt nicht nur für weite Teile des Pentateuch, sondern auch für narrative, weisheitliche und manche prophetischen Texte des ›Alten Testaments‹. Könnten wir von den Rabbinen eine neue Offenheit für die ganze Schrift lernen?

- *Lektüre – zweckfrei, aber erwartungsvoll:* Entscheidende Voraussetzung dieser Offenheit wäre es wohl, die ›Heilige Schrift‹ zweckfrei, aber voller Erwartung zu lesen. Vielfach ist Bibellektüre in christlichem Kontext von einem klaren ›um zu‹ bewegt: Dogmatische Bibellektüren suchen oft in der Schrift, um dogmatische Sätze zu erheben oder zu belegen. Exegetische Bibellektüren lesen die Schrift, um herauszufinden, was ihre eigentliche Aussage (intentio auctoris oder operis) sein könnte, und um diese dann entsprechend zu übertragen. Pfarrerinnen und Pfarrer, Religionslehrerinnen und Religionslehrer suchen in der Schrift, um daraus ›Material‹ für Predigt oder Unterricht zu gewinnen. Viele Leserinnen und Leser suchen in ihr, um Relevantes für ihr Leben oder ihren Glauben zu erkennen. Kurz gesagt: Die applikative Zielrichtung prägt die Lektüre. Bei Schleiermacher entdeckte Manfred Josuttis jüngst den Begriff der »Wut des Verstehens« für diese Art des Lesens neu[63], besser müsste vielleicht von der Wut des unbedingten Verstehen- und Anwendenwollens gesprochen werden. Eine Lektüre der Schrift im Deuterahmen des ›Opfers‹ könnte diese Wut überwinden. Das Lesen an sich hätte dann Bedeutung. Und ein einziges ›um zu‹ bliebe stehen: Lesen, um sich mitten in der Welt im Bereich des ›Heiligen‹ zu bewegen und erwartungsvoll darauf zu hoffen, dass ›Nahung‹ sich ereignet.

63 Vgl. M. Josuttis, Über die ›Wut des Verstehens‹ als homiletisches Problem, in: Theologie der Predigt. Grundlagen – Modelle – Konsequenzen, hg. v. W. Engemann (= FS Karl-Heinrich Bieritz), Leipzig 2001 (= APrTh 21), 35–50, bes. 45. Vgl. dazu auch J. Hörisch, Die Wut des Verstehens. Zur Kritik der Hermeneutik, erweiterte Nachauflage, Frankfurt/M. 1998 [zuerst 1988].

3. *Handeln als Opfer: Die Mizwa*

Die Halacha prägt das Leben derjenigen Jüdinnen und Juden, die ihr Leben nach ihr ausrichten. Sie lässt sich verstehen als »Wegordnung«[64], die dem ›Unterwegssein‹ (halach meint ›gehen‹) im Leben Richtung gibt. Die detaillierten Ausführungen der Halacha gründen sich auf die 613 Ge- und Verbote (Mizwot), die das rabbinische Judentum in der Tora erkannte. Die Mizwot geben Weisung für das Leben, regeln das Essen und Trinken, die Gestaltung des Alltags und Festtags, den Umgang mit Menschen und Tieren. Luther übersetzt Mizwa mit ›Gebot‹. Sicher sachgemäßer wäre es, mit Abraham Joshua Heschel von ›heiliger Handlung‹ zu sprechen[65], da diese Wendung die Hinordnung der Mizwa auf den Lebenszusammenhang von Gott und Welt, wie er im ›Opfer‹ gegeben ist, verdeutlicht. Stefan Schreiner bezeichnet die Halacha als einen »imaginäre[n] Tempelbezirk«[66], einen Raum also, in dem ›Nahung‹ vollzogen wird. Dieser ›heilige Raum‹ umgreift das ganze Leben, auch in seiner Alltäglichkeit. Rabbi Elasar und Rabbi Jochanan bringen dies dadurch pointiert zur Sprache, dass sie den ›Altar‹ des Tempels und den Ess-Tisch des Wohnhauses miteinander in Beziehung setzen.

> Sie begründen diese Verbindung mit Ez 41,22: Dort erscheint das Wort mizbeach (›Altar‹) synonym mit dem Wort schulchan, das den Altar im Tempel, aber auch ganz allgemein den ›Tisch‹ bezeichnen kann. Und sie folgern dann: »Die ganze Zeit, als der Tempel bestand, sühnt(e) der Altar für Israel, nun aber sühnt der Tisch des Menschen für ihn« (bT Berachot 55a[67]).

Durch das Leben im Kontext der Halacha ist der Altar des Tempels im jüdischen Leben bis heute gegenwärtig. Der jiddische Schriftsteller Isaac Bashevis Singer (1904–1991) er-

---

64 F.-W. Marquardt, Von Elend und Heimsuchung der Theologie. Prolegomena zur Dogmatik, München ^{2}1992, 182 [vgl. insgesamt zum Programm theologischer Prolegomena zur Dogmatik als Evangelische Halacha 166–262].

65 Heschel, Der Mensch fragt nach Gott [oben Anm. 15], 48.

66 Schreiner, Wo man Tora lernt [oben Anm. 27], 386.

67 Vgl. zur Übersetzung auch Goldschmidt, [oben Anm. 37], 239.

zählt davon. In einer Kurzgeschichte legt er seinem autobiografische Züge tragenden Ich-Erzähler folgenden Satz in den Mund:

> »Als ich ein Junge war, waren der Heilige Tempel und der Altar schon vor über zweitausend Jahren zerstört worden. Dennoch waren in unserer Wohnung in der Korchmalnastraße 10 der Tempel, der Altar, die Priester und die Opfer gegenwärtiger als die Nachrichten in der täglichen jiddischen Zeitung.«[68]

Die Mizwot zeigen, wie die ›profane‹ Welt von Gottes Weltwirklichkeit durchzogen ist. Sie legen z. B. im Blick auf die Nahrungsmittel fest, dass Milchiges und Fleischiges streng zu trennen sind[69], oder verbieten im Blick auf Kleidungsstücke jede Vermischung von Wolle und Leinen[70]. Würde man – wie Hans Küng in seinem Buch über »Das Judentum« dies fordert – eine »kritische Interpretation der Gesetze« versuchen und dann vielleicht nur noch diejenigen gelten lassen, die der Vernunft standhalten[71], würden solche Mizwot nicht länger bestehen können. Sie machen keinen vernünftigen ›Sinn‹.[72] Im Kontext der jüdischen Aufklärung des 18. und 19. Jahrhunderts versuchten viele Reformer eine solche kritische, vernunftgeleitete Beurteilung und damit Reduktion der Mizwot. Geradezu als eine Neuentdeckung formuliert Emil Cohn in seinem 1923 erschienenen Buch »Judentum. Ein Aufruf an die Zeit« demgegenüber seine Erkenntnis der Zweckfreiheit der Mizwot, der »religiösen Übung«. Kein irdischer Zweck könne sie begründen – und genau darin liege

---

68 I. B. Singer, Die Scheidung, in: Ein Tag des Glücks. Geschichten von der Liebe, Deutsch von E. Otten, München ^{3}2000, 66–78 [zit. 66].

69 Vgl. dazu I. M. Lau, Wie Juden leben. Glaube, Alltag, Feste, Gütersloh ^{4}1997, 87–89.

70 Vgl. Lau, Wie Juden leben [oben Anm. 69], 104.

71 Vgl. H. Küng, Das Judentum, München/Zürich 1991, 501.

72 Vgl. hierzu nur z. B. die Diskussion im Midrasch Bemidbar Rabba, 19. Dort beendet Rabbi Jochanan ben Zakkai die Frage nach der Begründung der Mizwa der Reinigung mit der Asche einer roten Kuh mit dem apodiktischen biblischen Satz: »Dies ist die Satzung der Tora.« (vgl. die deutsche Übersetzung in: Der Midrasch Bemidbar Rabba. Das ist die allegorische Auslegung des vierten Buches Mose, übs. v. A. Wünsche, Leipzig 1885, 465 f.).

ihr Sinn: »Die religiöse Übung soll den Menschen, soll den zweckverhafteten Juden erziehen, zweckfreie [...] Taten zu tun, sich – einzubetten in den urjüdischen Gemeinschaftsgeist der Heiligung des Lebens.«[73]

Letztlich entsprechen die Mizwot in ihrer ›Zwecklosigkeit‹ erneut dem ebenfalls scheinbar ›sinnlosen‹ Geschehen der ritualisierten Schlachtung von Tieren im Tempelopfer. Abraham Joshua Heschel hebt hervor: »Man sollte nicht sagen, die Mizwot hätten einen Sinn; man sollte vielmehr sagen, daß sie zu Quellen führen, denen immer neuer Sinn entquillt; zu Erfahrungen, die voll des verborgenen Glanzes des Heiligen sind«[74]. Mizwot eröffnen inmitten der Welt einen Raum neuen, unableitbaren, ungewohnten, Rationalitäten und Kausalitäten enthobenen Handelns – und haben gerade in dieser Zwecklosigkeit eine Bedeutung, die ›höher ist als alle Vernunft‹.

Ethik im Kontext des ›Opfers‹, der ›Nahung‹ – m. E. bedeutet die rabbinische Verbindung von Mizwot mit dem Opfer Perspektiven sowohl für eine evangelische Ethik als auch für den gegenwärtigen ethischen Dialog der drei monotheistischen Weltreligionen:

– *Ethik als evangelische Halacha:* Besonders protestantisches Christentum kritisierte immer wieder die vermeintliche Gesetzlichkeit des Judentums. Das Judentum als Gesetzesreligion zeige einen Weg, in dem der Mensch versuche, sich durch seine Aktivität Gottes zu nähern.[75] Ein

73 E. Cohn, Judentum. Ein Aufruf an die Zeit, München 1923, 220.

74 A. J. Heschel, Gott sucht den Menschen. Eine Philosophie des Judentums, aus dem Amerikanischen von I. M. Solltman und R. Olmesdahl, Berlin [5]2000, 270.

75 In der Perspektive dieser ›Gesetzlichkeit‹ kommen dann auch die ›Opfer‹ zu stehen. Bezeichnend ist, wie etwa die 1530 entstandene Apologie der Augsburger Konfession das Opfer bestimmt. Sie bemüht sich um Klarheit und ist geprägt von dem Wunsch, sich deutlich von der römischen Lehre des ›Messopfers‹ abzugrenzen. In dieser Hinsicht unterscheidet sie die Begriffe ›sacrificium‹ und ›sacramentum‹ deutlich. Das ›sacrificium‹ versteht sie dann einlinig als das *menschliche Handeln* im Gegenüber zu Gott, das Sakrament hingegen als das von Gottes Akti-

Blick auf die Mizwot und deren Einordnung in den Deutebereich des Opfers zeigt etwas anderes: Mizwot sind nicht der (verzweifelt-angestrengte) Versuch des Menschen, sich einen gnädigen Gott zu schaffen. Sie sind – wie das ›Opfer‹ – der von dem gnädigen Gott eingeräumte Raum der Heiligung des (alltäglichen) Lebens durch das Handeln des Menschen. Schon Augustin deutete eine ähnliche Verbindung von ›Opfer‹ und Handeln an: »Ein wahres Opfer ist jede Handlung, die ausgeführt wird, um Gott in heiliger Gemeinschaft anzuhängen.«[76] Wie das Judentum im Nachgehen und Befragen der Schrift Mizwot entdeckt und Halacha als Weglehre des Glaubens formuliert, so könnte auch evangelische Ethik im neuen Suchen und Befragen der Bibel Schritte auf dem Weg zu einer ›evangelischen Halacha‹ beschreiten.[77]

– *Ethik im Dialog:* Die Weltwirklichkeit des heiligen Gottes ernst zu nehmen und dieser Weltwirklichkeit handelnd nachzugehen, könnte Judentum, Christentum und auch Islam in einem heute dringend anstehenden ethischen Dialog verbinden.

Im Unterschied zu Judentum und Christentum kennt der Islam bis heute Tieropfer, besonders anlässlich des jährlichen Opferfestes, aber z. B. auch im Kontext der Wallfahrt nach Mekka. Die Sure 22 im Koran spricht von den Pilgerriten auf der Wallfahrt. Dabei wird klar, dass bei den islamischen Opferriten die »uneingeschränkte« »Hinwendung des Menschen zu seinem Schöpfer«[78] die Grundlage

vität bestimmte Angebot: »Sacramentum est ceremonia vel opus, in quo *Deus nobis* exhibit hoc, quod offert annexa ceremoniae promissio [...] Econtra sacrificium est ceremonia vel opus, quo *nos Deo* reddimus, ut eum honore afficiamus.« (BSLK 354, 18, Hervorhebung AD).

76 A. Augustinus, Sancti Aurelii Augustini episcopi De civitate Dei libri XXII, hg. v. B. Dombart, Stuttgart 1981/1993, 410 (= X,6): »[...] verum sacrificium est omne opus, quo agitur, ut sancta societate inhaereamus Deo«.

77 Vgl. hierzu die ersten Versuche von Friedrich-Wilhelm Marquardt [oben Anm. 64].

78 T. Nagel, Der Koran. Einführung. Texte. Erläuterungen, München [3]1998, 221; vgl. Sure 22,37.

der Opferpraxis ist und dass das Opfer hineinführt in das Handeln für den Nächsten: Mit dem Fleisch der Opferkamele sollen die Bedürftigen gespeist werden.[79]

Jacob Neusner, der wohl bekannteste amerikanische Judaist, sah – in einer Zeit, in der es keinen Tempel in Jerusalem mehr gibt – »die Straßen und Marktplätze der Welt« als »Altar des Tempels«[80], als den Ort, an dem sich Heiligung ereignen kann.

III. Opfer – die Neuentdeckung seiner Spiritualität

Das Opfer wurde im Judentum nach 70 nicht ersetzt, sondern fortgesetzt. Anders als im Tempel, aber durchaus in Kontinuität zu dem ›Opferhandeln‹ am Altar des Tempels. Oft wurde für diese Fortsetzung der Begriff der ›Spiritualisierung‹ des Opfers gebraucht. Dieser erkennt sicher Richtiges, weist aber dennoch problematische Tendenzen auf, weswegen ich von der Spiritualität des Opfers sprechen und dies in einem ersten Unterabschnitt begründen möchte (3.1). Diese Spiritualität des Opfers eröffnet einen Sprachraum, in dem eine eigene Grammatik gilt. Zusammenfassend beleuchte ich drei Aspekte der Grammatik einer Spiritualität des Opfers (3.2).

1. Von der Spiritualisierung zur Spiritualität des Opfers

Die alttestamentliche Forschung erkannte eine Spiritualisierung des Opfers bereits im ›Alten Testament‹ selbst.

Den Begriff der ›Spiritualisierung‹ prägte vor allem Gerhard v. Rad.[81] Er betont, dass es bei dem Vorgang der Spiritualisierung

---

79 Vgl. Sure 22,36 und Nagel, Koran [oben Anm. 78], 219 f.
80 J. Neusner, Judentum in frühchristlicher Zeit, Stuttgart 1988, 110.
81 Allerdings bezieht sich Gerhard v. Rad u. a. zurück auf S. Mowinckels Psalmenstudien und auf C. Westermanns Buch: Das Loben Gottes in den Psalmen, vgl. v. Rad, Theologie [oben Anm. 17], 409 Anm. 29.

nicht um eine Ablehnung, sondern um eine deutende und verlebendigende Aneignung gegangen sei.[82] Warum gebraucht v. Rad den Begriff der ›Spiritualisierung‹? Er sieht den Vorgang der neuen Aneignung als eine »Verinnerlichung«[83], »Vergeistigung des Gottesverhältnisses«[84], als einen Rückgang auf das »Innerliche und Persönliche«[85].

Erst recht für die Zeit nach der Zerstörung des Tempels spricht die Forschung fast einmütig davon, dass die Opfer (nur) »spiritualisiert [...] ihre Symbolkraft« behalten hätten.[86] Richtig ist an dem Begriff der ›Spiritualisierung‹ natürlich, dass die konkret-materiellen ›Opfer‹ im Tempel mit dem Begriff nicht mehr bezeichnet werden können. Der Nachteil des Begriffs liegt m. E. aber in der Einseitigkeit seiner Richtungsangabe hin zum Geistigen, Abstrakten und angeblich eigentlich Gemeinten. Hermeneutisch gründet die Rede von der Spiritualisierung somit in der Unterscheidung von ›Form‹ und ›Inhalt‹, die gleichzeitig immer die Höhergewichtung des Inhalts gegenüber der Form impliziert: Man habe – schon im ›Alten Testament‹, dann erst recht nach 70 n. Chr. – den eigentlichen Inhalt erkannt; die äußere Form sei demgegenüber dann marginal geworden.

Auch im Judentum begegnet ein solches Denken, besonders im reformorientierten Judentum des 19. Jahrhunderts.

---

82 Vgl. v. Rad, Theologie [oben Anm. 17], 409; v. Rad bezieht sich dabei auf einige Psalmen (vgl. ebd, 416), aber auch auf das Buch Dtn (vgl. ebda, 241).

83 v. Rad, a. a. O., 409.416.

84 v. Rad, a. a. O., 416.

85 v. Rad, a. a. O., 409. Letztlich kommt auch Hans Jürgen Hermisson (Sprache und Ritus im altisraelitischen Kult. Zur ›Spiritualisierung‹ der Kultbegriffe im Alten Testament, Neukirchen-Vluyn 1965 (= WMANT 19)), der den Begriff der Spiritualisierung weiterführend betrachtet, zu ähnlichen Bestimmungen. Allerdings spezifiziert er diese insofern, als er sie (der theologischen ›Mode‹ seiner Zeit durchaus entsprechend) sprachtheologisch expliziert: »Die Spiritualisierung begegnet dem Kultus ausschließlich auf der Ebene der Sprache [...]« (ebd, 76). Damit sei der Kultus in seinem ›eigentlichen Sinn‹ (vgl. ebd) erkannt, das Opfer ›entdinglicht‹ (vgl. ebd, 60–64), die ›geistigen Gegenstände‹ (vgl. ebd, 155) kämen ans Licht.

86 Seebaß, Art. Opfer [oben Anm. 11], 264.

So führt etwa Siegmund Maybaum im Jahr 1880 aus, dass es im Verhältnis von Priestertum und Prophetentum irgendwann im alten Israel gelungen sei, den ›Gedanken‹ (als das Eigentliche!) von der ›Form‹ zu befreien, also: das Priestertum durch das Prophetentum zu ersetzen.[87]

Für das rabbinische Judentum lässt sich eine solche ›Vergeistigung‹ aber nicht wahrnehmen. Dies wird schon daran deutlich, dass Jerusalem, die konkrete Stadt, der konkrete Tempel auch nach 70 n. Chr. bleibend von Bedeutung sind. Ich illustriere dies kurz anhand einer Diskussion aus dem Midrasch zum Buch Exodus über die Frage, ob die göttliche Einwohnung (die Schechina) auch nach der Zerstörung des Tempels noch in Jerusalem vermutet werden dürfe[88]:

> Rabbi Schmuel bar Nachman meint: Die Schechina sei nun ›gen Himmel‹ gezogen. Mit dieser Position erntet er Widerspruch. Z. B. von Rabbi Elasar: Die Schechina habe sich nicht aus dem Tempel bewegt, wie sie sich noch nie von dort weg bewegte. U. a. kann Rabbi Elasar auf den Perserkönig Kyrus verweisen, der – obwohl der Tempel in Jerusalem zerstört ist – von dem Gott Israels als von dem Gott spricht, der ›in Jerusalem ist‹ (Esra 1,3). Und Rabbi Acha konkretisiert sogar noch: Auf ewig bewege sich die Schechina nicht von der Westmauer, den nach der Zerstörung des Tempels übrig gebliebenen letzten Steinen, weg.

---

87 Vgl. S. Maybaum, Die Entwicklung des altisraelitischen Priesterthums. Ein Beitrag zur Kritik der mittleren Bücher des Pentateuchs, Breslau 1880, 125 f. – Nur anmerken kann ich hier, dass Ansätze zur ›Spiritualisierung‹ im Judentum keineswegs erst im 19. Jh. aufgetreten sind. Rothkoff unterscheidet in seinem Artikel zum ›Opfer‹ drei verschiedene Wege, eine ›spiritual meaning‹ der Opfer zu finden: Zunächst einen symbolischen Weg, der sich schon bei Philo zeige, dann einen juridischen Weg, der etwa durch Ibn-Esra vertreten wurde, und schließlich einen rationalen Weg, den etwa Maimonides beschritt (vgl. Rothkoff, Art. Sacrifice [oben Anm. 21], 613 f.). Ergänzt werden müsste hier noch ein *vierter*, nämlich mystischer Weg, für den vor allem die Kabbala steht (vgl. dazu J. Dan, Art. Sacrifice. In the Kabbalah, in: EJ 14 (1971), 615 f.; Stemberger, Art. Opfer [oben Anm. 18], 269).

88 Vgl. zum Folgenden: Midrasch Schemot Rabba, II,2 (zu Ex 3) und vgl. zur Bedeutung des Jerusalemer Tempels im spirituellen jüdischen Leben: J. D. Levenson, The Jerusalem Temple in Devotional and Visionary Experience, in: Jewish Spirituality, Band 1: From the Bible through the Middle Ages, hg. v. A. Green, London 1986 (= WoSp 13), 32–61.

> Sein biblischer Beleg stammt aus dem Hohenlied (2,9): »Mein Freund [...] steht hinter unsrer Wand« – Gott ist also wie der angeredete Geliebte im Hohenlied gegenwärtig, gleich hinter den Steinen der Klagemauer.

Die Bedeutung des Konkreten zeigt sich aber nicht nur an der Bedeutung Jerusalems, des Tempelbergs und der Klagemauer, sie wird auch dadurch deutlich, dass nach 70 n. Chr. Gebet, Toralektüre und Mizwot in den Deutungsbereich des Opfers eintreten. Bei diesen drei Handlungen geht es – wie beim ›Opfer‹ – um wahrnehmbare, keinesfalls rein geistige Handlungen. Treffender müsste daher m. E. nicht von einer Spiritualisierung des Opfers nach 70 n. Chr. gesprochen werden, sondern davon, dass in den vorgegebenen Deuteraum des ›Opfers‹ nun andere, nicht minder konkrete Vollzüge eintraten bzw. die Spiritualität des Opfers (neu) wahrgenommen wurde.

Der Begriff der ›Spiritualität‹ wurde – vor allem gegen Ende des vergangenen Jahrhunderts – viel strapaziert. Martin Nicol verbindet »Gestaltungen des Glaubens« mit diesem Begriff[89] und lehnt sich dabei an Manfred Seitz an, der die Perspektive einer Spiritualität als ›Gestaltseite des Glaubens‹[90] andeutete. Eine ›Gestaltung‹ jüdischen Glaubens durch das Opfer am Tempel war nach der Zerstörung des Tempels nicht mehr möglich. Jüdischer Glaube zog sich nun aber keineswegs in die Dimension gestaltloser ›Geistigkeit‹ zurück, sondern entwickelte bereits vorhandene Gestaltungen des Glaubens weiter und ordnete sie in den Deuteraum des Opfers ein. Ich sehe darin Anregungen auch für die »Gestaltungsaufgabe« christlichen Lebens in der »Diesseitigkeit« der Welt[91], die ich in Form einer Grammatik der Spiritualität des Opfers zusammenfasse.

---

89 Vgl. M. Nicol, Grundwissen Praktische Theologie. Ein Arbeitsbuch, Stuttgart/Berlin/Köln 2000, 209.

90 Vgl. M. Seitz, Evangelische Spiritualität – den Glauben leben, in: Verhandlungen der Landessynode der Evang.-Luth. Kirche in Bayern, Tagung in Rothenburg o. d. T., 17.–22. April 1994, 22–28.

91 M. Josuttis, Die Einführung in das Leben. Pastoraltheologie zwischen Phänomenologie und Spiritualität, Gütersloh 1996, 152, vgl. das Kapitel »Die Heiligung« (152–170).

2. *Die Grammatik einer Spiritualität des Opfers*

Drei ineinander verzahnte Aspekte erkenne ich, die diese Grammatik bestimmen:

- Die Spiritualität des Opfers ist geprägt von einem Ineinander: die Aktivität einer Marta, die dem Herrn dient und sich dabei viel zu schaffen macht, und die Gelassenheit einer Maria, die sich zu Füßen des Herrn niederlässt,[92] finden zusammen. Der Mensch handelt. Er tut dies aber nicht mit dem Ziel, sich einen Weg zu Gott zu bahnen (do ut des). Und auch nicht, weil er antworten muss, auf Gottes Handeln an ihm (do quia dedisti). Er handelt vielmehr in dem Raum, den Gott ihm eröffnet und auf dem die Verheißung der Nahung liegt (des et do). Im Betreten dieses Raumes wird der Mensch aktiv. Passivität und Aktivität kommen so zusammen – im Gebet, in der Lektüre der Schrift, im Tun der Mizwot. Als entscheidende Voraussetzung dieses Handelns erscheint, dass es nicht auf ein Ziel jenseits seiner selbst blickt, dass der Handelnde nicht etwas erreichen will, sondern dass in dem Handeln die Möglichkeit liegt, dass Gottes Handeln ihn erreicht. Cooperatio von Gott und Mensch: die Spiritualität des Opfers – *eine kooperative Spiritualität.*
- Die Spiritualität des Opfers lebt von Gottes zuvorkommender Aktivität, lebt davon, dass Gott selbst den Raum eröffnet. Im Blick auf das Opfer im Tempel galt das ganz konkret: Gott selbst ist es, der das ansonsten im Tanach streng geschützte Blut konzediert und nur für den Bereich des Opferhandelns menschlichen Umgang damit zulässt: »Denn des Leibes Leben ist im Blut, und ich habe es euch für den Altar gegeben …« (Lev 17,11[93]). Kein Mensch – so die kritische Pointe dieser Opfertora – ist berechtigt, von sich aus Blut zu vergießen. Und so hat die Spiritualität des Opfers eine kritische Komponente: Sie wehrt sich ge-

92 Vgl. Lk 10,38–42.

93 Vgl. zu dieser Stelle auch Willi-Plein, Opfer im Alten Testament [oben Anm. 7], 50.

gen jede Vereinnahmung und Festlegung durch den Menschen, denn dies würde sie aus der Lebendigkeit der Beziehung, aus der Dynamik der Heiligung herauslösen. Sie lebt umgekehrt davon, dass ihr Weg immer wieder und immer neu gesucht wird im Hören der Worte der Schrift und im Eingehen auf sie. Die Spiritualität des Opfers – *eine kritische Spiritualität.*

- Der kritische Aspekt kann auch positiv formuliert werden: Die Spiritualität des Opfers lebt in einer doppelten Erwartung: Einerseits kann sie erwarten, dass auf dem Weg der ›Nahung‹ punktuell Nähe erfahren wird, Nähe zwischen dem heiligen Gott und dem Menschen. Im Blick auf das Lernen und Lesen der Tora fand die jüdisch-mittelalterlich-mystische Strömung der Kabbala ein Bild für die Erwartung des Tora-Lernenden: Er sei wie der, der täglich das Haus umkreist, in dem sich die Prinzessin Tora aufhält. Gelegentlich geschieht es: Die Prinzessin winkt ihm zu – und kehrt dann sofort wieder an ihren Ort zurück und verbirgt sich.[94] Punktuell ereignet sich Nähe.

  Der zweite Aspekt der Erwartung reicht weiter, greift über das punktuelle Ereignis hinaus, lebt in der Erwartung des Tages, an dem Gottes Heiligkeit die ganze Welt durchdringen werde. U. a. die Vision aus dem 14. Kapitel des Sacharjabuches bringt diese Erwartung zur Sprache: Es wird der Tag kommen, an dem der Herr einzig sein wird (vgl. V. 9). Dann wird es keinen Unterschied mehr geben zwischen heilig und profan, dann wird Gott nah sein, und alles wird voll sein von Gottes Heiligkeit, sogar die alltäglichsten Dinge, sogar die Kochtöpfe in Jerusalem und Juda (vgl. V. 20 f.[95]). Die Spiritualität des Opfers – *eine erwartungsvolle Spiritualität.*

94 Vgl. A. Sh. Bruckstein, Die Maske des Moses. Studien zur jüdischen Hermeneutik, Wien 2001, »Prinzessin Tora, Schwester, Braut. Zur Ontologie des Geschlechts im jüngsten Diskurs über die kabbalistische Literatur«, 113–135.

95 Vgl. dazu auch Willi-Plein, Opfer und Kult [oben Anm. 7], 158 und v. Rad, Theologie des alten Testaments [oben Anm. 17], 292.

Opfer – im Hören auf jüdische Stimmen entdecke ich Anregungen in liturgischer, hermeneutischer und ethischer Perspektive, finde ich Andeutungen einer kooperativen, kritischen und erwartungsvollen Spiritualität des Opfers. Seitdem die Monographie René Girards (Das Heilige und die Gewalt) erschien, wird versucht, kulturtheoretisch die Brisanz und Notwendigkeit des Redens vom ›Opfer‹ aufzuweisen.[96] Dem Sündenbockmotiv und der Frage nach dem Umgang mit Aggression und Gewalt kommt dabei entscheidende Bedeutung zu. Demgegenüber könnte die Brisanz der hier angedeuteten Sprache vom ›Opfer‹ darin liegen, die Frage nach der Heiligung des Lebens in der Welt im Kontext der Weltwirklichkeit des heiligen Gottes wachzuhalten.

Wird dadurch – so frage ich abschließend – auch neues Licht geworfen auf jene Felder, in denen christliche Theologie ›klassisch‹ Opferterminologie verwendet? Zur Deutung des Todes Jesu einerseits und des Abendmahls andererseits? Ich meine: ja, kann aber Richtungen einer Antwort hier nur andeuten:
Der Tod Jesu könnte als ›heilige Handlung‹ im Kontext der ›Nahung‹ von Gott und Welt gelesen werden: Keineswegs ›braucht‹ ein blutrünstiger Gott den gewaltsamen Tod als Voraussetzung der Sühne[97]; Gott eröffnet aber in diesem Tod denen, die »Fremde außerhalb des Bundes der Verheißung« (Eph 2,12) waren, den Heiden, Gemeinschaft mit ihm. Und das Abendmahl in der Deutekategorie des Opfers wäre kein (traurig-nachdenkliches) Erinnerungsmahl an den Sühnetod Jesu, sondern ein Handeln, auf dessen Vollzug die Verheißung der ›Nahung‹ und die Erwartung der Nähe, der Begegnung von Gott und feiernder menschlicher Gemeinschaft liegt.[98]

---

96 Vgl. R. Girard, Das Heilige und die Gewalt, aus dem Französischen von E. Mainberger-Ruh, Zürich 1987 und vgl. zur Diskussion: Das Opfer – aktuelle Kontroversen. Religions-politischer Diskurs im Kontext der mimetischen Theorie. Deutsch-italienische Fachtagung der Guardini-Stiftung in der Villa Vigoni 18.–22. Oktober 1999, hg. v. B. Dieckmann, Münster/Hamburg/London 2001 (= Beiträge zur mimetischen Theorie 12).

97 Vgl. zur Problematik der Deutung des Todes Jesu als Opfer I. U. Dalferth, Art. Opfer VI. Dogmatik, in: TRE 25 (1995), 286–293, hier v. a. 289.

98 Diese Deutung läge auf einer völlig anderen Linie als die vor allem auf

Nachdem die Opfer im Tempel nach 70 n. Chr. nicht mehr möglich waren, wurde die Spiritualität des Opfers im rabbinischen Judentum neu wahrgenommen. So fanden Gebet, Lernen der Tora und Tun der Mizwot ihren Ort im Deutehorizont und Lebensraum des ›Opfers als Nahung‹. Ich ging aus von der Vielfalt unterschiedlicher Konnotationen, die den Opferbegriff bestimmen. Zu dieser Vielfalt tritt mit ›Opfer als Nahung‹ eine weitere hinzu und fordert dazu heraus, diesen Faden des Dialogs aus dem Judentum aufzunehmen, ihn liturgisch, hermeneutisch und ethisch weiterzuspinnen und – so meine Hoffnung – das ›Opfer‹ auch im Christentum neu zu entdecken.

---

das *aggressive* Potenzial des Opfers rekurrierende Deutung, die am Deutlichsten Manfred Josuttis vertrat (Der Weg in das Leben. Eine Einführung in den Gottesdienst auf verhaltenswissenschaftlicher Grundlage, München 1991, 260–297, bes. 260–264 und 279–284).

Erlösung im Diesseits

Selbsterlösung und Fremderlösung

Michael N. Ebertz

I.

»Erlösung« oder »Erlöst!«? – auf dieses Wort stößt man außer in der Welt der Comics (Spider-Man; Jade; Cromson) heute vor allem noch in Sprüchen und Spruchvariationen von Todesanzeigen:

- »In Stille erlöst«;
- »Wenn die Kraft zu Ende geht, war's kein Sterben, war's Erlösung«;
- »Wenn die Kraft zu Ende geht, ist Erlösung eine Gnade«.

Aus der kontextuellen Platzierung unseres Wortes zu schließen, ist damit gewiss nicht an den biblisch-christlichen bzw. theologisch-soteriologischen Sinn gedacht, auch wenn solche Sprüche Kirchenmitglieder – synkretistisch – montieren (lassen), was weitere Informationen der Todesanzeigen (etwa der Verweis auf ein »Seelenamt«) indizieren. »Erlösung« erhält hier die Bedeutung der herbeigesehnten, endlich eingetroffenen Befreiung von Krankheiten, körperlichen oder seelischen Qualen durch den Tod. »Erlösung« meint dabei »Befreiung von ...«, ohne Hinweis auf »Befreiung zu ...« – und auch ohne Hinweis auf einen außerweltlichen Zustand erreichter oder erhoffter Freiheit oder Seligkeit.[1] In diesem

1 Vgl. hierzu die religionsgeschichtliche Definition von I. Höhn (in: Wörterbuch des Christentums, Gütersloh/Zürich 1988, 302–304, hier 302): »Erlösung ist der Vorgang der ›Befreiung‹ aus einem existentiellen Notstand zu einem Zustand ersehnter Freiheit.«

somit verkürzten und verdiesseitigten Erlösungsbegriff wird der Tod selbst zum »Erlöser«, der keiner weiteren Erlösung mehr bedarf. Aus einem zentralen Objekt der Erlösung (nicht nur) der christlichen Tradition (»Erlösung vom Sünden-Tod«; Erlösung aus der Sünden- und Todesverfallenheit durch die Verheißung der Auferweckung aus allen Gestalten des Todes) ist ein »Subjekt« geworden, freilich eines ohne Verheißungshorizont, Charisma und charismatische Vorbildwirkung – weder Retter noch Heiland, nur noch »Abbrecher«. Wie neuere volkskundliche Studien zeigen, wird inzwischen in Beerdigungsansprachen der Tod als ideal geschildert, »der dem Bewußtsein der Sterbenden entzogen ist, d. h. der ohne Ankündigung plötzlich und möglichst unbemerkt, z. B. im Schlaf, das Leben beendet«. Seine positive Konnotation beziehe der Tod »nicht mehr so sehr aus der Verheißung des Jenseitigen, ... sondern eher aus seinem konkreten Zusammenhang mit der letzten Lebensphase«.[2] Der dem Bewusstsein entzogene »plötzliche Tod«, früher Menetekel jeder – katholischen – eschatologischen Predigt, erhält heute ein positives Vorzeichen, wird zum »guten Tod«, ja zum Hit in den Sterbewunschlisten der Zeitgenossen. Dabei gehen sie vermutlich von der Wahrscheinlichkeit aus, dass in der – sozial- und gesundheitsstaatlich verlängerten – Altersphase die Lust-Unlust-Bilanz des Lebens negativ und dieses zum »Abfall«[3] wird.

Wenn der Tod selbst zum Erlöser wird, wird der traditionellen christlichen Heils- und Erlösungsbotschaft, ja den Kirchen überhaupt, ein erheblicher Teil ihrer gesellschaftlichen Plausibilitätsbasis, gewissermaßen der Resonanzboden entzogen, zumal sich die christliche Deutung des Todes sowohl inter- als auch intrakonfessionell keines Konsenses mehr erfreut und selbst innerhalb der römisch-katholischen

---

2 I. Spieker/G. Schwibbe, »... dass der Tod nicht das letzte Wort hat«. Beerdigungsansprachen als kulturwissenschaftliche Quelle, in: C. Lipp (Hg.), Medien popularer Kultur. Frankfurt/New York 1995, 98–116, hier 113; vgl. auch U. Roth, Die Beerdigungsansprache. Argumente gegen den Tod im Kontext der modernen Gesellschaft, Gütersloh 2002.

3 Siehe H. Baier, Schmutz. Über Abfälle in der Zivilisation Europas. Konstanz 1991.

Kirche an Konturen, an Eindeutigkeiten verloren hat. So verweist etwa Karl Dienst auf »manche Schwierigkeiten der alten eschatologischen Vorstellungswelt« und fragt, ob es »nicht theologisch an der Zeit sei, diese Vorstellungen zu überwinden, ohne zum Beispiel in Karl Barths Aporien zu geraten«, der »die individuelle Auferstehung der Toten negiert« habe.[4] Und Karl Dienst fährt im Verweis auf die benachbarte Konfession fort: »Römisch-katholische Theologie vertritt heute mehrheitlich nicht mehr das (neu)scholastische Modell, das aber weiterhin in der Frömmigkeitspraxis (Totenmessen, Ablass) eine Rolle spielt.« Diese Fremd- und Selbstrelativierungen der christlichen Eschatologie können durch katholisch-fundamentalistische Gruppierungen auch noch dadurch gesteigert werden, dass Maria als »Miterlöserin« postuliert wird, ihr also eine konstitutive soteriologische und eschatologische Bedeutung zugeschrieben wird – mit der unverkennbaren Tendenz, nicht Christus, sondern sie als die Protagonistin der Heilsgeschichte zu propagieren: Mit Maria habe das Heil der Welt begonnen, durch sie werde es auch vollendet.[5] Angesichts der Relativierung der überkommenen christlichen Erlösungs- und Heilslehren, angesichts aber auch des Zerfalls der kollektiven innerweltlichen Erlösungsprojekte im Gefolge des historischen Scheiterns der sozialistischen Großexperimente hat es den Anschein, dass die Idee des »Todes als Erlöser« noch als (individualistische) Residualform aller Varianten von Verheißungen *innerweltlicher*, *endgültiger – auto-* oder *heterosoterischer*[6] – Erlösung verbleibt, eine Schrumpfform, die an Banalität und Trivialität kaum mehr zu überbieten ist.

---

4 K. Dienst, Der Tod in christlicher Sicht, in: IBW-Journal 2001, H. 6, 3–10, hier und das nächste Zitat 5 f. und 8; vgl. T. Koch, »Auferstehung der Toten«, in: K. Stock (Hg.), Die Zukunft der Erlösung: zur neueren Diskussion um die Eschatologie, Gütersloh 1994, 88–107.

5 S. detailliert M. N. Ebertz, Heilige Reste und ihr Eigensinn. Protestantische und katholische Apokalyptiker, in: Ders. und R. Zwick (Hg.), Jüngste Tage. Die Gegenwart der Apokalyptik, Freiburg 1999, 120–149, bes. 141 ff.

6 Autosoterik = Selbsterlösung; Heterosoterik = Fremderlösung; Anmerkung des Herausgebers.

II.

Während die überkommenen außer- und innerweltlichen Erlösungserzählungen an gesellschaftlicher Plausibilität verlieren, scheint das individuelle diesseitige Leben für immer mehr Menschen zur letzten Erlösungsgelegenheit zu werden. Dementsprechend gewinnen *innerweltliche* Erlösungsangebote an Bedeutung, die nicht auf endgültige, sondern auf *transitorische* Erlösung zielen und eher *autosoterischen* oder eher *heterosoterischen* Charakter zeigen, wobei sich – wie in den endgültigen Erlösungsangeboten der großen Religionen – die Trennung von heterosoterischem und autosoterischem Charakter nicht immer rein durchführen lässt. In diesem Zusammenhang gesehen scheint es kein Zufall zu sein, dass religiös Nichtorganisierte (in Westdeutschland) ein überdurchschnittlich hohes Kunstinteresse zeigen,[7] was bereits in kirchlichen Bildungseinrichtungen die Frage entstehen ließ, ob nicht in der Kunst mehr religiös »Authentisches stattfindet als in den theologisch-kirchlichen Vermittlungen« bzw. wesentliche existenzielle Fragen »inzwischen woanders – außerhalb der Kirchenmauern – behandelt werden«.[8] Dies dürfte übrigens auch für das Kino bzw. die regelmäßigen Kinobesucher gelten, unter denen bereits in den 1950er Jahren ein signifikant höherer Anteil an Konfessionslosen, aber auch an seltenen Kirchgängern ausgemacht wurde.[9] Kunst kann, wie schon Max Weber mit philosophischen Zeitgenossen (z. B. Schopenhauer; Nietzsche; auch Wagner) gesehen hat, »die Funktion einer ... innerweltlichen *Erlösung*« übernehmen: »vom Alltag und, vor allem, auch von dem zunehmenden Druck des theoretischen und praktischen Rationa-

7 Siehe A. Mertin, Ars ante portas? Skeptische Erwägungen zur Kunstvermittlung in der Kirche, in: Kunst und Kirche 1991, H. 3, 190–191.

8 H. Schwebel, Statement, in: Die Kunst und die Botschaft. Über die Künste, die Religion und die Kirche, Loccum 1992, 65 f.

9 S. E. Reigrotzki, Soziale Verflechtungen in der Bundesrepublik Deutschland, Tübingen 1956, 234 ff.; vgl. I. Kirsner, Religiosität im Alltag: Beispiel Kino, in: W. Greive/I. Lukatis (Hg.), Suche nach einer Sprache für mein Leben. Zum Umgang mit der Vielfalt gegenwärtiger Religiosität, Loccum, 66–74.

lismus«. Mit einem solchen Anspruch aber trete »diese innerweltliche irrationale Erlösung« – nicht zuletzt in der »Musik als Mittel der Ekstase« – in »direkte Konkurrenz zur Erlösungsreligion«, welche ihrerseits gegen das »verantwortungslose Genießen« und die damit verbundene »geheime Lieblosigkeit« moralisiert.[10] Wie Joachim Wach im Anschluss an Max Weber ausgeführt hat,[11] vertreten explizite Religionen wie die christlichen Kirchen, Freikirchen und Sekten Vorstellungen von einer »endgültigen Erlösung«, die den Tod mit einschließen, und verwerfen von daher auch den in der Kunst potenziell liegenden Gedanken sowohl der »transitorischen Erlösung in der Zeit und auf Zeit« als auch der »autosoterischen Erlösung«, der »jede personale Gottesvorstellung überflüssig macht« und weder eines religiösen Mittlers noch eines generalisierbaren kanonischen Wissens bedarf: »Die heterosoterische Anschauung kann zu einer regelrechten Norm, zur Lehre werden, denn sie kennt *einen* Weg für *alle*, für die Selbsterlösung im strengeren Sinne kann es keine bündige Anweisung, keine Lehre geben, denn nur der Mensch selbst und niemand vor und nach ihm kann den einen Weg kennen, der ihn zur Erlösung führt ... Der Gedanke der Selbsterlösung ist gegründet in der Überzeugung von der Einmaligkeit und Ausschließlichkeit der Individualität.« Die Wahlverwandtschaft von Kunstästhetik als *transitorischer* und *autosoterischer* innerweltlicher ›Erlösungsreligion‹ einerseits und Konfessionslosigkeit andererseits tritt nicht zuletzt darin zutage, dass die religiös Nichtorganisierten im Vergleich mit Kirchenmitgliedern den Lebensbereichen Freizeit und Erholung sowie Freiheits-, Selbstständigkeits- und Autonomiewerten höchste Priorität einräumen, das Leben vorwiegend als Teil der Natur deuten und am stärksten dazu tendieren, Gottesvorstellungen oder die Existenz eines höheren Wesens zu negieren.[12] Auch die Stilisie-

10 M. Weber, Gesammelte Aufsätze zur Religionssoziologie, Band I, 4. Auflage, Tübingen 1947, 554 f.

11 J. Wach, Der Erlösungsgedanke und seine Deutung, Leipzig 1922, 74, 77, 99.

12 Siehe I. Lukatis/W. Lukatis, Protestanten, Katholiken und Nicht-Kir-

rung moderner Künstler zu »Vorkämpfern einer Erlösung von den Verirrungen der Geschichte«[13] steht ebenso dafür wie die Verheißung von Bekleidungskonzernen, deren Marke »das ekstatische Gefühl des Sieges bereithält«. So führt Nike »in die Welt hinein, nicht aus ihr hinaus. Sie verspricht ein transzendentes Nirwana, dessen Offenbarung von der eigenen Kraft abhängt. Es handelt sich nicht mehr nur um self-fashioning, sondern um Selbsterlösung«.[14]

Dass »Erlösungshoffnungen ... Teil von Heftroman-Erzählungen sind« und die »Heldenfiguren der Romane« auch als »Heilsträger« auftreten, konnte Karl-Fritz Daiber in einer materialreichen Studie zeigen: Sie »leiden stellvertretend für andere, sie trösten und sie realisieren die Erlösungshoffnungen«, die sich auf innerweltliche – transitorische – Zustände beziehen: »erfüllte Liebe, geglückte zwischenmenschliche Beziehungen, Sieg der Gerechtigkeit, Heimat als vertraute Welt«[15] – freilich auch hier in der »Einsamkeit des Lektürevorgangs«. Dabei werden neue Formen der tröstlichen Daseinsinterpretation vermittelt und – auch und gerade für untere Bildungsschichten, aber immerhin lesebereite Menschen – Bedarfe nach einem »erlebensorientierten Umgang mit Lebensproblemen« befriedigt, wofür die »Rationalität der Großkirchen« mit ihrem vorherrschend »lehrorientierten« Umgang mit solchen Lebensproblemen kaum Resonanz biete. Es scheint nicht von ungefähr zu kommen, dass Arzt- und

---

chenmitglieder. Ein Vergleich ihrer Wert- und Orientierungsmuster, in: K.-F. Daiber (Hg.), Religion und Konfession. Studie zu politischen, ethischen und religiösen Einstellungen von Katholiken, Protestanten und Konfessionslosen in der Bundesrepublik Deutschland und in den Niederlanden, Hannover 1989, 17–71.

13 H. Zitko, Die Resistenz des Charisma. Zu den Rollenbildern des Künstlers in der Moderne, in: R. Faber/V. Krech (Hg.), Kunst und Religion im 20. Jahrhundert, Würzburg 2001, 19–34, hier 24.

14 M. Sellmann, Bekleidung als Bekenntnis. Kleine Anatomie der Nike-Religion, in: Ders. (Hg.), Mode. Die Verzauberung des Körpers. Über die Verbindung von Mode und Religion, Mönchengladbach 2002, 51–68.

15 K.-F. Daiber, Religion in deutschen Heftromanen, in: Österreichische Zeitschrift für Soziologie 11, 1986, 80–93, hier 88.

Schicksalsromane bis hin zu Science-fiction und Fantasy-TV mit Happy-End-Charakter signifikant stärker das Interesse der ostdeutschen (als der westdeutschen) Bevölkerung auf sich ziehen.[16]

Vieles spricht in der Tat dafür, dass – um eine für die jüngeren Generationen näher liegende ästhetische Praxis anzusprechen – Erlösungsthemen auch in die medienvermittelte Popkultur ausgewandert sind, zumal sich die unter ihnen am stärksten verbreiteten Merkmale des autozentrischen Souveränitätswillens, der Selektions-, Such- und Synkretismusneigung in religiösen Fragen dort dichter Ausdruck verschaffen als in den Kirchen, die sich auch noch in anderer Hinsicht gegenüber der Ästhetik und anderen zentralen Momenten der zeitgenössischen Jugendkultur (›Sexualität‹, ›Spontaneität‹, ›Spannung‹) verschließen. Die Erlösungs-Dimensionen der »Bravo« reichen, um ein weiteres Beispiel zu nennen, »von Reportagen über religiöse Lebenseinstellungen von Popmusikern bis zum Aufbauen von Stars zu Heilsträgern, die ... mit Engeln oder Jesus verglichen und zum Typus des ›Leidenden Gerechten‹ stilisiert werden«.[17] Auch in anderen Zeitschriften ist – Inhaltsanalysen zufolge – »Religion ›auf Schritt und Tritt‹ zu finden, und zwar im Kontext thematischer Felder wie Sexualität, Popkultur, Arbeitswelt und Politik. Dabei lassen sich Formen von Religion, die Letztangehendes jenseits ihres kulturell eingeschliffenen Diskurses thematisieren, besonders in biografischen und ästhetischen Zusammenhängen ausmachen«, und es fällt auf, »dass Zeitschriften Religion in Korrespondenz zum christlichen Festkalender thematisieren«.[18] Die Herausgeber eines Buches mit detaillierten Untersuchungen der »Facetten von Religion in deutschen Zeitschriften« (so der Untertitel) gelangen zu folgendem Schluss: »Nach dem Zerfall der traditionellen Erziehungsmächte eröffnen Zeitschriften als Sozialisations-

16 Arbeitsgruppe Sozialberichterstattung, Trend und Tradition, in: WZB-Mitteilungen 64, 1994, 43–46, hier 45.

17 L. Friedrichs/M. Vogt, Sichtbares und Unsichtbares. Facetten von Religion in deutschen Zeitschriften, Würzburg 1996, 304.

18 Ebd. 1996, 304, 306.

agenturen für ihre Leserinnen und Leser einen Horizont existentieller Betroffenheit. Fragen nach Sinn und Identität werden in Form von Autonomie, Individualität, Emanzipation etc. thematisiert und auf verschiedenen Ebenen bearbeitbar. Grundlegend ... auf der Ebene des Rituellen in Form der Zeitschriftenlektüre, dann auf der Ebene des Kognitiv-Rationalen als Aspekt des religiösen Wissens: Religiöse Traditionen erscheinen als Material eigener Identitätskonstruktion. Der emotional-expressive Bereich des religiösen Erlebens wird von Zeitschriften insofern übernommen, als sie Ängste, Krisen und deren Überwindung symbolisch repräsentieren.«[19] Die Übergänge und Grenzziehungen zwischen dem – ehemals kirchlich eingehegten – religiösen Feld und den anderen Feldern scheinen zu verschwimmen, insbesondere zu dem der Kunst sowie der Trivial- und Popkultur, vor allem auch zur Pop-Musik hin: Bei den Auftritten der Rockinterpreten Prince oder Madonna, so etwa Albrecht,[20] wird das Rockkonzert zur »Liturgie«, die »Halle rockt. ›Es‹ ist da, das ›feeling‹. Die Erlösung, die Enthebung, das große Vergessen ...«. Hier erscheint »Religiöses ... nicht etwa als bloßes Beiwerk massenmedialer Sexualität, mediale Sexualität ist hier Religion.« Religion und Sexualität, »in der Geschichte des Christentums sorgsam getrennt – hier sind sie eine vitale, berauschende neue Verbindung eingegangen«. »Religion ... ist keineswegs entbehrliche Zutat, sondern das Herz des Ganzen«: Religion, die ungeniert auch »nach den zentralen Symbolen christlichen Glaubens greift«. Während einschlägige christliche Kreise nach den zentralen Symbolen der modernen Werbung greifen und z. B. auf einer virtuellen Lila-Milka-Schokoladentafel werben für »Christus – Die zarteste Erlösung, seit es die Versuchung gibt«, plündern umgekehrt innerweltliche Erlösungsangebote die christliche Erlösungssymbolik aus. Derb geht's zum Beispiel zu auf der Homepage einer Vereinigung, die sich »bierology« nennt

19 Ebd. 1996, 312.

20 H. Albrecht, Prince, Madonna, oder: Rock als Gottesdienst am Altar des Sexus, in: Ders., Religion der Massenmedien, Stuttgart/Berlin/Köln 1993, 17–34, hier 19, 23, 25.

und »an das Glück im Bier« glaubt, wie es in deren »Glaubensbekenntnis« heißt. Das »Vater unser« in der bierologischen Fassung lautet: »Bier unser, das du bist im Glase, gesegnet werde dein Brauer, dein Rausch komme, dein Wille geschehe, wie zu Hause als auch in der Kneipe. Unseren täglichen Durst gibt uns heute und vergib uns unsere Schuld, wie auch wir vergeben unseren Schuldnern. Und führe uns nicht in die Milchbar, sondern gib uns Kraft zum Weitersaufen. Denn dein ist der Suff, der Rausch und der Durst und die Benommenheit in Ewigkeit. Prost!«

Transitorische innerweltliche Erlösungsangebote – vom Alkoholrausch über den Lachclub und das Spiel bis zum Rauschgift, zur Samba-Sause im Tanzzug, zu Imaginationsfahrten über Bildschirm und Computer bis hin zur Traumhochzeit[21] – kommen freilich auch ohne solche blasphemischen Zitationen der überkommenen christlichen Erlösungssymbolik aus, und es ist kaum zu übersehen, dass in der modernen Gesellschaft zahlreiche Events[22] und »Glücksangebote in der Alltagswelt«[23] bereitstehen, die traditionelle *religiöse Sensibilität konsum- und sozialquietistisch herabzusetzen,* ja den Einzelnen vor allzu intensiven und extensiven religiösen Reflexionserfordernissen und –zumutungen über das »Erlöstsein zu ...« zu immunisieren. Erlebnisorientierung wird zu einer zentralen und zugleich zur »unmittelbarsten Form der Suche nach Glück und Sinn. Glück und Sinn werden nicht mehr für das Ganze, sondern in aneinandergereihten Einzelerlebnissen gesucht, über deren Qualität das Subjekt befindet. Sinn ist etwas Episodenhaftes. Nichts ist für die Ewigkeit ... ›Lebensabschnittsinn‹«.[24] Der Kauf-

---

21 S. J. Reichertz, Die Frohe Botschaft des Fernsehens. Kulturwissenschaftliche Untersuchung medialer Diesseitsreligion (= Passagen & Transzendenzen, 10), Konstanz 2000, bes. 131 ff.

22 S. W. Gebhardt/R. Hitzler/M. Pfadenhauer (Hg.), Events. Soziologie des Außergewöhnlichen, Opladen 2000.

23 A. Bellebaum, Glücksangebote in der Alltagswelt, in: Ders. (Hg.), Glück und Zufriedenheit. Ein Symposion, Opladen 1992, 209–220.

24 H.-J. Höhn, Erlebnisgesellschaft! – Erlebnisreligion. Die Sehnsucht nach dem frommen Kick, in: K. Hofmeister/L. Bauerochse (Hg.), Die

rausch in den Konsumzonen einer Großstadt-City, das Eintauchen in die Schallereignisse einer Disco, in die Körpervibrationserlebnisse eines Rock-Konzerts oder in die Meerestiefen auf einer Urlaubsreise, Urlaub überhaupt, die Wonnen in Center-Parcs, von Schlemmer- und von Kaffeefahrten, von Bier- und Weinfesten, das Feeling bei der Stimulation des eigenen oder des vergemeinschafteten Körpers in Sportarenen und Fitness-Centers, der Spaß in Casinos, Spielhallen, Fußballstadien und auf Autobahnen – die FAZ beschrieb einmal einen neuen BMW als »ein schönes Fest fürs Leben«: »Auch in diesem Auto ist nicht alle Tage Sonntag, aber fast immer Oktoberfest« –, die Amüsements in Bistros, Cafes, Bars und Kneipen, der selbstgenügsame Rückzug in den privaten Kokon einer veredelten und durchgestylten Wohnung (in die Körperkultkapellen der neuen Badezimmer) oder – trivialer – eines Schrebergartens, in die rustikale Wohnzimmergemütlichkeit zu den Fernsehhitparaden der Volksmusik, in die Erbaulichkeiten des kleinen, überschaubaren Familienidylls – oder radikaler – in die Auto-Affektion, also in die sich technisch diversifizierenden Möglichkeiten, sich allein an sich selbst zu erfreuen[25] – all dies und noch mehr erlöst auf Zeit vom »Leid der Spaltung«[26], das die moderne – strukturell, kulturell und individuell pluralisierte – Gesellschaft dem Einzelnen hochgradig zumutet, und befreit nicht selten vom Druck, sich Fragen nach dem Sinn des Lebens überhaupt zu stellen. Die Chancen zu solchen »Sinnstiftungen ohne Sinnsystem« (Rainer Döbert) sind heute größer denn je und machen das vielfältige Angebot an diesseitsbezogenem Lebensgenuss für die Kirchen nicht nur zum horizontalen Konkurrenten (um das Zeitbudget), sondern auch zum vertikalen Konkurrenten im Kampf um die Herzen und Seelen der Menschen: Das Leben zu genießen ist heute für

Zukunft der Religion. Spurensicherung an der Schwelle zum 21. Jahrhundert, Würzburg 1999, 11–22, bes. 15.

25 Vgl. J. Weiss, Beisichselbstsein. Über die deutsche Gemütlichkeit, in: Ders., Vernunft und Vernichtung. Zur Philosophie und Soziologie der Moderne, Opladen 1993, 185–195.

26 J. Wach, a. a. O., 101.

die Mehrheit der Bundesbürger zum zentralen Lebenszweck geworden. Indem Lebensberater, Sozialarbeiter, Ärzte, Lehrer für Gymnastik, Ausdruckstanz und fernöstliche Sportarten, Fußballspieler, Psychologen und Psychotherapeuten, Fernsehstars und -produzenten sowie Künstler mit dem geistlichen Amtsträger alten Schlags in Konkurrenz treten, tragen sie mit ihren kleinen Erlösungen dazu bei, die negative Lust-Unlust-Bilanz des Lebens hinauszuschieben, bis der »große Erlöser« erscheint oder aktiv herbeigeführt wird, ohne in ihm noch den »Boten Gottes« zu erkennen. Sind die flüchtigen – transitorischen – Erlösungen Illusionen oder sind sie Ausdruck der – mehr oder weniger aktiven – Unterbrechung bzw. Verneinung[27] der anonymen Gesellschaft, der alltäglichen Ohnmacht, der Desorientierung und Unübersichtlichkeit und zugleich Wahrung der – konturlos gewordenen – tieferen Sehnsüchte nach der heilen Gemeinschaft, nach Erhebung und Ermächtigung, nach dem Zuwendung und Vorbild gebenden Meister und nach einer erklärenden Lebensanschauung,[28] Sehnsüchte nach der vollendeten Erlösung, die den Tod mit einschließt, also danach, einmal doch ganz, wirklich ganz zu sein – heil?

27 Vgl. Wach, a. a. O., 101: »Der empirische Zusammenhang, der dieses Leid in sich birgt, ist unterbrochen, eine Zeit hindurch aufgehoben. Dieses Negative ist das eigentlich Entscheidende (...) die Verneinung ist ein Kennzeichen wie aller, so besonders dieses (transitorischen, MNE) Erlösungsgedankens.«

28 Vgl. M. Nüchtern, Dauerwelle Esoterik. Erkundungen im religiösen Zeitgeist, in: K. Hofmeister/L. Bauerochse (Hg.), Die Zukunft der Religion. Spurensicherung an der Schwelle zum 21. Jahrhundert, Würzburg 1999, 85–95, bes. 94.

»Dein Leben ist mir das meine wert.«

Erlösungsmythen in der *Fantasy*

Almuth Hammer

Attraktivität und Beliebtheit des Populärgenres *Fantasy*[1] haben in jüngster Zeit und nicht zuletzt aufgrund mehrerer Kino-Events noch zugenommen. Die – überdies etwa gleichzeitig präsentierten – Verfilmungen von J. R. R. Tolkiens genreprägendem Oeuvre *Der Herr der Ringe* und von J. K. Rowlings über Nacht zum Klassiker gewordenen *Harry Potter* sowie darüber hinaus die filmische Inszenierung der zweiten Trilogie von George Lucas' Mammut-Opus *Star Wars*[2] machten die ohnehin breit rezipierte Gattung einem

1 *Fantasy* als Genre umfasst nicht nur Literatur und Film, sondern auch Spielszenarien wie insbesondere Rollenspiele und anderes mehr. Spätestens seit den siebziger Jahren kann man daher nicht mehr nur von *Fantasy*-Literatur, sondern muss angemessener von einer breit gefächerten *Fantasy*-Kultur sprechen.

2 George Lucas' *Star Wars*-Tri- bzw. demnächst Hexalogie ist, anders als die zahlreichen Literaturverfilmungen wie *Der Herr der Ringe* und *Harry Potter,* von vornherein eine Leinwandproduktion gewesen; erst nach den Kinofilmen erschien *Star Wars* auch in Buchform. *Star Wars* arbeitet zwar mit einem *Science Fiction*-Setting, ist aber von der Handlungskonzeption und den charakteristischen Motivkomplexen her der *Fantasy* zuzurechnen. Dies belegt bereits der Vorspann in *Episode IV* (dem als erstem filmisch inszenierten Teil des *Star Wars*-Epos), der mit seinem typischen Märchenanfang die Handlung gerade nicht in die Zukunft, sondern in die Vergangenheit verlegt: »Vor langer Zeit in einer weit weit entfernten Galaxis« (G. Lucas, Krieg der Sterne (engl. Titel: A New Hope). Star Wars Episode IV, 1977, 20th Century Fox). Auch der weitgehende Verzicht auf die naturwissenschaftlich-technische Begründung außergewöhnlicher, vom rationalen Wirklichkeitszugriff her nicht erklärbarer Ereignisse zugunsten übernatürlicher Deutungen spricht für diese Einordnung. Für die neue Trilogie wäre dies allerdings von Neuem

noch größeren Publikum zugänglich. Dabei fällt, und dies lässt sich nicht nur für die der *Fantasy* zuzurechnenden, sondern allgemeiner für viele der jüngst produzierten großen Kino-Epen aussagen, ein zunehmendes Interesse an religiösen Themen auf. Insofern könnte man die Frage stellen, inwieweit sich der derzeitige Boom der *Fantasy* nicht auch diesem Interesse verdankt – oder mehr noch, ob nicht sogar eine Wechselwirkung besteht: Möglicherweise rufen die von der *Fantasy* vorgestellten Bearbeitungen dieser Themen die Faszination an solchen Problemkonstellationen und das Bedürfnis nach ebenjenen Lösungsstrategien zugleich auch hervor. Warum kommt *Fantasy* dieser Bedürfnislage so entgegen?

I. Zentrale Aspekte der *Fantasy*

In der *Fantasy*[3] findet die Handlung gewöhnlich in einer eigenständigen, in sich geschlossenen Welt statt, die von unserer Realität verschieden ist – sei es, dass ein eigener Weltentwurf vorliegt wie etwa in Tolkiens »Mittelerde«, sei es, dass *Fantasy*-Welt und reale Welt nebeneinander existieren und die Protagonisten von einer Welt in die andere wechseln, so z. B. in *Die Brüder Löwenherz*, oder aber dass es bleibende Bezüge zwischen beiden Welten gibt, wie das in *Harry Potter* oder *Krabat* der Fall ist. Die *Fantasy*-Welt folgt ihren eigenen Gesetzmäßigkeiten, die sich vielfach naturwissenschaft-

---

zu diskutieren. Davon abgesehen fällt eine zunehmende Vermischung (Hybridisierung) gerade von Populärgenres wie *Science Fiction* und *Fantasy* auf. So sind auch in die bekannteste Science Fiction-Serie *Star Trek*, insbesondere in die beiden jüngeren Serials *Deep Space Nine* und *Voyager,* immer wieder Elemente eingegangen, die der *Fantasy* zuzurechnen sind.

3 Zur Bestimmung des Genres vgl. A. Hammer/D. Schilken, Art. Fantasy, in: Metzler Lexikon Religion, Bd. 1, hg. v. Christoph Auffahrt u. a., Stuttgart 1999, S. 353–354; Dies., Art. Fantasy, in: Metzler Lexikon Religion, Bd. 4 Materialien, hg. v. C. Auffahrt u. a., Stuttgart 2002, S. 346–349. Eine erste umfassende Studie verfasste H. Pesch, Fantasy – Theorie und Geschichte einer literarischen Gattung, o. O. 1979.

lichen Erklärungsmustern entziehen oder verweigern: insbesondere Magie in ihren verschiedensten Formen nimmt meist eine wichtige Funktion ein. Die Eigenständigkeit dieser Gesetzmäßigkeiten geht in der Regel bis zur Ausbildung einer eigenen Kosmologie; oft wird den *Fantasy*-Welten sogar eine eigene Historie zugeschrieben: Tolkien etwa hat für Mittelerde nicht nur eigene Mythen und (Helden–)Sagen, sondern auch Sprachen und Schriften erfunden.

Im Zentrum der Handlung steht ein Held oder (seltener) eine Heldin, der bzw. die vor die fast unerfüllbare Aufgabe gestellt ist, die Lösung eines Konflikts herbeizuführen – eines Konflikts, in dem das eigene Schicksal mit dem einer ganzen Gruppe eng verwoben ist. Dies wird in Form einer »Queste«, einer heilbringenden Suche gestaltet,[4] auf die Held oder Heldin sich begeben müssen. Aus dieser Konstellation heraus erzählt *Fantasy* immer auch die Geschichte einer Initiation[5] und persönlichen Entwicklung: In der Bewältigung der individuellen Herausforderung, im Reifen für eine neue Lebenssituation, eine neue Aufgabe etc. gelingt dem Helden bzw. der Heldin zugleich, die aus den Fugen geratene Ordnung der Gesellschaft oder Gruppe wieder ins Lot zu bringen.

Entgegen den mitunter erhobenen Vorwürfen der Stereotypisierung sind die Charaktere keineswegs immer eindeutig gut oder böse gezeichnet. Jedoch ist die Hintergrundhandlung, zum Teil bis hinein in die kosmologischen Vorstellungen, in der *Fantasy* stets durch einen unhintergehbaren Gut-Böse-

---

4 Vgl. dazu D. Schilken, Die teleologische Reise. Von der mittelalterlichen Pilgerallegorie zu den Gegenwelten der Fantasyliteratur, Würzburg 2002.

5 Initiation meint die (meist rituelle) Einführung in einen neuen Lebensabschnitt oder einen neuen Status innerhalb einer gesellschaftlichen Gruppe. Insbesondere die Aufnahme Jugendlicher in die Gruppe der Erwachsenen wird in wohl allen Gesellschaften rituell begangen: die Kriegerweihen in Stammesgesellschaften sind dafür ebenso Beispiel wie die Konfirmation in den protestantischen Kirchen oder die Jugendweihe in den sozialistischen Gesellschaften wie der (ehemaligen) DDR. Vgl. zur Initiation: V. Turner, Das Ritual. Struktur und Antistruktur, Frankfurt/M./New York 1989; E. Leach, Kultur und Kommunikation. Zur Logik symbolischer Zusammenhänge, Frankfurt/M. 1978.

Dualismus geprägt. Differenziert erzählende *Fantasy* gestaltet diesen Dualismus mit allen Ambivalenzen aus: Das Gute und vor allem das Böse als solches ist den Protagonisten oft mehr als eine numinose Macht erfahrbar und bewusst, die sich zwar in einzelnen Figuren zeigen kann oder andere in ihren Dienst nimmt, die selbst oder deren eigentlicher Träger jedoch unnahbar oder unzugänglich bleibt. So ist bei Tolkien der dunkle Herrscher Sauron, der »Herr der Ringe«, nur in Gestalt eines lidlosen Auges verkörpert, mit dem eine unmittelbare Begegnung oder Kommunikation nicht möglich ist, während die Bedrohung zunächst in der Verfolgung durch seine Ringgeister, die Schwarzen Reiter, sukzessive in das friedliche Leben des Auenlandes Einzug hält.

Nicht nur der Erfolg, sondern auch die Integrität der Helden sind keineswegs garantiert; die Protagonisten werden vielmehr als zweifelnd, unsicher und auch als verführbar dargestellt. Oft spiegelt ihre ambivalente Haltung die kosmologische Ambivalenz wider: In George Lucas' *Star Wars* ist mit »der Macht« (»the force«) eine gänzlich apersonale numinose Größe zum kosmischen Urgrund erhoben,[6] auf deren »heller« oder »dunkler Seite« zu agieren von Willenskraft und innerer Balance des Einzelnen abhängt.[7] So bedie-

6 Vgl. etwa folgende Erläuterung Obi Wan Kenobis: »Die Macht ist es, die dem Jedi seine Stärke gibt. Sie ist ein Energiefeld, das alle lebenden Wesen erzeugen. Es umgibt uns; es durchdringt uns – es hält die Galaxis zusammen.« (G. Lucas, Krieg der Sterne (engl. Titel: A New Hope). Star Wars Episode IV, 1977, 20th Century-Fox). Vgl. auch die Aussage von George Lucas zur Entwicklung des Weltbildes von *Star Wars* in R. Bircher/R. Coulthurst, Star Wars für Profis. Der Expertentest (engl. Originaltitel: The unofficial Book of Star Wars Trivia), Königswinter 1997, S. 59: »Ich suchte nach einem Religionskonzept, das auf der Prämisse basierte, daß es einen Gott und Gut und Böse gibt. Ich begann, aus der Essenz aller Religionen etwas herauszuziehen, von dem ich annahm, es sei die Grundidee, die allen zugrundelag.« (Da das Buch allerdings nicht von Lucasfilm autorisiert ist, ist auch diese Aussage nicht offiziell beglaubigt.)

7 Yoda führt aus: »Die Stärke eines Jedis fließt aus der Macht ihm zu. Aber hüte dich: Furcht, Zorn, aggressive Gefühle, die dunkle Seite der Macht sind sie. Begibst du dich auf diesen Pfad einmal, für immer wird beherrscht davon dein Schicksal.« (G. Lucas, Das Imperium schlägt zurück. Star Wars Episode V, 1980, 20th Century-Fox).

nen sich der Imperator und Darth Vader der »dunklen Seite der Macht« für ihre Terrorherrschaft über die Galaxis, während die Jedi-Ritter das »Gleichgewicht der Macht« erhalten wollen. Der zum Jedi-Ritter prädestinierte Luke Skywalker, die charismatische Hauptfigur der zuerst gefilmten Trilogie (Episode IV–VI), ist immer wieder von neuem der Verführbarkeit durch die »dunkle Seite« ausgesetzt.

Dass die *Fantasy* mit feudalistischen Herrschaftssystemen oder auch Stammeskulturen vormoderne Gesellschaftstrukturen favorisiert, die eine klare Hierarchisierung und eindeutige Zuweisung der Machtverhältnisse erlauben, wurde und wird gerne als Beleg für die Behauptung herangezogen, das Genre wolle hinter Aufklärung und Moderne zurückgehen, es idealisiere Gesellschaftsformen, die den Einzelnen in seinem Recht auf Freiheit bevormunden, mithin: es sei reaktionär. Das Gegenteil ist jedoch der Fall. Die Krise der Moderne, die »transzendentale Obdachlosigkeit«[8] des Subjekts ist unabdingbare Voraussetzung, aus der heraus *Fantasy* erzählt. Dies zeigt sich unter anderem an den kritischen Darstellungen von Technologien und deren Funktionalisierbarkeit – eindrücklich hierfür ist im *Herrn der Ringe* die »Produktion« von *Uruk-hais,* kampffähigen Halbmenschen: Als Ergebnisse einer Kreuzung zweier Rassen (Menschen und Orks) verdeutlichen sie Tolkiens Kritik an Biologismus und Rassenpolitik, was in der Verfilmung überdies noch mit Akzent auf dem Technizistischen, nämlich als gigantisches Ineinander von Waffen- und Menschen-Schmiede inszeniert ist. Auch die Einsichten in die Gefahren des Totalitarismus sind in der *Fantasy* immer wieder effektvoll umgesetzt worden, so z. B. in den »imperialen Sturmtruppen« des Imperators aus *Star Wars*, deren Uniformierung und Maskierung sowohl für das totalitäre Prinzip der Gleichschaltung[9] steht als auch für die Gleichsetzung von Mensch und Maschine.

8 G. Lukács, Die Theorie des Romans. Ein geschichtsphilosophischer Versuch über die Formen der großen Epik. München 1994, S. 32.

9 In *Star Wars* Episode II wird dies noch überboten durch die Klonkrieger: hier stellt eine ganze Armee die Reduplikation eines einzigen Kriegers dar. Vgl. G. Lucas, Angriff der Klonkrieger. Star Wars Episode II, 2002, 20th Century-Fox.

Indem *Fantasy* die Krisenerfahrungen, von denen sie erzählt, in eine in sich geschlossene Welt mit festgelegten Normen verlagert, ermöglicht sie zunächst, Problemkonstellationen als solche zu benennen. Dabei wird die für die Moderne charakteristische Erfahrung von Entfremdung als grundlegende Problematik in den Blick genommen, mit der die Handelnden konfrontiert sind und aus der heraus sie agieren. *Fantasy* folgt in vielem der typischen Märchenstruktur, wie sie schon seit langem für das Zaubermärchen nachgewiesen wurde[10] und von der Grundsequenz her allgemein für klassische Narrationsmuster gelten kann.[11] In der Verknüpfung der persönlichen Krise des Helden oder der Heldin mit einem gesamtgesellschaftlichen Konflikt geht *Fantasy* allerdings maßgeblich über die Märchenform hinaus. Dieses Ineinander, aber auch die Form der Konfliktlösung – nämlich via Narration, im Modus des Erzählens – weisen darauf hin, dass der *Fantasy* grundsätzlich eine mythische Struktur zugrunde liegt. Ziel jedes Mythos ist die Vermittlung unauflösbarer Gegensätze, wie sie der Gut-Böse-Dualismus der *Fantasy* durchaus plakativ zum Ausdruck bringt. Jedoch wird die dadurch ermöglichte Orientierung, das ist für den Mythos charakteristisch, nicht durch analytische Reflexion erreicht, sondern auf dem Weg des Mitvollziehens, durch

---

10 V. Propp, Morphologie des Märchens, hg. v. K. Eimermacher, München 1972.

11 W. Burkert, Kulte des Altertums. Biologische Grundlagen der Religion. München 1998. Sein für das Erzählen vorgestellte Schema bezieht Burkert aus der Proppschen Analyse des Zaubermärchens. Diese von Burkert verkürzte Proppsche Sequenz sieht folgendermaßen aus: (in Klammern werden die Nummerierungen angegeben, die Propp den Funktionen zugewiesen hat): »Es kommt ein Verlust zustande, ein Bedürfnis oder Wunsch (8), der ›Held‹ wird ausgeschickt (9), er faßt seinen Entschluß (10); er verläßt sein Zuhause (11); er begegnet einem Partner, der ihn auf die Probe stellt (12); indem er darauf reagiert (13), erhält er ein Geschenk, ein Zaubermittel (14); so ausgestattet erreicht er den gesuchten Ort (15), wo er mit einem Gegner in Konflikt gerät (16), er erhält dabei eine Markierung, ja Verwundung (17), doch bleibt er siegreich (18); der anfängliche Verlust oder Mangel ist damit behoben (19).« (Ebd., S. 76).

Identifikation.[12] Nicht abstrahierend werden Problemlösungen erprobt, sondern durch Miterleben einer konkreten Situation.

Ganz im Sinne des Mythos, der sich immer auf gesamtgesellschaftliche Problemkonstellationen bezieht, bietet *Fantasy* den Lesern, Zuschauern oder Spielern vielschichtige Orientierungsmöglichkeiten. Denn über die Identifikation mit den Protagonisten oder mit den darzustellenden Charakteren im Rollenspiel wird die Notwendigkeit eigener Entscheidungen und selbstständigen Handelns ebenso deutlich wie die Einbindung des Einzelnen in eine Sozialgemeinschaft. Daher liegt in den Gegenentwürfen der *Fantasy* zur Wirklichkeit der modernen, säkularen Gesellschaft ein durchaus schöpferisches Moment, das allzumal in den vielfältigen Konzeptionen zum Tragen kommt, die – wie im Rollenspiel – auf eine kollektive Gestaltung von *Fantasy*-Welten und -Erzählungen ausgerichtet sind.[13]

II. Erlösung und Opfer in *Fantasy*-Erzählungen

Die stark dualistische Konzeption der *Fantasy*-Kosmologien bringt es mit sich, dass die Konfliktsituationen, die im Verlauf der Erzählung gelöst werden müssen, häufig auf letzte Entscheidungen abzielen. Dementsprechend wird dann ein geradezu apokalyptisches Szenario aufgebaut: Scheitern die

12 Vgl. dazu F. Stolz, Der mythische Umgang mit der Rationalität und der rationale Umgang mit dem Mythos, in: H. H. Schmid (Hg.), Mythos und Rationalität, Gütersloh 1988, S. 81–105.

13 Ein weiteres Beispiel für solche kollektiven Ausgestaltungen sind die so genannten *Shared Worlds*: *Fantasy*-Welten, die im Dialog von *Fantasy*-Autoren, Entwicklern von Rollenspiel-Szenarien und Spielergruppen erfunden und weiterentwickelt werden. Die *Shared Worlds* beeinflussen ihrerseits wiederum die Gestaltung von Computerspielen, Rollenbrettspielen etc. Vgl. zur Motivation kreativer Gestaltung im Computer-(Rollen–)Spiel: W. Faulstich, Kleine Einführung in interaktive Computer-Märchen, in: H. Kreuzer (Hg.), Märchen und Fantasy (Zeitschrift für Literaturwissenschaft und Linguistik, Bd. 92), Göttingen 1994, S. 96–125.

Helden mit ihrem Auftrag, so ist damit das Ende der Welt oder der Gemeinschaft, in der sie leben, besiegelt, zumindest aber der Sieg über das Böse in weite Ferne gerückt. Tolkiens Mittelerde würde ebenso für immer unter die Macht Saurons und die freien Völker unter seine Knechtschaft gebeugt wie der Imperator in *Star Wars* mithilfe der »dunklen Seite der Macht« die ganze Galaxis beherrschen könnte oder das Kirschtal in *Die Brüder Löwenherz* wie das bereits versklavte Heckenrosental der Schreckensherrschaft Tengils anheimfiele. Und der Meister in *Krabat* könnte den magischen Kosmos seiner Schwarzen Mühle und seinen Teufelspakt mit dem »Herrn Gevatter« noch lange aufrechterhalten, wenn Krabat, der einzige, der ihm an Zauberkraft ebenbürtig ist, ihn nicht mit der Hilfe der Kantorka überwände.

Insofern hat *Fantasy* in sehr vielen Erzählungen eine »Erlösung vom Bösen« zum Thema. Für das Kollektiv, das durch Unterdrückung und Sklaverei gebeutelt ist, bedeutet der Sieg über das Böse immer die Wiedererlangung der Freiheit und die Wiederherstellung oder Neuerrichtung einer Ordnung, die nicht als eine rein menschliche, menschenmögliche gefasst wird. Vielmehr sind diejenigen, die an Stelle des Tyrannen eine gerechte, dauerhafte Herrschaft antreten oder ermöglichen, durch ein höheres, übernatürliches Gesetz dazu ausersehen. Gleichzeitig müssen sie sich aber dieser Rolle und Verantwortung auch als würdig erweisen. Dies gilt für Aragorn im *Herrn der Ringe*, der sein ererbtes Recht auf den Königsthron durch unzählige Mühen als Krieger, aber auch als Beschützer der Schwachen und nicht zuletzt als Heiler unter Beweis stellt. In *Star Wars* muss Luke, von dem Obi Wan sagt: »Die Macht ist stark in deiner Familie«,[14] seinen Zorn und Hass bezwingen, um das Gleichgewicht der »Macht« erhalten und wirken lassen zu können. Kantorkas Liebe zu Krabat steht von vorneherein im Zeichen der christlichen Ordnung, die mit dem Sieg über den Meister wieder gänzlich in ihr Recht gesetzt wird.[15]

---

14 G. Lucas, Krieg der Sterne (engl. Titel: A New Hope). Star Wars Episode IV, 1977, 20th Century Fox.

15 Die Ausrichtung auf die christliche Ordnung zeigt sich nicht nur daran,

Nicht immer, aber doch in vielen *Fantasy*-Erzählungen stehen auch Einzelne im Mittelpunkt, die erlösungsbedürftig sind. Dies betrifft weniger die Helden selbst, obwohl deren Entwicklungsgeschichte oft mit der Bewältigung oder Überwindung ihrer je eigenen Schwierigkeiten und Schwächen einhergeht. Doch hier ist es ja gerade dieses Hinauswachsen über sich selbst, mit dem die Helden zugleich ihre Befähigung zur Rettung anderer erlangen. Der Erlösung im eigentlichen Sinn hingegen bedürfen diejenigen, die – selbstverschuldet oder nicht – zu nahe mit der bösen Seite in Kontakt gekommen oder auf sie übergewechselt sind. Klassisches Beispiel dafür ist Anakin Skywalker alias Darth Vader in *Star Wars*: der Geschichte seiner Verführung durch die »dunkle Seite der Macht« wird die ganze erste, inzwischen zum Teil gefilmte *Star Wars*-Trilogie (Episode I–III) gewidmet. Jonathan Löwenherz hingegen wird im Rahmen seiner Befreiungstat vom Feuer des Bösen im ganz buchstäblichen Sinn ergriffen: Als er das Drachenweibchen Katla zur Sicherheit der Bevölkerung für immer in ihre Höhle schließen will, treffen ihn ihre Flammen und lähmen ihn.

Wie viele Protagonisten der *Fantasy* setzt Jonathan Löwenherz für die Rettung Anderer sein Leben aufs Spiel. Zwar hat die Wiederherstellung einer gerechten Ordnung und die Befreiung von Unterdrückung und Leiden keineswegs immer das Opfer der Protagonisten zur Voraussetzung. Bastian Balthasar Bux in der *Unendlichen Geschichte* beispielsweise rettet sowohl Phantásien vor dem Nichts als er auch seinen Vater durch das Wasser des Lebens von seiner Trauer erlöst, ohne dafür sein Leben riskieren zu müssen.[16]

---

dass die mit Schwarzer Magie verbundenen Riten und Ereignisse alle in Gegenbewegung zum Kirchenjahr konzipiert sind. Krabats Liebe zur Kantorka beginnt am Ostermorgen, als er sie gleichzeitig mit dem ersten Läuten der Glocken seit Karfreitag ein Osterlied singen hört. Auch in den wesentlichen Details wird die christliche Grundordnung betont. So trägt die Kantorka, als sie am Silvesterabend kommt, um Krabat freizubitten, ihre Abendmahlstracht.

16 M. Ende, Die unendliche Geschichte, Stuttgart 1979. – In diesem Zusammenhang fällt – im Kontrast zu anderen *Fantasy*-Erzählungen – auf, wie stark *Die Unendliche Geschichte* auf die Entwicklungsgeschichte

Sehr oft jedoch ist die Erlösung Einzelner oder des Kollektivs mit dem Opfer eines der Protagonisten verknüpft.

Dabei muss es nicht immer und vor allem nicht allein der eigentliche Held der *Fantasy*-Erzählung sein, der sich für die Rettung anderer opfert oder im Laufe der Handlung zum Opfer der Befreiung wird. Schon die Komplexität der Handlung nämlich legt es nahe, ja erfordert es geradezu, dass den Helden Begleiter zur Seite gestellt werden. Sie können zu sehr eigenständigen Charakteren ausgearbeitet sein – man denke etwa an Han Solo in *Star Wars* und vor allem an die Gefährten im *Herrn der Ringe*, deren Ausgestaltung so weit gediehen ist, dass sich die Handlung im Moment der Trennung der Ringgemeinschaft auffächert in drei, später sogar vier separate Erzählstränge, von denen Frodos Suche zwar den breitesten Raum einnimmt, aber keineswegs die einzige ist. Zunächst sind es oftmals die Begleiter – seien sie Berater oder Freunde des Helden – die ihr Leben für das Gelingen des Auftrags lassen: Boromir im *Herrn der Ringe* stirbt, als er die Hobbits gegen die Orks verteidigt, ebenso wie Gandalf im Kampf gegen den Balrog in den Abgrund stürzt; in *Star Wars* lässt Obi Wan zu, dass Darth Vader ihn tötet, und ermöglicht so Luke und seinen Freunden die Flucht.

Je universaler jedoch der Gut-Böse-Dualismus greift und je stärker sich demzufolge die Handlung auf eine letzte Entscheidung zuspitzt, desto mehr rückt der Held ins Zentrum. Da sein Schicksal mit dem des bedrohten Kollektivs eng verknüpft ist, kann nur er die wirkliche Befreiung – den letzten Sieg über die dunkle Macht und die (Wieder–)Errichtung einer höheren, gerechten Ordnung – herbeiführen. Steht die Freiheit, ja die Existenz einer ganzen Gruppe oder sogar einer ganzen Welt auf dem Spiel, ist umso mehr die konkrete Bedrohung, der sich der Held gegenübersieht, eine existentielle: Denn indem er diese Bedrohung nicht nur passiv erfährt, sondern aktiv bekämpft, ist er viel stärker den gezielten Gefährdungen durch die bekämpfte Gegenmacht ausge-

des Helden konzentriert und wie sekundär das Wohlergehen des Kollektivs im Vergleich dazu ist.

setzt, er zieht Gefahren geradezu auf sich. Sein Leben ist in viel höherem Maß aktuell gefährdet als das der unterdrückten oder versklavten Gruppe. Daher läuft in vielen *Fantasy*-Erzählungen die endgültige Erlösung von der Macht des Bösen auf ein Opfer zu – ein Opfer, das entweder vom Helden oder aber für den Helden gebracht wird.

III. Ausgestaltungen

Die Ausgestaltung der Erlösungs- und Opferthematik ist in den einzelnen *Fantasy*-Erzählungen höchst unterschiedlich. Anhand der vier Werke, die für die bisherige Darstellung bereits als Beispiele herangezogen wurden, soll nun im einzelnen den verschiedenen Varianten von Erlösung und Opfer in der *Fantasy* nachgegangen werden: Astrid Lindgrens Kinderbuch *Die Brüder Löwenherz*, George Lucas' zuerst gefilmte *Star Wars*-Trilogie (Episode IV–VI), J. R. R. Tolkiens *Der Herr der Ringe* und schließlich Otfried Preußlers *Krabat*.

1. *Astrid Lindgren:* Die Brüder Löwenherz

Astrid Lindgrens Roman *Die Brüder Löwenherz* setzt mit der unmittelbaren Konfrontation mit dem Tod ein: Der kranke Krümel, der neunjährige Erzähler der Geschichte, erfährt, dass er bald sterben wird. Sein älterer, zupackender Bruder Jonathan tröstet ihn durch seine Fürsorge und durch seine Erzählungen – ein Erzählen gegen den Tod – und richtet ihn dadurch auf. Doch noch bevor Krümel stirbt, kommt Jonathan selbst ums Leben, als er den Jüngeren aus den Flammen eines Wohnungsbrandes rettet. Nangijala, die (*Fantasy*-)Welt, in die die Kinder nach dem Tod kommen, bedeutet für Krümel zunächst die Befreiung von den Lasten seines irdischen Daseins: Krankheit, körperliche Schwäche und Gebrechen liegen hinter ihm, ebenso auch die Armut und Enge der kleinen Wohnung, verbildlicht in der Küchenbank, auf der das Kind seine Tage zubringt. Was er jedoch nicht verliert, ist die Angst. Die paradiesische Idylle des Kirschtals, in der die Kinder leben, ist gefährdet durch die Tyrannenherrschaft Tengils, die schleichend Einzug hält. Nun muss Krümel befürchten, seinen Bruder erneut zu verlieren.

Mit Jonathan und Karl (Krümel) Löwenherz hat Astrid Lindgren ein komplementäres Brüderpaar geschaffen: Für den mutigen Jonathan ist die Befreiung der bereits versklavten Bewohner des benachbarten Heckenrosentals selbstverständliche Pflicht – ebenso wie einst die Rettung des kleinen Bruders aus dem brennenden Haus, die ihm den Namen »Löwenherz« eingetragen hatte.[17] Um der Rettung anderer willen riskiert er ohne zu zögern sein Leben. In Jonathan wird eine Figur vorgeführt, deren Mut und Idealismus für den kleinen Bruder wie für die Menschen in Nangijala einerseits leuchtendes Vorbild, andererseits aber, gerade aufgrund der Selbstverständlichkeit seines Handelns, unerreichbar ist.

Doch nicht Jonathans tapferer Einsatz für das unterdrückte Land steht im Zentrum der Erzählung, sondern die fortdauernde Selbstüberwindung des kleinen Krümel, der sich trotz seiner überwältigenden Angst immer wieder aufs Neue Situationen stellt, die seine Handlungsbereitschaft erfordern – zunächst in dem Wunsch, dem großen Bruder zur Seite zu stehen, später auch aus der Einsicht in die Hilfsbedürftigkeit des unterdrückten Volkes. Anders als Jonathan muss Krümel in die ihm gestellten Aufgaben erst hineinwachsen. Das zeigt sich bereits an seinen Namen. Während der Name Krümel in der realen Welt metaphorisch für seine Furcht und Hilflosigkeit stand, nimmt in Nangijala sein richtiger Name, Karl Löwenherz, die Überwindung dieser Furcht zunächst noch vorweg. In dem Moment jedoch, als er sich von der

17 Vgl. den Abschiedsbrief von Jonathans Lehrerin, A. Lindgren, Die Brüder Löwenherz, Hamburg 1974, S. 15: »Lieber Jonathan Löwe, hättest du nicht eigentlich Jonathan Löwenherz heißen müssen? [...] selbst wenn in den Geschichtsbüchern nichts über dich geschrieben steht, so warst du im entscheidenden Augenblick doch ganz gewiß ebenso mutig, ganz gewiß warst auch du ein Held.«

Angst emanzipiert, kehrt sich die Bedeutung des Kosenamens Krümel um: Mit dem Ritt ins Heckenrosental beginnt Krümel, seinem eigentlichen Namen zu entsprechen, darf jedoch den Namen Löwenherz dort nicht preisgeben. In dieser Situation nun wird »Krümel ein Deckname für das, was er eigentlich bereits ist, ein wahrer Löwenherz.«[18]

Maßgeblich entlang der Problematik der Angst erzählt, unterscheidet sich die Geschichte Krümels wesentlich von der des Bruders, die als Spiegelbild dient. Bis zum Schluss wird diese Differenz zwischen beiden betont, wenn Krümel erzählt, wie er den gelähmten Bruder auf dem Rücken trägt: »Ich trug ihn, er hatte die Arme fest um meinen Hals geschlungen und ich spürte seinen Atem an meinem Ohr. Ganz ruhig atmete er. Nicht wie ich ... Jonathan, mein Bruder, warum bin ich nicht ebenso mutig wie du?«[19] Jonathan kommt in *Die Brüder Löwenherz* die traditionelle Rolle des Helden zu, der sich für Freiheit und Gerechtigkeit einsetzt und die gestörte Ordnung wiedererrichtet. Krümels Geschichte dagegen ist die eines Trotzdem. Bis zum Schluss wird er seine Angst nicht verlieren, im Gegenteil: die Gefahren, denen er ausgesetzt ist, werden immer furchterregender. Entscheidend ist daher, dass sich Krümel trotz seiner Angst den Herausforderungen der Rettung Nangijalas stellt. Auf Jonathans Frage »Traust du dir das wirklich zu?« antwortet er: »Nein, aber ich will es trotzdem.«[20] Indem er lernt, seine Angst auszuhalten, kann er sie schließlich auch meistern.

Als Entwicklungsgeschichte des kleinen Krümel entspricht *Die Brüder Löwenherz* der für die *Fantasy* typischen Erzählstruktur, die oft gerade keine strahlenden, siegesgewissen Helden favorisiert, sondern Figuren vorstellt, die ihrer Aufgabe und ihres Erfolges keineswegs sicher sind: Krümel Löwenherz ebenso wie Frodo Beutlin im *Herrn der Ringe* sind von daher ausdrücklich als Antihelden konzipiert. Dement-

18 V. Edström, Astrid Lindgren. Im Land der Märchen und Abenteuer, Hamburg 1997, S. 287. Edström weist auch darauf hin, dass Krümels eigentlicher Name Karl im Schwedischen Kerl bedeutet.

19 A. Lindgren, Die Brüder Löwenherz, Hamburg 1974, S. 237.

20 Ebd., S. 200.

sprechend ist auch Krümels Handlungsmotivation eine andere als die Jonathans: »Jonathan [...] ist der Held, der von seiner Überzeugung, seinem Pathos für das gute Leben getragen ist. Krümel ist noch nicht bereit für diesen Idealismus. Er ist von der Liebe zu seinem Bruder beherrscht«.[21]

In diesem Kontext wird auch die Opferthematik in doppelter Weise verhandelt. Jonathans Idealismus vermittelt Krümel und damit den Lesern die Einsicht in die *Notwendigkeit* des Opfers:

> »Ich fragte Jonathan, warum er sich in eine solche Gefahr begeben müsse. [...] Aber da antwortete mir Jonathan, es gebe Dinge, die man tun müsse, selbst wenn es gefährlich sei. ›Aber warum bloß?‹ fragte ich. ›Weil man sonst kein Mensch ist, sondern nur ein Häuflein Dreck‹, erwiderte er.«[22]

Krümel macht sich diese Argumentation langsam zueigen. Stück für Stück übernimmt er Aufgaben und Rolle seines Bruders bis hin zum schließlichen Rollentausch: Am Ende des Buches nimmt Krümel Jonathan auf seine Schultern und findet die Kraft für den Sprung in den Abgrund, der ihn selbst und den vom Drachenfeuer gelähmten Bruder nach Nangilima, in das wirkliche Paradies, bringt. Wie einst, zu Beginn der Erzählung, Jonathan ihn mit dem Sprung aus dem Fenster rettete, kann nun Krümel durch seinen Sprung Jonathan die Erlösung von der Lähmung und sich selbst die Befreiung von aller Angst bringen. Die Vertauschung der Rollen zeigt sich auch darin, dass Krümel, dem Jonathan während seines Krankseins Abend für Abend am Krankenbett Geschichten erzählt, im Buch selbst der Erzähler ihrer gemeinsamen Geschichte ist.

Krümels langwieriger Prozess, sich der Angst immer wieder auszusetzen, macht die *Schwierigkeit* des Opfers deutlich. Krümel wird in einem Maß von den Erfordernissen zur Rettung Nangijalas beansprucht, das ihn permanent an die eigenen Grenzen geraten lässt und ihm so von Anfang an den

---

21 V. Edström, Astrid Lindgren. Im Land der Märchen und Abenteuer, Hamburg 1997, S. 270.

22 A. Lindgren, Die Brüder Löwenherz, Hamburg 1974, S. 59.

Abgrund metaphorisch vor Augen führt, an dem er zum Schluss schließlich buchstäblich steht. Aber mehr noch: Die Notwendigkeit des Opfers, das die Bewohner Nangijalas in ihrem Kampf gegen den Tyrannen für ihre Freiheit bringen, entfremdet Krümel zugleich von der Welt, für deren Befreiung er kämpft. So wird ihm die unhintergehbare Ambivalenz eines Lebens, das nur mithilfe solcher Opfer erkämpft werden kann, bewusst. Als Orwar nach der Befreiung des Heckenrosentals festhält: »›Unsere Kinder werden in Freiheit aufwachsen und glücklich sein. Bald ist das Heckenrosental wieder so, wie es einst gewesen ist‹«, erkennt Krümel, dass das Geschehene nicht rückgängig zu machen, dass die Leerstelle, die die Opfer des Kampfes hinterlassen haben, nicht zu füllen ist: »Ich dachte jedoch: So wie früher wird das Heckenrosental nie wieder sein. Nicht für mich. Nicht ohne Matthias.«[23]

So bedürfen die Brüder Löwenherz, nachdem sie die Welt, in der sie leben, von der Tyrannei erlöst haben, selbst der Erlösung. Nangijala, die Welt der Sagen und Abenteuer, die ihnen in ihrem irdischen Leben, an Krümels Krankenbett, so leuchtend vor Augen gestanden war, kann ihnen keine Lebensmöglichkeit mehr bieten, obwohl Tengils Herrschaft beendet ist und Lindwurm und Drache, die Urbilder des Schreckens, getötet sind. Denn die bei der Befreiung erlittenen Wunden sind nicht zu schließen, wie nicht nur der Verlust der gefallenen Freunde und Krümels Entfremdung deutlich machen. Vor allem zeigt Jonathans Lähmung, dass die Präsenz und Nähe des Bösen erstarren lassen kann. Für beide bedarf es daher erneut eines Jenseits der zur Last gewordenen Welt.

Fraglich ist allerdings, wie diese erneute Jenseitswelt beschaffen sein muss. In Jonathans Erzählungen nämlich unterscheidet sich Nangilima zunächst nicht von Nangijala. Dass er über beide dasselbe sagt – »dort ist noch die Zeit der Lagerfeuer und Sagen«[24] – ruft Krümels Skepsis hervor: »dann gibt es dort also auch Abenteuer, die es nicht geben dürfte.« Auf den zweiten Blick allerdings unterscheiden sich

23 Ebd., S. 218.
24 Ebd., S. 7 bzw. S. 231.

die beiden Welten. Jonathans Versicherung, »dass in Nangilima nicht die grausame Sagenzeit herrsche, sondern eine heitere Zeit voller Freude und Spiel«,[25] wird bestätigt durch die entscheidende Differenz, dass aus Nangijala alle Märchen und Sagen stammen und noch gelebt werden,[26] während man sich in Nangilima die Märchen nur erzählt, um danach darüber zu lachen.[27] Erzählen bedeutet, wie mythisches Reden, immer eine Form von Reflexion. Wenn die beiden Brüder daher am Ende des Buches über den Abgrund nach Nangilima springen, dann hat auch Krümel seine eigene Geschichte vollzogen und seine Suche, die Befreiung von der Angst, beendet. Die Erlösung der beiden Brüder ist in einem sehr alten, kulturenübergreifenden Symbol ausgedrückt: »Jonathan, ich sehe das Licht!«[28]

2. *George Lucas:* Star Wars *(Episode IV–VI)*

George Lucas' demnächst sechsteiliges Kino-Epos *Star Wars* führt in der zuerst gefilmten Trilogie (Episode IV–VI) die für die *Fantasy* charakteristische Verknüpfung der Geschichte einer individuellen Entwicklung mit der eines ganzen Universums geradezu lehrbuchmäßig durch. Ganz im Sinne der typischen Märchenstruktur bzw. allgemein der klassischen Narrationsmuster erzählt *Star Wars* von Initiation, Kampf, Verwundung und letztlichem Sieg des Helden, der zugleich in die Rettung der Welt und damit in die Wiederherstellung der ursprünglichen Ordnung mündet. In das Ineinander von individueller und kollektiver Geschichte ist überdies noch, beide umso enger zusammenbindend, die Familiengeschichte des Helden hineinverwoben, die auf ihre Weise die Geschichte des Helden noch einmal spiegelt.

Grundlage ist auch hier eine dualistische Kosmologie. Ihr ›Urgrund‹ an sich, die »Macht«, jenes »Energiefeld, das alle

25 Ebd.
26 Vgl. ebd., S. 7.
27 Vgl. ebd. S. 231.
28 Ebd., S. 238.

lebendigen Wesen erzeugen«, und das »die ganze Galaxis zusammen[hält]«,[29] birgt allerdings ein ambivalentes Potenzial in sich: Es kommt auf den Einzelnen an, die ihm dienstbare »Kraft« (vgl. die englische Bezeichnung für die »Macht«: »the force«) zu uneigennützigen, ausgleichenden Zwecken zu verwenden, wie die Jedi-Ritter dies tun, oder aber sie in beherrschender Absicht zu nutzen. Zu Beginn von Episode IV ist Letzteres der Status Quo: Seit mittlerweile einer Generation hat der Imperator mit der Hilfe des ehemaligen Jedi-Ritters Darth Vader die Herrschaft über einen Großteil des *Star Wars*-Universums inne. Während der Imperator den gigantischen »Todesstern«, ein planetenförmiges, riesiges Waffensystem, bauen lässt, mithilfe dessen er die Galaxis endgültig wird unterwerfen können, wächst der spätere Jedi-Ritter Luke Skywalker bei Onkel und Tante auf. Als ein Rebellen-Raumschiff von den Truppen des Imperators abgefangen wird, gelingt es der Anführerin der Rebellen, Prinzessin Leia, noch rechtzeitig, einen Droiden mit den gesammelten Informationen über den Todesstern von Bord zu lassen. Von dem Roboter geführt, begegnet Luke dem Jedi-Meister Obi Wan Kenobi, für den die Nachrichten der Prinzessin bestimmt sind.

Mit dieser Begegnung setzt die Initiation des Protagonisten ein, die übrigens deutliche Parallelen zu den biblischen Berufungsgeschichten erkennen lässt:[30] Zuerst überreicht Obi Wan Luke das Laserschwert seines Vaters – ein klassisches Strukturmoment des Märchens, in dem der Held gewöhnlich einem Helfer begegnet und von ihm ein Geschenk erhält, das ihm später für das Gelingen seines Auftrages nützt.[31] Gleichzeitig fordert Obi Wan Luke auf, ihn auf seiner Suche nach den Rebellen zu begleiten, was Luke trotz seines Wunsches, dem engen, starren Zuhause zu entfliehen,

29 So lautet die Erklärung von Obi Wan Kenobi, vgl. G. Lucas, Krieg der Sterne (engl. Titel: A New Hope). Star Wars Episode IV, 1977, 20th Century Fox.

30 Vgl. Ex 3–4,17; Ri 6, 11–24 oder Jer 1.

31 Vgl. dazu auch die Geschenke, die Galadriel im *Herrn der Ringe* der Ringgemeinschaft überreicht, insbesondere Frodos Phiole, die ihm später dazu hilft, die Treppen von Cirith Ungol und Kankras Lauer zu bewältigen.

zunächst überfordert. Doch was er anfänglich noch mit verschiedenen Argumenten weit von sich weist, reift in dem Moment zu seinem eigenen Entschluss, als er bei seiner Rückkehr sein Heim niedergebrannt und Onkel und Tante durch die Truppen des Imperators getötet findet. Damit ist – wie bereits seit Längerem für die Geschichte seiner Galaxis – auch für Lukes persönliche Geschichte jene Situation der Instabilität erreicht, die stets den Ausgangspunkt mythischer Erzählungen bildet.[32]

Entsprechend der Verwebung dreier Erzählebenen (Helden-, Familien- und Weltgeschichte) müssen in *Star Wars* auch drei verschiedene Ordnungen wieder in ihre Gültigkeit gesetzt werden. Dass Luke im Verlauf der drei *Star Wars*-Episoden zum Jedi-Ritter ausgebildet wird, bedeutet daher nicht nur einen persönlichen Reifeprozess, der ihn zugleich zur Rettung der Galaxis prädestiniert. Vielmehr sind Jedi-Ausbildung und Kampf gegen die »dunkle Seite der Macht« eng gebunden an die Auseinandersetzung mit dem eigentlichen Widerpart der Jedis, Darth Vader, von dem sich am Ende von Episode V herausstellt, dass er Lukes Vater ist. In Lukes verschiedenen Kämpfen mit Darth Vader ist die Überlagerung der drei Ordnungen eindrucksvoll kristallisiert, da sie miteinander changieren.

Zunächst erweist sich der (noch virtuelle) Kampf mit Darth Vader als Konfrontation Lukes mit sich selbst, wenn Luke in der Höhle bei Jedi-Meister Yoda hinter der Maske von Darth Vader sein eigenes Gesicht zu sehen bekommt.[33] Der erste richtige Kampf der beiden steht dann im Zeichen der Familiengeschichte, denn in seinem Verlauf erfährt Luke, dass Darth Vader sein Vater ist. Zugleich markiert dieser Kampf jedoch auch einen weiteren (erzählstruktur-)typischen Punkt in Lukes Entwicklungsgeschichte: Luke trägt in diesem Kampf, in dem er unterliegt, eine Verwundung da-

32 Vgl. erneut F. Stolz, Der mythische Umgang mit der Rationalität und der rationale Umgang mit dem Mythos, in: H. H. Schmid (Hg.), Mythos und Rationalität, Gütersloh 1988, S. 81–105.

33 G. Lucas, Das Imperium schlägt zurück. Star Wars Episode V, 1980, 20th Century-Fox.

von, ihm wird von Darth Vader die rechte Hand abgeschlagen.[34] Diese Verwundung wiederum stellt in Episode VI, im zweiten, endgültigen Kampf, symbolisch verdichtet die Verbindung zur Familiengeschichte her. Als nämlich Luke, der inzwischen eine künstliche Hand hat, seinerseits Darth Vader im Gefecht die rechte Hand abschlägt,[35] erweist vollends der mit Drähten versehene Armstumpf die fortgesetzte Verdoppelung und wechselseitige Spiegelung von Vater und Sohn: Auch Darth Vader hat eine künstliche Hand, muss also einstmals dieselbe Verwundung empfangen haben, die er dann Luke zufügte.[36] Der Armstumpf mit den Drähten wirft zugleich Luke auf sich selbst zurück. Denn in der Parallele zum Vater, der nur noch mithilfe einer Maske atmen kann, geht ihm auch die eigene bereits begonnene Verwandlung in eine Maschine auf, die seinen Wechsel auf die »dunkle Seite der Macht« anzukündigen scheint.

In dieser Konstellation greift aber auch die dritte Ordnungsebene, die das gesamte (*Star Wars*-)Universum betrifft. Bereits während ihres ersten Kampfes hatte Darth Vader Luke aufgefordert, sich zur »dunklen Seite der Macht« zu bekehren, und ihm in Aussicht gestellt: »Gemeinsam können wir als Vater und Sohn die ganze Galaxis beherrschen«.[37] Beide, Vader und Luke, wissen sich – da mittlerweile alle Jedi-Ritter tot sind – wie sonst niemand mehr in der Lage, die »Macht« für sich zu nutzen.[38] Daher entscheidet der

---

34 Ebd. Vgl. dazu die Strukturmomente der Proppschen Kernsequenz nach W. Burkert, Kulte des Altertums. Biologische Grundlagen der Religion. München 1998, S. 76.

35 G. Lucas, Die Rückkehr der Jedi Ritter. Star Wars Episode VI, 1983, 20th Century-Fox.

36 Wie Anakin Skywalker, der spätere Darth Vader, diese Verwundung erhält, wird in Episode II dargestellt; vgl. G. Lucas, Angriff der Klonkrieger. Star Wars Episode II, 2002, 20th Century-Fox.

37 Vgl. G. Lucas, Das Imperium schlägt zurück. Star Wars Episode V, 1980, 20th Century-Fox.

38 Dieses Nutzen der »Macht« wird geschildert als ein Vorgang, der eine Wechselwirkung zwischen der »Macht« und ihrem ›Träger‹ impliziert: Von Luke heißt es einerseits: »Die Macht ist stark in ihm«, andererseits wird er jedoch auch aufgefordert: »Mache dich mit der Macht vertraut!« (vgl. ebd.)

Endkampf zwischen beiden in Episode VI nicht allein über Lukes persönliches Schicksal. Vielmehr werden in diesem Kampf auch und vor allem die »Macht«-Verhältnisse im ganzen Universum und damit das Schicksal der gesamten Galaxis besiegelt. Der Film inszeniert dies als einen gut fünfzehn Minuten andauernden Szenenwechsel zwischen dem Versuch der Rebellen, auf mehreren Wegen den neuen Todesstern des Imperators zu zerstören, und dem Zweikampf von Vater und Sohn, der vor dem Thron des Imperators, also – erstmals in der gesamten Trilogie – im (verschatteten) Angesicht des personifizierten Bösen stattfindet.

Es liegt in der Beschaffenheit der »Macht«, dass es nicht auf die bessere oder schlechtere Handhabung der von ihr verliehenen Kraft ankommt, sondern vielmehr auf die Motive, die hinter dem eigenen Handeln stehen. Solange Luke sich von seinen »negativen Gefühlen«, seinem Hass gegen den Imperator leiten lässt, ist er Darth Vader zwar im Zweikampf beim Fechten überlegen, aber gerade sein aus Zorn und Hass heraus errungener Sieg würde ihn dennoch der »dunklen Seite der Macht« und damit dem Imperator zuführen.[39] Sobald Luke dies zu Bewusstsein kommt, wirft er daher sein Schwert von sich und weigert sich, weiter zu kämpfen: »Niemals! Ich bin ein Jedi, genau wie mein Vater vor mir.«[40] Während sich in diesem Moment von Lukes Gewaltverzicht das Blatt in der großen Schlacht gegen den Todesstern bereits zu Gunsten der Rebellen wendet, ist Luke selbst nun dem Imperator völlig ausgeliefert: Er ist bereit, sich töten zu lassen, um nicht als Werkzeug des Bösen missbraucht zu werden. Doch mit der nun folgenden Folterung Lukes durch den Imperator wendet sich das Blatt auch hier: Von Mitleid ergriffen, kann Darth Vader die Todesqualen seines Sohnes nicht mehr mit ansehen; er greift, obwohl ihn dies sein eigenes Leben kostet, nun selbst den Imperator an und tötet ihn.

---

39 Vgl. die Aussage des Imperators zu Luke: »Mit jedem Augenblick, in dem du hasst, wirst du mehr zu meinem Diener.« G. Lucas, Die Rückkehr der Jedi-Ritter. Star Wars Episode VI, 1983, 20th Century Fox.
40 Ebd.

Star Wars thematisiert mit der Restituierung dreier Ordnungen verschiedene Facetten von Erlösung und Opfer. Für sein Ziel, die Galaxis von der Herrschaft durch den Imperator und der »dunklen Seite der Macht« zu erlösen und so das Gleichgewicht der »Macht« wiederherzustellen, muss Luke bereit sein, sein eigenes Leben zu opfern. Erst die Aufgabe aller persönlichen Gefühle und egoistischen Motive kann die Möglichkeit eines ausgleichenden Wirkens der »Macht« schaffen. Zentral ist das Thema von Opfer und Erlösung jedoch für die Figur des Darth Vader: Als gefallener Jedi-Ritter und von der »dunklen Seite der Macht« verführt, ist er, der an der Seite des Imperators über die Galaxis herrscht, selbst erlösungsbedürftig, wie Luke erkennt: »Ich fühle das Gute in dir und deinen Konflikt.«[41] Dass er sich schließlich aus Mitleid zur Rettung seines Sohnes selbst opfert, bedeutet zugleich seine eigene Erlösung: Der Sterbende bittet Luke, ihm die Maske abzunehmen, um seinen Sohn einmal mit eigenen Augen sehen zu können. Ohne die Maske, deren Fehlen allerdings seinen Tod beschleunigt, wird er wieder zu Anakin Skywalker, dem Jedi von einst. Auf Lukes Ausruf, »Nein, du musst nicht sterben. Ich werde dich retten!« antwortet er deshalb: »Das hast du schon getan.«[42] Während Luke – symbolischer Ausdruck für das Ende der technokratischen Macht – die Larve Darth Vaders, seine Maschinen-Teile verbrennt, wird Anakin Skywalker, wie zuvor schon die anderen Jedi, Obi Wan und Yoda, in eine jenseitige Existenz entrückt. Von hier aus sehen die drei Jedi den Freudenfeiern zu.

Damit sind am Ende alle drei Ordnungen wieder errichtet: Luke ist ein Jedi-Ritter geworden, er hat seine »Queste« erfolgreich zu Ende geführt. Die Familiengeschichte ist aufgeklärt, Anakin hat seine Rolle als Vater angenommen und – durch den Opfertod für seinen Sohn – erfüllt. Mit der endgültigen Zerstörung des Todessterns und dem Tod des Imperators kann in der Galaxis eine neue Friedensordnung etabliert werden, das Gleichgewicht der »Macht« ist nun wiederhergestellt.

---

41 Ebd.
42 Ebd.

3. *J. R. R. Tolkien:* Der Herr der Ringe

Auch in Tolkiens Epos *Der Herr der Ringe* ist die dualistische Grundordnung in die Terminologie von hell und dunkel, Freiheit und Sklavendasein gefasst. (Magische) Macht wird insbesondere durch verschiedene Ringe verliehen, in die magische Kräfte eingegangen sind. Während die Elben Ringe mit dem Ziel anfertigten »zu verstehen, zu wirken und zu heilen«,[43] hat der »dunkle Herrscher« Sauron für sich den Einen Ring geschmiedet, mit dem er ganz Mittelerde unterwerfen kann. Zu Beginn des Romans ist dieser Ring, der über nahezu ein ganzes Zeitalter verschollen gewesen war, auf Umwegen in die Hände der »freien Völker« gelangt. Während Sauron seine Macht langsam ausgedehnt und mittlerweile mehrere Heere zusammengezogen hat, stehen Elben, Menschen, Zwerge und Hobbits vor der alles entscheidenden Frage, wie mit dem Ring zu verfahren sei. Da der Ring denjenigen, der ihn trägt und benutzt, ja, schon den, der nach ihm verlangt, früher oder später seinem Willen, dem Wunsch nach Herrschaft und Macht unterwirft, ist es unmöglich, ihn im Kampf gegen Sauron einzusetzen: sein Träger würde selbst zu einem dunklen Herrscher werden und Mittelerde würde untergehen. Es bleibt daher nur, den Ring in die Feuer des Schicksalsberges zu werfen, wo er geschmiedet worden war.

Der Herr der Ringe verbindet mit der kollektiven Geschichte von Mittelerde nicht nur eine, sondern mehrere individuelle Entwicklungsgeschichten und damit auch mehrere Questen. Nach dem Auseinanderbrechen der Gemeinschaft, die mit dem »Ringträger« Frodo zunächst gemeinsam zur Zerstörung des Ringes aufgebrochen war, widmet Tolkien ganze zwei der sechs Bände seines Epos den Taten der Gefährten, die ver-

43 J. R. R. Tolkien, Der Herr der Ringe, Bd. 2, übers. v. M. Carroux, Stuttgart 1997, S. 69. Ich zitiere aus der Jubiläumsausgabe des deutschen Verlags Klett Cotta, die noch die alte Übersetzung zugrunde legt. Carroux gelingt eine sehr feinsinnige Annäherung an Tolkiens mitunter bewusst antikisierende Sprache, an die die zu stark präzisierende und modernisierende Übersetzung Wolfgang Kreges, die mittlerweile im Handel ist, m. E. nicht heranreicht.

schiedene Schlachten schlagen, um die Streitmächte des Feindes in Schach zu halten und Sauron auf diese Weise vom Auftrag des Ringträgers abzulenken. Daher sind auch die Gefährten maßgeblich für die Erlösung Mittelerdes von der Herrschaft Saurons. An der alles entscheidenden Voraussetzung hingegen, der Vernichtung des Ringes, sind sie nicht mehr oder nur mehr indirekt beteiligt. Diese Aufgabe hat Frodo schließlich nur mit der Hilfe seines Dieners Sam zu erfüllen.

Tolkien hat in seinem Epos die vernichtende Macht des Bösen in verschiedensten Facetten ausgestaltet. Sie zeigt sich zunächst in den von Sauron geschaffenen ›Rassen‹[44] wie den Orks, die misslungene Nachbildungen der Elben sind, oder in den Völkern, die Sauron sich unterworfen hat, indem er ihre Herrscher verführte und zu Ringgeistern werden ließ. Allein die Überzahl der durch den Dunklen Herrscher gelenkten Geschöpfe und die ihnen bereits widerfahrende und von daher auch den »freien Völkern« drohende Unterdrückung machen die Erlösungsbedürftigkeit von Mittelerde offensichtlich. Darüber hinaus finden sich im *Herrn der Ringe* immer wieder Beispiele dafür, wie Machtinteressen und Herrschaftswillen auch diejenigen verändern und verderben, die zunächst in schützender, verantwortungsbewusster Absicht ihren Kampf gegen Sauron begonnen hatten: Der Zauberer Saruman und der Truchsess Denethor sind die prominentesten Beispiele dafür. Anders als in vielen *Fantasy*-Erzählungen reicht die Macht des Bösen, kristallisiert im Einen Ring, in Tolkiens Epos so weit, dass selbst diejenigen, denen es zukommt, Gutes zu wirken, ihr nicht gänzlich entzogen bleiben können. Bereits früh wird daher deutlich, dass die Vernichtung des Ringes, selbst wenn sie gelingen sollte, in jedem Falle unhintergehbare Opfer erfordert. Dies gilt für

---

44 Der im Englischen verwendete Begriff »race« wird in der deutschen Übersetzung meist mit »Rasse« übersetzt. Bei Tolkien bezieht es sich jedoch nicht so sehr auf verschiedene Menschengruppen, als auf die verschiedenen Gattungen (wie Menschen, Elben, Hobbits, Zwerge, Orks, Ents und Trolle). Das englische »race« bringt vor allem nicht die negativen Konnotationen mit, die im Deutschen spätestens seit dem Nationalsozialismus mit dem Begriff »Rasse« verbunden sind.

die Elben, deren Ringe, »wenn der Eine nicht mehr ist, dahinschwinden«: Wenn der Ring zerstört und damit die Erlösung Mittelerdes erreicht sein wird, werden die Elben Mittelerde verlassen müssen.[45] Dies betrifft aber auch – wie Frodo erst zum Schluss gänzlich zu Bewusstsein kommt – den Ringträger.

Wie Krümel Löwenherz ist Frodo nicht als eine siegesgewisse, heroische Figur konzipiert. Ernst und Schwermut, die ihn von Anfang an charakterisieren, treten umso deutlicher hervor, je mehr ihm die Verantwortung für den Ring und das Wissen um die Bedeutung seines Auftrags zur Last werden. Überdies ist Frodo einem immer unerträglicher werdenden Paradox ausgesetzt: dem Paradox, die Möglichkeit von Macht und Herrschaft in Form des Ringes bei sich zu tragen und doch niemals davon Gebrauch machen zu dürfen. Insofern befindet er sich in einer andauernden Herausforderung, der standzuhalten ihm immer unmöglicher wird, je näher er seinem Ziel kommt. Nicht nur wird das Eigenleben, das der Ring ganz offensichtlich führt, für Frodo auch körperlich spürbar: Der Ring wird zunehmend schwerer – bis dahin, dass Frodo zum Schluss nur mehr auf allen Vieren kriechen kann und schließlich von Sam auf den Schicksalsberg getragen werden muss. Vor allem aber erfährt Frodo mehrfach an sich, dass der Ring seine Träger korrumpiert. So kann er es nicht ertragen, den Ring in die Hände eines Anderen zu geben.[46] Schließlich erliegt Frodo trotz des dauerhaften Wider-

45 J. R. R. Tolkien, Der Herr der Ringe, Bd. 2, S. 69.

46 Dies zeigt sich besonders, als sein Onkel Bilbo wünscht, den Ring, den er an Frodo weitergegeben hatte, nochmals zu sehen: »Bilbo streckte die Hand aus. Aber Frodo zog den Ring rasch zurück. Bekümmert und verblüfft stellte er fest, daß er Bilbo gar nicht mehr sah; ein Schatten schien zwischen sie gefallen zu sein, und durch diesen Schatten sah er ein kleines, runzliges Geschöpf mit einem gierigen Gesicht und knochigen, grapschenden Händen. Er verspürte den Wunsch, es zu schlagen.« (Ebd., S. 24). Vgl. auch die Parallele zur Begegnung mit Bilbo, als Sam dem von den Orks gefangen genommenen Frodo nach seiner Befreiung den geretteten Ring zurückgibt, ebd., Bd. 6, S. 27: »Sam hatte sich vor seinen [Frodos] Augen wieder in einen Ork verwandelt, der lüstern auf seinen Schatz blickte und wild nach ihm grapschte, ein widerliches kleines Geschöpf mit gierigen Augen und einem sabbernden Mund.«

stands, den er ihm entgegensetzt, der Verführungskraft des Ringes. Im Gegensatz zu Luke Skywalker in *Star Wars*, der mit seinem Gewaltverzicht die Voraussetzungen für die Rettung der Galaxis schafft, ist Frodo am Ende seiner Suche nicht mehr imstande, den letzten Schritt zu tun, damit seine Welt erlöst werden kann: Er weigert sich, den Ring tatsächlich zu zerstören.

Dass die Befreiung Mittelerdes von der Herrschaft Saurons und damit der Sieg über das Böse dennoch nicht scheitert, verdankt sich im *Herrn der Ringe* ebenfalls der Intervention eines Dritten. Wie in *Star Wars* handelt es sich auch bei Gollum um eine äußerst ambivalente Figur, die allerdings erstens bis zum Schluss aus eigenen Interessen handelt und daher die Zerstörung des Ringes keineswegs beabsichtigt und die zweitens, anders als Darth Vader, auch keine Erlösung finden kann. In Frodo und Gollum, die komplementär zueinander gestaltet sind, verdeutlicht Tolkien, wie weit die Übermacht des Bösen reicht. Beide fallen letztlich dem Ring und seiner zerstörerischen Macht anheim und können die Vernichtung des Ringes nicht ertragen – jedoch handelt der eine, Gollum, aus selbstsüchtigen, der andere, Frodo, hingegen aus selbstlosen Motiven. Diese entscheidende Differenz zwischen den beiden Figuren wirkt sich maßgeblich auf ihre Erlösungsfähigkeit aus.

Gollum war sehr lange zuvor in der für die verderbenbringende Macht des Ringes charakteristischen Weise, nämlich durch einen Mord in den Besitz des Ringes gelangt. Von dieser Tat bleibt er seither in all seinem Denken und Handeln bestimmt. Nachdem er den Ring beim Rätselspiel an Frodos Onkel Bilbo verloren hat, ist Gollum von Sehnsucht und Gier nach dem Ring, aber auch von Missgunst und Mordlust zerfressen. Daher bindet ihn an Frodo als den neuen »Meister« des Ringes zwar ein merkwürdiger, unwillkürlicher, letztlich dem Ring geschuldeter Gehorsam, jedoch trachtet er Frodo auch mehrfach nach dem Leben, um seinen »Schatz« zurückzugewinnen. Frodo hingegen ist, eingedenk dessen, wie Bilbo handelte, Gollum gegenüber von Mitleid geleitet:

> »Mitleid und Erbarmen hielten seine [Bilbos] Hand zurück: nicht ohne Not wollte er töten. Und dafür ist er reich belohnt worden, Frodo. Du kannst gewiß sein, wenn ihm das Böse so wenig anhaben konnte und er sich ihm schließlich zu entziehen vermochte, dann nur, weil er den Ring auf diese Weise in Besitz nahm. Voll Mitleid.«[47]

Dass Frodo Gollum aus Mitleid schont, schwächt nicht nur den negativen Einfluss des Ringes. Vielmehr kehrt sich am Ende das Abhängigkeitsverhältnis in gewisser Weise um, da Frodo nicht selbst in der Lage ist, seinen Auftrag vollends zu erfüllen. Als er an den Schluchten des Schicksalsberges den Ring, statt ihn in die Feuer zu werfen, für sich beansprucht, gelingt die Zerstörung des Ringes nur dank Gollum, der Frodo den Ring im Zweikampf entreißt und im Freudentaumel über den wiedergewonnenen »Schatz« in die Tiefe stürzt.

Abstoßend, verachtenswert und erbarmungswürdig zugleich erscheint Gollum wie wohl kein zweites Geschöpf von Tolkiens Mittelerde und insbesondere wie keiner der Diener Saurons in höchstem Maße erlösungsbedürftig. Gerade in dieser Figur wird daher die völlige Ausweglosigkeit deutlich, die die im Ring verdichtete Macht des Bösen mit sich bringt. Denn wenn im Ringkrieg die Frage entschieden wird, ob Sauron den Einen Ring zurückgewinnt und damit alle freien Völker Mittelerdes unterjocht oder ob der Ring und damit auch sein »Herr« Sauron und dessen Herrschaft vernichtet werden kann, so gilt für Gollum, der von sich stets im Plural spricht, in jedem Fall: »Verloren, verloren! Wir sind verloren. Und wenn der Schatz dahingeht, dann werden wir sterben, ja, zu Staub werden.«[48] Keine der beiden Lösungen kann Gollum eine Erlösung bringen.

Besonders hierin stellt Gollum ein Spiegelbild zu Frodo dar. Denn auch Frodo ist von der Ausweglosigkeit aus dem Einflussbereich des Bösen betroffen. So wie er zum Schluss seine Erlösungstat nicht allein vollziehen kann, sondern in seinem Beherrscht-Sein durch den Ring auf das Eingreifen

---

47 Ebd., Bd. 1, S. 80.
48 Ebd., Bd. 6, S. 66.

eines Anderen angewiesen ist, der selbst dem Ring verfallen ist, so betrifft ihn auch die Zerstörung des Ringes mit. Für Frodo ist von nun an das Leben in Mittelerde von den Widerfahrnissen seiner Suche und von den Wunden, die er dabei erlitten hat, gezeichnet. Bereits mit seiner frühen Verwundung durch die Ringgeister war absehbar geworden, dass die Berührung durch die böse Macht eine Barriere zwischen Frodo und seiner Umwelt errichtet hat: »›[W]as letztlich daraus wird, kann nicht einmal Elrond voraussagen. Nichts Böses, glaube ich. Vielleicht wird er wie ein Glas, das für Augen, die sehen können, mit klarem Licht gefüllt ist.‹«[49] Mit der Vernichtung des Ringes ist diese Barriere endgültig unüberwindlich geworden. Zweimal im Jahr, am Jahrestag seiner Verwundung durch die Ringgeister und am Jahrestag der Vernichtung des Ringes, befällt Frodo eine schwere Krankheit: das unheilbare Trauma von Verletzung und Verlust. Insofern macht in Tolkiens Epos die Übermacht des Bösen auch vor den positiv konnotierten Charakteren, ja, vor dem eigentlichen Helden nicht Halt: Gerade das ursprüngliche, aus sich selbst heraus Gute wird durch die Konfrontation mit dem Bösen bleibend verändert und hat in der vom Bösen befreiten Welt nun ebenfalls keinen Raum mehr.

Insbesondere das letzte Gespräch zwischen Frodo und Sam, als sich Frodo mit den Elben nach Westerness einschifft, führt vor Augen, was den Völkern Mittelerdes – hier in der Gestalt Sams – durch den Sieg über Sauron zum Guten erwachsen ist, für Frodo jedoch verschlossen bleibt:

> »›Sei nicht zu traurig, Sam. Du kannst nicht immer entzweigerissen sein. Du wirst auf viele Jahre ganz und heil sein müssen. Es gibt noch so viel, woran du dich freuen und was du sein und tun kannst.‹ ›Aber‹, sagte Sam [...], ›ich glaubte, du würdest dich auch noch auf Jahre und Jahre am Auenland erfreuen, nach allem, was du getan hast.‹ ›Das habe ich auch einmal geglaubt. Aber ich bin zu schwer verwundet worden, Sam. Ich versuchte, das Auenland zu retten, und es ist gerettet worden, aber nicht für mich. Das läßt sich oft nicht ändern, Sam, wenn Dinge in

49 Ebd., Bd. 2, S. 14.

> Gefahr sind: manche müssen sie aufgeben, sie verlieren, damit andere sie behalten können.‹«[50]

Frodos Erlösungstat ist insofern ein selbstloses Opfer im Sinne des Selbst-Verlusts. Anders als Gollum, der durch seinen Mord von Anfang an der Macht des Ringes verfallen war, kann Frodo allerdings eine Erlösung jenseits der von ihm geliebten Welt finden: Ihm wird die Fahrt nach Westerness, die Anderswelt der Elben, die frei von den Sorgen Mittelerdes ist, ermöglicht. Dennoch führt der Weg dorthin nur über den Abschied von den Ländern und den geliebten Menschen, die zurückgelassen werden müssen, und macht daher das erbrachte Opfer nicht ungeschehen.

4. *Otfried Preußler:* Krabat

Die *fantasy*-typische dualistische Grundstruktur in Otfried Preußlers *Krabat* basiert auf den frühneuzeitlich-christlichen Modellen von christlicher Grundordnung einerseits und heidnischer Subkultur andererseits. Christus und Teufel, sich selbst vergessende Liebe und Schwarze Magie sind hier einander gegenübergestellt. Die historischen Bezüge des auf einen wendischen Sagenstoff zurückgreifenden Romans sind nicht nur in den Ortsnamen und den auf die Türken- und Schwedenkriege Bezug nehmenden Episoden deutlich, sondern auch in den Details der Schwarzen Kunst, die den teilweise in der Begegnung mit dem Islam entstandenen Aberglauben zugrunde legen. So heißt zum Beispiel das große Zauberbuch des Meisters in Verballhornung des Koran »Koraktor«. Mit der Schwarzen Mühle als zentralem Handlungsschauplatz hat Preußler jedoch durchaus einen – wenn auch begrenzten – eigenen Kosmos entworfen, der nach seinen besonderen Gesetzmäßigkeiten funktioniert: Es ist unmöglich, aus der Mühle wegzulaufen, im ersten Lehrjahr wird man um drei Jahre älter, das tagsüber zu Mehl gemahlene Getreide ist anderntags erneut in den Säcken.

50 Ebd., Bd. 6, S. 166.

Auf diese Schwarze Mühle kommt der Betteljunge Krabat als Lehrling und wird zusammen mit elf Gesellen Freitag um Freitag, Spruch um Spruch in der Kunst des Zauberns unterwiesen. Zuvor den Pfarrersleuten, die ihn nach dem Tod seiner Eltern bei sich aufgenommen hatten, weggelaufen,[51] nimmt Krabat die Einflüsse der Schwarzen Magie zunächst vor allem von ihrer positiven Seite her und schon gar nicht als Gegenentwurf zur christlichen Ordnung wahr: Bei Tag muss die Arbeit keineswegs »im Schweiße des Angesichts« erledigt werden,[52] mithilfe der richtigen Formel schläft man sofort ein – die Zauberkunst verschafft viele Annehmlichkeiten. Mit der Zeit begreift Krabat dann aber die zerstörende Kraft der Schwarzen Magie, deren antichristliche Ausrichtung bis ins Detail vorgeführt wird: Als Krabat etwa für den toten Tonda ein Vaterunser beten will, kann er den Text nicht mehr erinnern.[53] Dass jedes Jahr in der Silvesternacht einer der Gesellen stirbt, scheint ihm von Anfang an kein Zufall zu sein. Erst spät jedoch wird ihm die Verantwortlichkeit des Müllers, sein Bündnis mit dem Teufel, zur vollen Gewissheit.

Der Dualismus zwischen christlicher und teuflischer Ordnung bestimmt Preußlers Roman durchgehend in Aufbau und Struktur, so dass letztere stets als Gegenmodell zur ersteren sichtbar wird. Nur scheinbar nämlich ist der Verlauf der Ereignisse eines Jahres durch die Schwarze Magie festgelegt. Deren zentrale Daten sind vielmehr in Abhängigkeit von den christlichen gewählt. Zwar ist Weihnachten ein Tag wie jeder andere, doch beginnt jedes neue Jahr auf der Mühle, wenn mit der »Berufung« eines neuen Lehrjungen die Mühle wieder anläuft, am Dreikönigstag – dem Tag, der in der Alten Kirche und bis heute im orthodoxen Christentum als Tag der Geburt Christi gefeiert wird. Wichtigstes Datum ist Ostern: In bewusster Perversion des Neuen Bundes Gottes mit den Menschen wird in der Schwarzen Mühle an Os-

51 Vgl. O. Preußler, Krabat, Würzburg ^{8}1974, S. 27.

52 Vgl. die Strafe für Adams Übertreten des göttlichen Gebots in Gen 3, 17, die hier sicher im Hintergrund steht.

53 Vgl. O. Preußler, Krabat, Würzburg ^{8}1974, S. 89.

tern alljährlich das Gelübde der Gesellen erneuert, mit dem jeder »dem Meister von nun an verfallen war, ausgeliefert mit Leib und Seele, auf Tod und Leben, mit Haut und Haar«[54]. Folgerichtig steht dann am Ende des Jahres anstelle von Weihnachten, dem Tag der Geburt, Silvester als Tag des Todes. Hier wird die Perversion der christlichen Ordnung nun auch in der Sprache sichtbar:

> »›Du weißt ja, daß jedes Jahr in der Neujahrsnacht einer von uns für ihn sterben muß.‹ ›Für den Meister?‹ ›Für ihn‹, sagte Juro. ›Er hat einen Pakt mit dem … nun, mit dem Herrn Gevatter. Alljährlich muß er einen von seinen Schülern *zum Opfer bringen,* sonst ist er selber dran.‹« [55]

Der Tod von Tonda, Michal und den vielen Namenlosen vor ihnen bezeichnet ein Opfer im ursprünglichen, rituellen Sinn des Wortes. In Entsprechung zum Opfertod Christi hat dieses Opfer Stellvertreterfunktion. Doch ist es gerade nicht ein Opfer ein für allemal, das jedes weitere Opfer unnötig macht, sondern es ist auf Fortsetzung angelegt. Im Gegensatz zu Ostern, das einen Kreislauf – den Kreislauf der Schuld – endgültig durchbricht, stellt der Jahreslauf auf der Mühle einen wahren Teufelskreis dar, aus dem nicht zu entrinnen ist.

Krabats Entschluss, dem Meister an Zauberkraft ebenbürtig zu werden, um ihn besiegen zu können, setzt ihn daher nur der Gefahr aus, das nächste Opfer zu sein. Denn alleine kann er, auch mit noch so großer Zauberkraft, nichts gegen den Meister ausrichten. Er bedarf dazu eines anderen Menschen, der selbst bereit ist, sein Leben für ihn aufs Spiel zu setzen: Nur wenn ihn ein Mädchen, das ihn liebt, beim Müller freibittet, kann er gerettet werden. Allerdings muss das Mädchen eine Probe bestehen. Kann sie ihren Geliebten nicht unter den anderen Gesellen herausfinden, muss sie mit ihm sterben.

Nicht von ungefähr ist die Liebe zwischen Krabat und dem Mädchen, das ihn erlöst, mit Ostern verbunden. Krabat

54 Ebd., S. 53 (Hervorh. von mir, A. H.).
55 Ebd., S. 210 f.

hört zunächst nur ihre Stimme in der Osternacht, als die nach drei Tagen der Stille wieder einsetzenden Glocken das Ende der Todesnacht Christi ankündigen und die Mädchen des nahe gelegenen Dorfes das neue Licht des Auferstandenen mit Osterliedern begrüßen. Auch die ersten beiden Begegnungen mit der Kantorka, der Vorsängerin des Dorfes, finden – die erste noch ohne ihr Wissen – am Ostermorgen statt; und noch ihr drittes Zusammentreffen auf der Kirmes (Kirchweih) deutet die christliche Gegenordnung zur Schwarzen Magie der Mühle an,[56] für die die Kantorka der Inbegriff ist.

Otfried Preußler hat den Krabat-Sagenstoff, der übrigens mehrfach bearbeitet worden ist,[57] nicht nur in manchen Details ausgeschmückt. Besonders die Auslösung Krabats ist gegenüber der Vorlage entscheidend verändert. Denn in der Sage wird der Meister mithilfe von Magie, also mit seinen eigenen Waffen besiegt: Um die Gesellen bei der Erkennungs-Probe ununterscheidbar zu machen, verwandelt der Müller sie in Raben. Doch Krabat kann sich von den anderen abgrenzen, indem er sich statt unter dem linken Flügel unter dem rechten die Federn zupft.[58] Bei Preußler wird das Rabenmotiv zu einer früheren Version dieser Probe, an der einer der Vorgänger Krabats gescheitert ist. Nicht in der Lage, seinem Mädchen ein eindeutiges Zeichen zu geben, hatte dieser sein Leben – ebenso wie das des Mädchens – verwirkt. In Kenntnis dieser Geschichte übt nun Krabat zusammen mit Juro nächtelang, sich dem Willen des Meisters zu widersetzen. Hier wird zugleich überdeutlich, wie viel Mühe das Beherrschen der Schwarzen Magie erfordert: Krabat scheitert bei seinen Versuchen immer wieder und gerät daher über seinem Vorhaben in Verzweiflung. Unerwartete Hoffnung schöpft er allerdings, als er im Ring der Kantorka Zauber-

56 Die Einweihung einer Kirche, an die das Kirchweihfest erinnert, war im Mittelalter immer mit einem Ritual der Teufelsaustreibung verbunden.

57 Vgl. J. Brezan, Krabat oder die Verwandlung der Welt, Berlin 1976 bzw. ders., Die schwarze Mühle, Berlin [5]1980.

58 Vgl. O. Preußler, Krabat. Schulbuchausgabe mit Materialien, Stuttgart u. a. 1988, S. 261 f.

kräfte entdeckt – die Macht eines anderen Zaubers als dem der Schwarzen Magie:

> »Es gibt eine Art von Zauberei, die man mühsam erlernen muß: das ist die, wie sie im Koraktor steht, Zeichen für Zeichen und Formel um Formel – und dann gibt es eine, die wächst einem aus der Tiefe des Herzens zu: aus der Sorge um jemanden, den man lieb hat.«[59]

Mit dieser Entdeckung glaubt Krabat seinen Sieg über den Meister sicher. »Er, Krabat, würde dem Treiben des Müllers ein Ende setzen: ihm war es bestimmt, seine Macht zu brechen.«[60] Doch Preußlers Bearbeitung des Krabat-Stoffes setzt nicht Weiße gegen Schwarze Magie. Vielmehr ist in der Variante der Probe, die die Kantorka bestehen muss, jeder Zauber nutzlos, wird Krabat jedes aktive Handeln unmöglich gemacht: Die Gesellen werden nicht in Raben verwandelt, sondern die Kantorka muss Krabat mit verbundenen Augen herausfinden. Krabat kann dabei nur tatenlos zusehen, er ist ihrem Erkennen völlig ausgeliefert und weiß zugleich, dass er damit auch sie dem drohenden Tod ausgeliefert hat. Selbst gänzlich von ihr abhängend, kann er ihre Abhängigkeit von ihm nicht auflösen. Gerade im Bewusstsein dessen, nämlich durch seine Angst bringt Krabat nun aber seine Hingabe an die Kantorka zum Ausdruck, an der sie ihn schließlich erkennen kann. Nicht der Zauber, der im Ring der Kantorka steckt, führt daher zur Erlösung, sondern die Ursache dieses Zaubers, die »Sorge um jemanden, den man lieb hat«.

Damit setzt Preußlers *Krabat* dem dualistischen, durch Selbstermächtigung und insofern zugleich durch Vereinzelung gekennzeichneten Modell der Schwarzen Magie die Wechselseitigkeit der Hingabe und des Angewiesenseins entgegen. Die Kantorka verkörpert diese Ordnung von Anfang an: »›Dein Leben‹, sagte sie, ›ist mir das meine wert.‹«[61] Krabat hingegen ist mit seinem Vertrauen auf die eigene Kraft zunächst nach

59 O. Preußler, Krabat, Würzburg [8]1974, S. 239.
60 Ebd., S. 248.
61 Ebd., S. 233.

wie vor der Ordnung der Schwarzen Magie verhaftet. Sie wird erst im Moment der Angst nicht so sehr um sich selbst als vielmehr um das Leben der Geliebten verlassen. Denn Krabat erkennt nun: »Ich bin schuld, daß sie sterben muß«.[62] Mit dem Schuldbekenntnis Krabats und der Bereitschaft der Kantorka, ihr Leben für das seine zu opfern, sind die beiden zentralen Momente von Ostern aufgerufen, die gegen den Teufelspakt des Müllers und die Ordnung der Schwarzen Magie gesetzt werden. So wird durch die erkennende und sich zu erkennen gebende Liebe zwischen der Kantorka und Krabat der Kreislauf[63] des Opfers durchbrochen.

IV. Das Ende des Opferns – Erlösung in der *Fantasy*

Es wäre zu einfach, wollte man den Boom der *Fantasy* auf deren dualistische Grundstruktur zurückführen. Denn weder legt diese ein so eindeutiges Schwarz-Weiß-Schema zugrunde, wie es ihr häufig unterstellt wird, noch sind solche Dualismen der christlichen Tradition selbst fremd. Die frühe Kirchengeschichte verzeichnet große innerchristliche Konflikte um die Frage, ob dualistische Symbolik, wie sie etwa die Gnosis ausbildete, abgestoßen werden muss oder aber integriert werden kann. Ebenso deutlich werden dualistische Grundstrukturen in der Frühen Neuzeit am kirchlichen Kampf gegen Schwarze Magie mit allen grausamen Konsequenzen nicht nur der magischen Praktiken, sondern auch der Inquisition, die gegen sie vorging. Diese Parallele muss allerdings zu denken geben. Kulturen, und seien sie heute noch so säkular, die auf eine jahrhundertelange christliche Tradition zurückblicken, sind durch zahlreiche im kulturel-

62 Ebd., S. 251.

63 In der Sagen-Vorlage wird dieser Opfer-Kreislauf auch mit der Symbolik des Kreises ausgedrückt: Hier müssen sich die Gesellen um ein Rad herum stellen, das an einer Stelle mit einem Zeichen versehen ist. Das Rad wird gedreht und derjenige, bei dem das Zeichen stillsteht, muss sterben. Vgl. O. Preußler, Krabat. Schulbuchausgabe mit Materialien, Stuttgart u. a. 1988, S. 259 f.

len Gedächtnis verankerte, religiös geprägte Grundorientierungen bestimmt – wenn diese auch häufig nicht reflektiert werden. *Fantasy* bedient insofern durch den Rückgriff auf diese Grundorientierungen ein vom Leser, Zuschauer oder Spieler mitgebrachtes kulturelles Wissen und erreicht so einen Wiedererkennungseffekt. Überdies legt sie in der Anwendung mythischen Erzählens universale, überkulturelle Sinnstrukturen zugrunde.[64]

Dass die Thematik von Opfer und Erlösung so häufig im Zentrum von *Fantasy*-Erzählungen steht, muss vor dem Hintergrund der kulturellen Vorgaben nicht verwundern, weckt aber doch Erklärungsbedarf. Einerseits greift die *fantasy*-typische Verknüpfung von individueller und kollektiver Geschichte im Moment der Verantwortung für eine Gemeinschaft geradezu zwanglos auf das christliche Wertesystem zurück. Indem sie die Lösung der Probleme stets beim Individuum verortet, dabei aber auch dem Zwiespalt und der Gebrochenheit des modernen Subjekts Rechnung trägt, erweist sie sich andererseits als von modernen Voraussetzungen bestimmt. *Fantasy* spiegelt das Zusammenspiel von überkommenen Ordnungen und den Zuschreibungen an das moderne Subjekt ebenso wie die notwendige Vermittlung von kollektiven und individuellen Bedürfnislagen in aller damit verbundenen Ambivalenz wider, der die säkularen Gesellschaften heute ausgesetzt sind. Gerade im Rahmen ihrer dualistischen Grundstruktur kann *Fantasy* das Unbehagen oder auch Ungenügen an beidem zum Ausdruck bringen und mit verschiedenen Möglichkeiten und Konstellationen spielen. Ihre Helden sind dabei durch ebenjene Ambivalenz allererst gekennzeichnet: Der überfordernden Erwartung an ihre Selbsttätigkeit steht immer die Erkenntnis ihrer Unzulänglichkeit gegenüber. Indem diese Helden durch ihre Schwächen immer wieder in Frage gestellt werden, stehen sie dem sich identifizierenden Leser oder Zuschauer näher als über alles erhabene Heroen.

---

64 Vgl. dazu nochmals W. Burkert, Kulte des Altertums. Biologische Grundlagen der Religion. München 1998.

Die vorgestellten *Fantasy*-Erzählungen setzen für das Gelingen der Erlösung keineswegs nur die Bereitschaft eines Opfers voraus, sondern stellen dieses als unausweichlich vor. Den Brüdern Löwenherz ebenso wie Frodo Beutlin bietet ihre Welt aufgrund dessen, was sie für sie getan haben, keine Lebensmöglichkeit mehr. Beide Male wird jenseits dieser Welt eine andere eröffnet, die paradiesische Grundzüge trägt und in deutlichen Traditionsanleihen beschrieben wird (bei Tolkien übrigens mit zahlreichen keltischen Bezügen). Auch *Star Wars* hat für den sich opfernden Anakin Skywalker eine jenseitige, spirituelle Welt bereit. Hier ist es anfänglich Luke, der die christlich-buddhistisch inspirierten Grundsätze des Liebens statt Hassens und des Nicht-Handelns befolgt und damit die Erlösung der Galaxis herbeiführt. Die Vollendung dieser Erlösung, die nur dank des Eingreifens von Anakin möglich wird, kehrt jedoch das christliche Modell um: Der Vater opfert sich für den Sohn. Interessanterweise wird in *Star Wars* zum Schluss gerade keine vaterbezogene Ordnung restituiert: Diese ist mit dem Tod Darth Vaders und seiner Verwandlung in Anakin Skywalker vielmehr ein für allemal abgeschafft. Statt dessen sind Sohn und Vater und die anderen spirituellen Erscheinungen der Jedis gleichberechtigt und frei in einem transzendenten Band der Liebe verknüpft.

Es fällt auf, dass die *Fantasy*-Erzählungen mit Erlösung und Opfer stets ein Liebesmodell verbinden. In *Krabat* erhält es umso zentralere Funktion, als damit auch die dualistische Struktur von Schwarzer wie Weißer Magie überboten wird. Hier geht es nicht nur um die Ablösung eines falschen Opfermodells im ursprünglichen rituellen Sinn. Vielmehr wird mit der nachdrücklichen Absage an jedes Opfer eine zentrale Aussage christlicher Opfertheologie sehr feinsinnig herausgearbeitet. Innerhalb der österlichen Motivik von Schuld einerseits und Hingabe andererseits wird der Kantorka eine Christusfunktion zugeschrieben, gleichzeitig wird in der zum Erkennungszeichen werdenden Angst Krabats um die Geliebte aber auch die Wechselseitigkeit des Liebesmodells hervorgehoben. Auch Frodos Opfer im *Herrn der Ringe* legt eine Parallele zur Christusfigur nahe. Nur weil er selbstlos handelt, kann Frodo den Ring (er)tragen und damit die Rettung Mittelerdes herbeiführen. Dennoch kann sich das Böse so weit seiner bemächtigen, dass er seine eigene Welt »verliert« und sein Dasein in Mittelerde »aufgeben« muss.[65] Indem Tolkien jedoch die Reichweite und Unentrinnbarkeit des Bösen ins Zentrum stellt, betont er stärker die Unumgänglichkeit des Opfers. Preußler hingegen legt den Akzent auf die Erlösung, die im Durchbrechen des Opferkreislaufs durch die Liebe möglich wird.

Dem mythischen Erzählen gemäß ist am Ende aller *Fantasy*-Erzählungen die vormals in Frage gestellte Ordnung wieder errichtet. Die Orientierung, die die *Fantasy* ihren Lesern oder Zuschauern bietet, wird durch die Identifikation mit den Helden ermöglicht, die in ihrer Schwäche menschlich und in ihrer Selbstlosigkeit vorbildlich erscheinen. Entscheidend wird dabei jedoch nicht ihre Opferbereitschaft an sich, sondern die Verbindung mit dem Wunsch und der Möglichkeit einer Erlösung, die letztlich auch den charakteristischen Dualismus von Gut und Böse hinter sich lassen kann. Denn das Opfer der *Fantasy*-Helden zeichnet sich dadurch aus, dass es gerade nicht einen Mythos der Vergeltung bestätigt, sondern jegliche Vergeltungsordnung durchbricht.

65 Vgl. Frodos Worte an Sam in der oben bereits zitierte Passage, J. R. R. Tolkien, Der Herr der Ringe, Bd. 6, S. 166.

Abschied vom Opfermythos?

WERNER H. RITTER

I. Sühnopfertod passé?

Alljährlich zur Passions- und Osterzeit regen sich schon fast traditionell-rituell im deutschsprachigen Raum Stimmen, die die überkommene Vorstellung vom Opfertod Jesu Christi problematisieren und kritisieren. »Tatsächlich ist«, schreibt der Theologe Rolf Sistermann, »das herkömmliche Verständnis von Erlösung im Christentum als Loskauf oder Sühnopfertod Christi nicht mehr zu vermitteln«.[1] Diese Sicht der Dinge teilt eine große und illustre Schar sonst durchaus unterschiedlicher, ja oppositioneller Kräfte und Geister von Christentumskritikern bis zu Christentumsanhängern. So kritisiert der Philosoph Herbert Schnädelbach[2] aus christentumskritischer Warte die »Rechtfertigung als blutigen Rechtshandel« eines blutrünstigen Gottes und fragt, »warum der christliche Gott nicht unter denselben Bedingungen vergeben kann wie der jüdische Gott am Jom-Kippur-Fest, und dies vielleicht auch ohne Opferlamm«. Auf Ablehnung stößt die Rede von einer durch das Lebens- bzw. Todes-Opfer Jesu erwirkten Erlösung aber auch bei Anhängern des christlichen Glaubens, etwa mit dem Hinweis, dies sei eine »mythologische« Vorstellung, die – weil einem antiquierten

---

1 So R. Sistermann in einer Rezension zu G. Baudler, Der Gott der Gewalt, Zeitschrift für Pädagogik und Theologie 52/2000, 218.

2 Vgl. H. Schnädelbach, Der Fluch des Christentums. Die sieben Geburtsfehler einer alt gewordenen Weltreligion, in: Die Zeit, Nr. 20 vom 11.5.2000.

Weltbild verhaftet und damit unvernünftig – heute niemandem mehr zu vermitteln und folglich aus dem christlichen Vokabular zu streichen sei. Abgelehnt wird die Opfertod-Vorstellung sodann ganz entschieden vor allem von Feministinnen und feministischen Theologinnen mit dem Argument, dies sei eine grausame, sadomasochistische (nämlich wenn Gott Jesus sehr geliebt habe), patriarchalische, nur Männern mögliche Erfindung und Denkfigur[3], die von einer abstrakten Omnipotenztheologie zeuge. Gott sei ein »grausamer Vater« gewesen, als er seinen ihn liebenden Sohn »dahingab«. Letztendlich wird hier Gott der Tod seines Sohnes zum Vorwurf gemacht, weil er ihm Gewalt angetan habe. Dementsprechend ist Regula Strobels Frage, »dürfen Menschen oder auch nur ein Einzelner geopfert werden zur Erlösung, zum Heil, zum Wohl, von anderen Menschen?«[4], rein rhetorisch gestellt. Erlösung braucht nämlich in dieser Sicht der Dinge kein Opfer! Zudem habe, so Strobel, solche weit verbreitete Opfertheologie ein Klima der Akzeptanz von Gewalt geschaffen: »Legitimiert dieses sogenannte Heilshandeln Gottes im Kreuz nicht immer weitere Gewalttaten, dass Mächtige weiterhin andere opfern ...?«[5] Auf Ablehnung stoßen der Opfergedanke und eine Sühnopfertheologie aber auch bei Theologen wie Eugen Biser[6], Georg Baudler[7], sowie Jochen Vollmer und Claus Petersen. Vollmer[8] zufolge braucht der Gott Jesu »kein Sühnopfer« (120), denn der »väterliche und mütterliche Gott Jesu vergibt grundlos und bedingungslos, ohne Blut, ohne Sünde und ohne Gewalt«

3 Vgl. etwa E. Moltmann-Wendel/L. Schottroff/D. Sölle, Kreuz, in: Wörterbuch der feministischen Theologie, hg. v. E. Gössmann u. a., Gütersloh 1991, 225–236; R. Strobel, Feministische Kritik an traditionellen Kreuzestheologien, in: D. Strahm/R. Strobel (Hg.), Vom Verlangen nach Heilwerden. Christologie in feministisch-theologischer Sicht, Fribourg-Luzern 1991, 52–63.

4 R. Strobel, a. a. O., 56.

5 R. Strobel, a. a. O., 57.

6 Vgl. E. Biser, Überwindung der Lebensangst. Wege zu einem befreienden Gottesbild, München 1996.

7 G. Baudler, Gott Jahwe Abba. Wie die Bibel Gott versteht, Düsseldorf 1996.

8 J. Vollmer, Zur Deutung des Todes Jesu, DtPfrbl 97/1997, 119–122.

(121). Und Claus Petersen[9] resümiert: »*Abwegig ist nicht nur die Sühnopfertheologie, sondern die Kreuzestheologie überhaupt.* Der Tod Jesu am Kreuz ... lässt sich theologisch überhaupt nicht verstehen und erklären.« Auf den Punkt gebracht besagt diese Position: Mit dem »Gott der bedingungslosen Liebe« (Biser) bzw. mit der Reich-Gottes-Verkündigung Jesu, die Gottes Liebe im Mittelpunkt hat (Vollmer), sind Opfertod-Vorstellung und Sühnopfertheologie unmöglich zu vereinbaren.

So weit dieser kurze, aber exemplarische Blick in die gegenwärtigen Debatten um die Sühnopfertodvorstellung, der vor allem von den Schwierigkeiten im Umgang mit dieser Vorstellung zeugt. Was auf den ersten Blick als heutiges Problem erscheint, hat freilich – dies lässt sich zeigen – durchaus seine Geschichte: Sieht man nämlich ein wenig genauer hin, dann haben nicht erst Menschen heute ihre Probleme mit dem Sühnopfer Jesu Christi, vielmehr ist, der Opferthematik ablehnend gegenüber zu stehen, ein Grundzug aufklärerischen und liberalen Denkens seit etlichen Jahrhunderten, spätestens seit Kant.[10] Welche *Argumente* liegen nun diesen Kontra-Positionen zugrunde? Im Wesentlichen sind es vier. Als ein erstes Argument kann vorgebracht werden, es handle sich bei der Opfertod-Vorstellung um eine zumindest partielle *neutestamentliche »Fehldeutung«*, die zu tilgen bzw. innerneutestamentlich zu relativieren und korrigieren sei.[11] Zweitens kann argumentiert werden, mit dem Opfertod Jesu liege eine nicht akzeptable *»Fehlhaltung« Gottes*

9 C. Petersen, The Times They Are A-Changin', DtPfrbl 97/1997, 287–289, 288 (im Original kursiv).

10 Schon J. Calvin hat in seiner Institutio von 1559 die Absicht, Gott mit blutigen Opfern zu versöhnen, für lächerlich erklärt (vgl. Inst II,7,1); von da aus führt ein konsequenter Weg zur Aufklärungskritik an der christologischen Opfer- und Sühnevorstellung, die eine auf diesen Tod begründete Erlösung in moralischer Entrüstung vehement ablehnt.

11 So spricht Petersen, a. a. O., S. 288 von dementsprechenden »späteren Ergänzungen, Bearbeitungen und auch Entstellungen«, »Missverständnissen«, die durch die »Grundstruktur der Botschaft Jesu« vom »Reich Gottes, von einem Leben in Fülle« und Gottes Liebe zu revidieren seien.

selbst vor, die auf einen problematischen, nekrophilen Gott schließen lasse, der nicht Inbegriff des Guten sein könne. In Tilmann Mosers vor fast drei Jahrzehnten erschienenem Klassiker »Gottesvergiftung« findet sich das so ausgedrückt: »Man hat mir weismachen wollen, dass du mit seiner (deines Sohnes) Opferung am Kreuz den neuen Bund der Liebe hast einläuten wollen. Und wiederum habe ich versucht, auf allgemeine Aufforderung dich anzustaunen, weil du für mich armen Sünder deinen einzigen Sohn geopfert hast. Das macht natürlich Eindruck: Wie schlecht muss ich sein, dass es einer solchen Inszenierung bedarf, um mich zu erlösen! Seltsam, seltsam – keiner von den Predigern hat je Verdacht geschöpft, dass vielleicht nicht mit *uns*, sondern mit *dir* etwas nicht stimmt, wenn du vor lauter Menschenliebe deinen Sohn schlachten musstest. Und uns gibst du ihn dann zu trinken und zu essen, wie es heißt, zur Versöhnung.«[12] Drittens wird angeführt, die mit dem Opfermotiv vorgetragene Argumentation sei theo-logisch *unvernünftig* und *un-logisch*: Wenn Gott aus Liebe zu uns diesen Sühnetod veranstalte und uns zugleich vor seinem Zorn rette[13] – wie sollte das logisch und theologisch zusammengehen? Veranstaltet, so wird gefragt, gleichsam »Gott dieses Sühnopfer mit sich selbst«? Gott ist bzw. wäre dann »zugleich Gläubiger und Vertreter der Schuldner ...«[14]. Das, so heißt es, verstehe, wer wolle. Viertens wird vorgebracht, dass die Opfertodvorstellung eine *infolge von Traditionsbrüchen und nachlassender christlich-religiöser Erziehung und Sozialisation unverständliche*, auf jeden Fall heute nicht mehr nachvollziehbare Auffassung sei. Zugespitzt formuliert sieht es ganz danach aus, als sei die Rede von der Erlösung durch den Opfertod Jesu Christi heute sowohl historisch-kritisch als auch vernünftig unhaltbar geworden, nicht nur in den Augen von Theologinnen und Theologen. »Ich denke«, heißt es bei Regula Strobel, »dass der Begriff Opfer nicht mehr mit Erlösung in Zu-

---

12 T. Moser, Gottesvergiftung, Frankfurt/M. 1976, S. 20 f. – Ähnlich argumentiert auch H. Schnädelbach.

13 So J. Vollmer, a. a. O., 120.

14 So lautet ein Vorwurf von H. Schnädelbach.

sammenhang gebracht werden sollte, weil schon zu viele geopfert wurden und sich für andere geopfert haben, ohne uns die erhoffte Erlösung zu bringen«[15].

Muss die Quintessenz aus dem Ganzen danach wirklich lauten: Opfertod passé? Gilt es sich davon als einer herkömmlichen, mythischen und eben nicht mehr zeitgemäßen Vorstellung definitiv zu verabschieden, weil man damit sowieso niemanden mehr erreichen kann? Wer sagt uns denn das? Und woher diese (theologische) Sicherheit? Warum soll dieses zentrale Motiv aus der Erzählgeschichte und -gemeinschaft der Christenheit heute passé und überholt sein? Und sollte man sich darüber am Ende auch noch freuen? Sind Herkömmliches und Fremdes schon wegen ihrer Traditionsverhaftung und ihres Fremdseins per se verdächtig, überholt und falsch? Das wäre ein eigenartiger Umgang mit Überliefertem und Fremdem. Immerhin sind Rede und Vorstellung von der Erlösung durch den Opfertod Jesu *eine* biblisch-neutestamentlich gut verbürge sowie dogmatisch reflektierte christliche Vorstellungsweise, mit der sich Christinnen und Christen einen »Reim« auf das entsetzliche Ende ihres Herrn zu machen versuchten, um es zu »verstehen« und damit – so würden wir heute sagen – Glauben und Denken nicht auseinander fallen zu lassen. Ist die Rede vom Opfertod Jesu Christi also wirklich passé?

---

15 R. Strobel, a. a. O., 57.

II. Moderne Opfermythen in Lebenswelt und Popularkultur[16]

Opfermythen – im 3. Reich überstrapaziert[17] – galten in der Nachkriegszeit bis in die 70er Jahre des 20. Jahrhunderts als mehr oder weniger überholt. Dies sowie ein aufklärerischer Zug im mainstream der Theologie dieser Zeit lassen, zumindest prima facie, die Opferthematik in modernen Gesellschaften fremd erscheinen. Mögen alte Kulturen und Gesellschaften sich auf und über den Opfergedanken verständigen gekonnt haben, der Moderne scheint dies nicht mehr möglich, vor allem dann, wenn sie einer Entwicklungslogik vom Mythos zum Logos huldigt. Doch der Schein trügt! Es lässt sich nämlich zeigen, dass wider alle Erwartung Opfer- und Erlösungsvorstellungen in unserer Lebenswelt und der so genannten Popularkultur sehr wohl eine Rolle spielen.

1. Opfer in der Lebenswelt

Vom Opfer ist im Alltagsleben, in der Kultur, der Politik und den Medien die Rede. Dort werden auch moderne »Opfermythen«[18] formuliert. Wir sprechen vom »Unfallopfer«, »Verkehrsopfer«, »Fortschrittsopfer«, »Bauernopfer« (in der Politik), »Kriegsopfer«, vom »Opferlamm«. Menschen bringen in ihren Lebensgeschichten »Opfer«, sie opfern sich

---

16 Die hier folgenden Ausführungen verstehe ich im Sinne eines Entdeckungszusammenhangs, der die Relevanz des von mir bearbeiteten Themas zeigen soll. Sie stellen keinen Begründungszusammenhang für das in 3., 4. und 5. Folgende dar. Der Entdeckungszusammenhang aber legt es nahe, das Thema Mythos wieder auf die theologische Tagesordnung zu setzen.

17 Es war vor allem Joseph Goebbels, der sich hier hervortat. So sagte er am 18.2.1943: »Das Volk will alle, auch die schwersten Belastungen auf sich nehmen und ist bereit, jedes Opfer zu bringen, wenn dadurch dem Sieg gedient wird.« Zit. nach H. Heiber (Hg.), Goebbels-Reden, Bd. 2, 1939–1945, Düsseldorf 1972, 187.

18 Vgl. H.-M. Gutmann, Die tödlichen Spiele der Erwachsenen. Moderne Opfermythen in Religion, Politik und Kultur, Freiburg 1995.

auf. Menschliche Embryonen sollen für Gewebekulturen »geopfert« werden.[19] Leben ist ohne Opfer nicht vorstellbar und scheint auch ohne es nicht zu funktionieren. Da war beim Amoklauf eines Schülers an einem Erfurter Gymnasium im April 2002 ein Lehrer gleichsam »dazwischengetreten«, zwischen den Täter und weitere mögliche Opfer. Ob er, wie Medien berichteten, im Verlauf eines kurzen Gesprächs zu ihm nun gesagt hat: »So, jetzt kannst du mich erschießen. Aber wenn du's tust, dann guck mir in die Augen!«, – es kann dahingestellt bleiben. Der Täter ließ jedenfalls die Waffe sinken. Das grauenhafte Morden nahm ein Ende, aus welchen Gründen auch immer. Was aufhorchen lässt, beeindruckt und nachdenklich macht, ist die Bereitschaft eines Menschen, sein Leben dran zu geben, zu opfern, damit andere leben können. Ein Opfer als Lebenshingabe unterbricht einen Amoklauf und führt eine Wende herbei – Opfer als Lebensangebot.

2. *Opfer in der Popularkultur*

Wer nur ein wenig verfolgt hat, was sich seit ein bis zwei Jahrzehnten hinsichtlich der Rückkehr von (religiösen) Mythen, Inszenierungen und Stories in der Medien-, Film- und Fernsehwelt sowie der Literaturszene tut, muss wahrnehmen, dass sich hier in ganz unterschiedlichen Genren der Opfer- und Erlösungsgedanke wieder bemerkbar macht, ja dass es offensichtlich Bedarf und Sehnsucht danach gibt. Die Motivik des Opfers und »Sterbens für andere« ist häufig Ausdruck besonders starker, selbstloser Liebe: Sein Leben aus Liebe für einen geliebten Menschen hinzugeben – dieser Gedanke berührt und bewegt gerade auch junge Menschen. Unter *Popularkultur*[20] versteht man seit den 80er Jahren nä-

19 Vgl. I. Wilmut/K. Campbell/C. Tudge, Dolly. Der Aufbruch ins biotechnische Zeitalter, München 2001.

20 Vgl. W. Nutz, Trivialliteratur und Popularkultur, Opladen/Wiesbaden 1999; H. Schmiedt, Popularkultur in der Gegenwartsliteratur, Hagen 1984.

herhin die *Kultur der Leute*, wie sie sich in Filmen, Fernsehen, Videoclips, Werbung, aber auch in bestimmter Literatur ausdrückt. Die Massenmedien der 70er und 80er Jahre liefern dabei die Voraussetzungen für das Entstehen dieser Kultur, in der menschliche Subjekte als Nutzer, Verbraucher und Teilhaber von und an Kultur zunehmend selbst entscheiden, was sie für kulturell belangvoll halten und goutieren.[21] Im Folgenden will ich anhand einiger ausgewählter Beispiele aus zwei Bereichen der Popularkultur, nämlich Film und Literatur, für unser Thema Relevantes und Signifikantes aufzeigen.

Da kommt es in *Kino-Filmen, Fernsehen, Video und Computerspiel* zu einem Revival von explizit oder implizit religiösen, zumindest kryptoreligiösen Inszenierungen, Dramen und Mythen, die um das Thema Erlösung und Opfer kreisen. Georg Seeßlen[22] hat die These aufgestellt, dass Kinofilme eines einschlägigen Genres zu Beginn eine unerlöste Welt zeigten, die – so der weitere Filmverlauf – auf Erlösung aus sei. In einem dreiaktigen Drama – eine relativ konstante Grundstruktur solcher Cinema-Stories – gebe es eine Abfolge von Schuld-Sühne-Erlösung, wobei in der Regel der Opfergedanke eine zentrale Rolle spiele. Zwar ziehe sich, so Inge Kirsner[23], das Motiv des stellvertretenden Opfers durch die Menschheits- und Filmgeschichte, kehre aber verstärkt erst in den letzten Jahrzehnten in die Kinos zurück.

In gebrochener Form lässt sich dies bereits an dem Parade-, Seh- und Lehrstück »*Titanic*« von James Cameron (USA 1997) zeigen, das auf seine Weise den Erlösungs-, Opfer- und Auferstehungsmythos neu inszeniert. Im Mittelpunkt dieses Films steht – auf der legendären »Titanic« angesiedelt

---

21 Bis in die 70er Jahre hinein galt im Wesentlichen nur die »Hochkultur« als Kultur. Hier bestimmten gesellschaftliche Eliten und/oder Kultur-Päpste, was Kultur und Unkultur sei. Alles, was nicht »Hochkultur« war, wurde damit zur »Massen-« oder »Trivial-Kultur« degradiert.

22 G. Seeßlen, Das Kino und der Mythos, Evang. Erzieher (ZPT) 44/1992, 537–549, v. a. 541.

23 I. Kirsner, Das Opfer im Film: Einer muss sterben für's Volk, in: Dies./M. Wermke (Hg.), Religion im Kino, Göttingen 2000, 42–61.

– eine Teenager-Romanze zwischen der unglücklich verlobten, aus reichem Hause stammenden Rose und dem jungen, armen Maler und Glücksritter Jack. Rose versucht ihrem Schicksal über die Reling der »Titanic« zu entfliehen, Jack rettet sie und zeigt ihr die wahre Liebe. Dies, wie gesagt, alles auf jener legendären, für unsinkbar gehaltenen »Titanic«, einem technischen Wunderwerk des frühen 20. Jahrhunderts, das dann doch sinkt. Zunächst überleben beide, Jack und Rose. Dann aber opfert Jack im eiskalten Ozean sein Leben, denn die Tür, auf die sie sich gerettet haben, kann nur Rose allein tragen. Jack stirbt, damit Rose lebt – Sterben für jemanden, den man unendlich liebt, heißt die cineastische Quintessenz. So erzählt der Film »Titanic« vom Versagen der Technik angesichts mörderischer Naturgewalt, aber auch vom Lebens-Opfer eines Liebenden und schlussendlich vom Sieg der Liebe über den Tod.

Ein zweites Veranschaulichungsbeispiel für die Relevanz der Erlösungs- und Opfer-Motivik im Kino ist der Film »End of Days«, der Ende 1999 in die deutschen Kinos kam und die Säle füllte. Regie führte Peter Hyams und Hauptdarsteller ist Arnold Schwarzenegger. In aller Kürze: Der Film beginnt mit der astronomischen Beobachtung eines Theologen im Vatikan Ende der 70er Jahre. Diese wird als finsteres Vorzeichen gedeutet, nämlich als Hinweis auf die Geburt jener Frau, mit der der Satan am Ende des Jahrhunderts ein Kind zeugen soll, das als Fürst der Finsternis über die Erde herrschen und Gottes Kirche vernichten wird. Im weiteren Filmverlauf befindet sich der Zuschauer nun kurz vor dem Silvesterabend 1999.

Jetzt betritt der Satan selbst in Gestalt eines Börsenmaklers die Welt, um nach der Frau zu suchen, mit der er sich rituell vereinigen soll. In diese Aktionen des Satans wird die von Schwarzenegger gespielte Gestalt des Jericho Cane verwickelt. Schon das Namenskürzel – J. C. – fällt auf. Cane, der seinen Glauben verloren hat, steht vor der Entscheidung, entweder dem Teufel zu helfen (der ihm dafür eine großzügige Entlohnung verspricht) oder die junge Frau und mit ihr die Welt vor dem Teufel zu schützen. Cane nimmt den Kampf gegen den Teufel auf, erkennt aber bald, dass er diesen weder mit Sprengstoff und Waffengewalt noch mit Exorzismus und

Weihwasser bestehen kann. Vor dem Teufel retten kann ihn, die junge Frau und letztendlich die ganze Welt nur der Glaube. Dies ist eindrücklich in der Szene eingefangen, in der Jericho Cane die Waffen streckt und um Glauben betet. Auch wenn sich der Satan im weiteren Verlauf des Films des Körpers von Jericho Cane bemächtigen kann, hindert ihn letztlich dessen Glaube, seinen teuflischen Plan zu vollenden. Schließlich rettet »J. C.« die junge Frau und damit die Welt durch ein Selbstopfer, indem er sich heroisch in das Schwert einer auf dem Boden liegenden Statue des Erzengels Michael stürzt. Das Ende des Films: Dieses Opfer und damit der Tod sind nicht das Ende von Jericho Cane, sondern liefern die Transzendierung in eine bessere, glücklichere Welt, sichtbar gemacht durch Canes Begegnung mit seiner ermordeten Familie, welche ihn aus dem Tod ins Paradies führt. – Auch dieser Film führt eindrucksvoll und nachhaltig die hohe Bedeutung von Opfer und Erlösung vor Augen.

Aus dem Bereich der *Literatur* führe ich kurz nur ein einziges Beispiel an[24], das auf seine Weise die hohe Relevanz der Opfer- und Erlösungsthematik in der Popularkultur und -literatur plausibel machen kann: *Harry Potter*. Die Harry-Potter-Bücher der schottischen Schriftstellerin Joanne K. Rowling stellen eine einzigartige Erfolgsgeschichte dar. Ihre Auflagen haben mittlerweile weltweit die Fünfzigmillionenmarke überschritten, was zeigt, wie sehr ihre Themen Menschen anzusprechen vermögen. Das Erstaunliche dabei ist, dass diese Bücher keine hohe Literatur sind, literarisch also nicht zu vergleichen mit Kinderbüchern aus der Feder von Astrid Lindgren oder Otfried Preußler. Es handelt sich dabei vielmehr um einen erfindungsreichen Fortsetzungsroman klassischer englischer »school-story«-Tradition, der mit Fantasy-Elementen angereichert ist. Für unser Thema sind diese Bücher deswegen interessant, weil hier der und das Böse bzw. die Erlösung von ihm eine ungeahnte und für das 21. Jahrhundert erstaunliche Mittelpunktstellung bekommen und eine unerwartete Aufmerksamkeit erfahren. Kurz

24 Vgl. hier auch den Beitrag von A. Hammer!

gefasst geht es darum: Harry Potter, der bei spießigen und gemeinen Stiefeltern aufwächst und in einem Schrank schlafen muss, erhält an seinem elften Geburtstag Post von einer Eule. In diesem Brief steht, dass er sich in der Zaubererschule auf Schloss Hogwarts einzufinden habe, ferner, dass er das vernachlässigte Waisenkind und *der* Harry Potter sei, ein Zauberer und in Hexen- und Zaubererkreisen berühmt, da er – woran er sich selbst nicht erinnern kann – schon als Baby den mächtigen, bösen Lord Voldemort entmachtet habe. Und das – so wird es uns erzählt – trug sich folgendermaßen zu: Als Harry ein einjähriger Säugling ist, bringt jener Lord Voldemort seine Mutter und seinen Vater um, den Vater im mutigen Zweikampf, die Mutter bei ihrem Versuch, Harry zu beschützen. So steht am Anfang der Lebensgeschichte von Harry Potter ein grausamer Gewaltakt. Lord Voldemort, Inbegriff des Bösen, sucht auch Harry zu töten, was ihm aber nicht gelingt: »Aber – er konnte es nicht. Er konnte diesen kleinen Jungen nicht töten.« Offenkundig deswegen, weil Harry ein besonders geliebtes Kind war und – weil seine Mutter für ihn starb! Ziemlich gegen Ende des ersten Bandes, als Harry gerade die Begegnung mit dem Inbegriff des Bösen, Lord Voldemort, der ihm nach dem Leben trachtet, überstanden hat, sagt nämlich der Direktor der Zaubererschule Hogwarts, Mr. Dumbledore, Folgendes zu ihm: »Deine Mutter ist gestorben, um dich zu retten. Wenn es etwas gibt, was Voldemort nicht versteht, dann ist es Liebe. Er wusste nicht, dass eine Liebe, die so mächtig ist wie die deiner Mutter zu dir, ihren Stempel hinterlässt. Keine Narbe, kein sichtbares Zeichen ... so tief geliebt worden zu sein, selbst wenn der Mensch, der uns geliebt hat, nicht mehr da ist, wird uns immer ein wenig schützen.«[25] Weil seine Mutter für ihn starb, kam Harry Potter mit dem Leben davon! Er lebt, weil sie für ihn gestorben ist. Opfer und Opfermythos sind auch im literarischen Zusammenhang, weltlich und religiös, wie ich meine, lebendig und bedeutsam.[26]

25 J. K. Rowling, Harry Potter und der Stein der Weisen, Hamburg 1998, 324.

26 Unter dem Aspekt »Das Böse« habe ich die oben genannten Beispiele

3. *Zwischenresümee*

Es zeigt sich: Die Motive von Erlösung und Opfer ziehen sich nicht nur durch die vergangene Menschheits- und Religionsgeschichte[27], sondern begegnen auch heute. Nicht an eine bestimmte kultische Gestalt gebunden, sondern sich geschichtlich verändernd, ist das Opfer offensichtlich ein lebens- und gegenwartsrelevantes Thema. Opfervorstellungen und Opfermythen sind also mitnichten einfach verabschiedet und passé, sondern in veränderter Gestalt neu und anders da. Der Opfermythos ist heute, so resümiert Hans-Martin Gutmann[28], »einer der zwingendsten ›Mythen des Alltags‹«. Erlösung, Erlösungssehnsucht und Opfer sind zu Beginn des dritten (nachchristlichen) Jahrtausends Themen, auf die christlicher Glaube und christliche Theologie nicht verzichten können, wie auch Menschen, so unser Blick in deren Lebenswelt und in die Popularkultur, nicht auf Mythen im Generellen, Opfermythen im Speziellen verzichten können oder wollen. Allerdings holen sich Menschen heute in dem Maße, in dem Neuzeit und Moderne, aber auch Teile der modernen Theologie meinten, altes Mythosmaterial kalt stellen und für obsolet erklären zu sollen, ihre Orientierungshilfen andernorts und anderweitig, zumal institutionalisierte Religion und Kirchlichkeit in einer säkularen Welt nicht mehr wie früher die einzige Quelle für religiöse und kulturelle Mythen sind.[29] Wo nämlich nicht mehr der christliche Opfermythos erzählt wird, da werden andere Erlösungs- und Opfermythen erzählt; denn was aus der Religion

---

betrachtet in: »Das Böse ist immer und überall ...« Praktisch-theologische Beobachtungen zum Vorkommen des Bösen in der populären Kultur, in: W.H. Ritter/J. Schlumberger, Das Böse in der Geschichte, Dettelbach 2003; leicht verändert in JPTh 2003.

27 Vgl. R. Girard, Das Heilige und die Gewalt, Zürich 1987; H.-D. Zimmermann, Menschenopfer – Gottesopfer: Wotan, Iphigenie, Isaak, Dionysos, Christus, in: B. Dieckmann (Hg.), Das Opfer – aktuelle Kontroversen, Münster 2001, 59–80.

28 H.-M. Gutmann, Die tödlichen Spiele der Erwachsenen, a. a. O., 36.

29 Vgl. M. Schmitz, Fernsehen zwischen Apokalypse und Integration, Baden-Baden 1995, 115; M. Pirner, Fernsehmythen und religiöse Bildung, Frankfurt/M. 2001.

verdrängt wird, feiert in anderen Zusammenhängen sehr häufig seine Auferstehung – die Wiederkehr des Verdrängten.[30] Das heißt: Religiöse Mythen wandern in Moderne und Postmoderne aus den angestammten Bereichen von Religion und Kirche(n) aus und siedeln sich transformiert an anderen Stellen und in anderen Zusammenhängen – Kultur, Medien, Freizeit, Werbung etc. – wieder an und drängen mit Verve ins Bewusste wie Unterbewusste zurück. Gerade popularkulturelle Produkte und Produktionen wie die eben angeführten vermögen offenkundig Stories, Szenarien, Mythen für komplexe geistige und Sinn-Zusammenhänge zu *»(er-)finden«*[31], die von modern-aufgeklärter Theologie entweder überhaupt nicht mehr oder oft nur noch zögerlich und dazu in sehr modernisiert-formalisierter, rationalisierter Gestalt aufgenommen und transportiert werden. Offensichtlich fragen Kinder, Jugendliche und Erwachsene solcherart popularkulturelle Messages nicht nur nach, sondern »verstehen« sie auch, Menschen, die sonst oft mit Religion und Kirche im überkommen-herkömmlichen Sinne nichts mehr anfangen können. Wie es aussieht, leisten solche Stories und Mythen auch in ihrer transformierten Gestalt einen wichtigen Beitrag bei der Auseinandersetzung menschlicher Subjekte mit der Wirklichkeit bis hin zur sozialen Kontingenz-Bewältigung bzw. zum Aushalten von Kontingenzen und zeigen auf ihre Weise eindrücklich, dass die bloß rationale »Bewältigung« der Wirklichkeit weit hinter dem zurückbleibt, was Menschen wirklich brauchen, um menschlich bestehen oder zumindest leben zu können. Theologisch müsste angesichts solcher aus der Kirche ausgewanderter Religiositäts- und Sinn Bedürfnisse kritisch gefragt werden, ob sich Kirche und

30 Vgl. I. Kirsner, Das Opfer im Film, a. a. O., 49.

31 In der Lebenswelt werden offenkundig nicht nur bekannte Texte und Kontexte der Religion »angeeignet«, sondern – wie es aussieht – auch neue Stories und Texturen kreiert bzw. »erfunden«. Lebenswelt und Alltag sind dann aber nicht länger nur »Fundorte« tradierter Religion und Kirchlichkeit, sondern auch Orte der »Er-Findung« (neuer) religiöser Fragen und Antworten; vgl. dazu W.-E. Failing/H.-G. Heimbrock, Gelebte Religion wahrnehmen, Stuttgart/Berlin/Köln 1998, 145–176.

Theologie nicht immer wieder mit einer monomanen Rationalitätskultur überidentifizieren, so dass ihnen andere Religiositäts- und Frömmigkeitsstile fremd bleiben. Es ist sehr wahrscheinlich, dass solcherart transformierte »neue« Alltagsmythen im Generellen, Opfermythen im Speziellen massive Kritik an einer überzogenen Moderne mit ihrem Verdikt gegenüber Mythos, Story, Imagination, Fantasie, Poesie und Ästhetik darstellen und sich gleichsam als kritische Gegenlektüre derselben verstehen. Das nur scheinbar Überholte drängt – so der Eindruck – mit Macht wieder an die Oberfläche. Deutlich wird auf jeden Fall, dass Mythen eine Form der »Weltkategorisierung«, ein »Instrument zur Welterklärung und Sinnfindung« darstellen.[32]

Das hier anzugehende Zwischenergebnis muss überraschen: Während die Opferthematik theologisch und kirchlich tendenziell eher verabschiedet wird, spielt sie lebensweltlich, popularkulturell und medial eine eher zunehmende Rolle! Dies lässt *zum einen* bezweifeln, ob die oben (siehe I.) vorgetragene theologische Ansicht, Sühnopfer-, Stellvertretungs- und Erlösungsvorstellungen seien passé, wirklich so stichhaltig und zwingend ist, wie sie den Eindruck machen will. *Zum anderen* ist zu fragen, warum denn Opfermythen in Lebenswelt und Popularkultur so goutiert werden und bedeutsam erscheinen. Welche Gründe gibt es dafür? Wie es aussieht, befriedigt der Rückgriff auf das Opfer *fundamentale anthropologische Bedürftigkeiten* und lässt das Leben erträglich erscheinen. Zwar herrschen im Vordergrund unseres Lebens Wohlstand, Glück, Erfolg, Schönheit, Gesundheit und Optimismus, aber das ist nicht alles, nicht die ganze Wirklichkeit. Im Hintergrund gibt es nämlich auch dies: Angst, Neid, Konflikte, Gewalt und Opfer; dies ist gleichsam die Rückseite unserer Wirklichkeit. Leben und Gesellschaft, gesellschaftliche Krisen und technische Zufälle fordern zu viele Opfer, als dass man sie einfach geflissentlich übersehen könnte. Opfer sind anthropologische Tatsache und Herausforderung in einem. Ob Op-

32 So I. Kirsner, Das Opfer im Film, a. a. O., 42.

fermotive und Opfermythen in der Popularkultur Versuche sind, sich dem zu stellen? Dabei ist freilich nicht auszuschließen, dass Menschen in Lebenswelt und Popularkultur zwar auf Opfermotive und Opfermythen Bezug nehmen und darauf ansprechbar sind, diese aber im kirchlich-theologischen Kontext als unglaubwürdig und (wissenschaftlich) überholt zurückweisen.[33] In dem Zusammenhang wird Beobachtern unserer Lebenswelt wie der Popularkultur seit geraumer Zeit deutlich, dass schon seit langem wichtige existenzielle und religiöse Fragen extra ecclesiam inszeniert und verhandelt werden. Es ist ein relativer Konsens von Kultur-, Religions- und Medienforschung, dass *Funktionen von Religion heute vielfach von Massenmedien und Popularkultur übernommen werden*, so dass die Selbstverständigung und Grundorientierung der vielen Einzelnen auch popularkulturell und massenmedial erfolgt. Offenkundig gelingt es hier, durchaus tiefer liegende Bedürfnisse »der Leute« anzusprechen sowie ihren Transzendierungs- und Symbolbedürfnissen elementar entgegenzukommen und »irgendwie« zur »symbolischen Bewältigung« der Lebenswelt und des Alltags beizutragen.[34] Neue Perspektiven und Bewertungen der Religionsähnlichkeit der Massenmedien über eine ideologiekritische Sicht hinaus, wie sie sich vor allem im Umfeld der angloamerikanischen Cultural Studies und deren Rezeption ergeben, wollen zeigen, dass es hier kommunikativ nicht in erster Linie um die Übermittlung von Informationen geht, sondern um eine symbolische Darstellung dessen, was eine Gesellschaft zusammenhält[35] und Menschen ihr Leben leben lässt. Mögen kirchenamtlicher

33 Dies ist sehr wahrscheinlich auch als negative Folge- und Begleiterscheinung des verbreiteten kirchlich-theologischen Vorbehalts gegenüber Mythen generell, Opfermythen speziell zu sehen.

34 Vgl. E. Gottwald, Die widerständige Sehnsucht nach dem Mythos, Der Evangelische Erzieher 44/1992, 585–599, 589; G. Thomas, Medien – Ritual – Religion. Zur religiösen Funktion des Fernsehens, Frankfurt/M. 1998.

35 Vgl. M. Pirner, »Möge die Macht der Medien mit dir sein ...« Religiöse Aspekte und die Herausforderungen für Bildung und Erziehung, medien + erziehung 44/2000, 343–347, 343.

und dogmatisch-theologischer Betrachtung die popularkulturellen Darstellungen des Religiösen oft als bizarre Zerrformen erscheinen, »die Leute« in ihren Lebenswelten scheinen darin eine sie betreffende, attraktive Form von Sinndeutungsangeboten zu verspüren und rezipieren sie. Popularkultur mit religiösen Elementen oder Bezügen hält so auf ihre Weise den Diskurs über Religion wach, leistet eine säkular-religiöse Kommunikation und Daseinshermeneutik im Alltag der Welt und ist insofern sinn- und religionsproduktiv zu nennen.

Offenkundig brauchen Menschen für ihren Lebensvollzug solche bedeutungsvollen Geschichten, Inszenierungen, Mythen. Sie versorgen die Menschen mit einer einfachen Welt-Anschauung, welche die unübersichtlich gewordene Wirklichkeit übersichtlich und beschreibbar macht. Wissenssoziologisch gesprochen findet durch Popularkultur eine »Kosmisierung«[36], das heißt Welt- bzw. Wirklichkeitserrichtung mittels Sinngebung statt, die Leib, Geist und Seele von Menschen befriedigt. Wenn aber solche Stories und (neo-)mythische Reproduktionen Menschen Sinngeschichten und Lebensorientierung liefern, erscheint es problematisch, sie theologisch einfach pauschal als billige Machwerke und Spektakel abzutun. Kirche und Theologie sind gut beraten, solche popularkulturellen Transformationen wach wahrzunehmen und sich wie im Falle der Opferthematik in Erinnerung rufen zu lassen, dass der christliche Glaube sehr wohl mit dem Opfer zu tun hat. Deswegen brauchen wir nicht zu vergessen oder zu verdrängen, dass popularkulturelle Produktionen wie die oben erwähnten in erster Linie eine Form der Freizeitbeschäftigung darstellen und dementsprechend den Bedingungen und Anforderungen der Freizeit unterliegen. Was Menschen hier suchen, ist zwar unterschiedlich, hat aber doch primär mit Entmündung, Zerstreuung und Unterhaltung zu tun. Erlebnis und Erleichterung werden verlangt, die Gerhard Schulze und Peter

36 Vgl. dazu P. L. Berger/Th. Luckmann, Die gesellschaftliche Konstruktion der Wirklichkeit, Frankfurt/M. (1979) [5]1997 sowie F.-X. Kaufmann, Religion und Modernität, Tübingen 1989, 70–88.

Sloterdijk[37] als zwei zentrale Stichworte unserer Zeit bezeichnet haben. Als »Unterbrechung« des Alltäglichen ermöglichen sie aber auch einen temporären Ausstieg aus der Normal- und Alltagszeit, der dem ähnlich ist, den vormoderne Menschen in ihren traditionellen Mythen und Ritualen fanden.[38] Solches Verlangen sollten wir nicht von vornherein und definitiv theologisch unter Verdikt stellen, denn auch die christliche Religion hat, wie Johann B. Metz und Eberhard Jüngel[39] gezeigt haben, zentral mit »Unterbrechung« des Alltags, mit Erlösung und Entlastung zu tun. Inwieweit freilich religiöse Popularkultur für den oder die Einzelnen auf Dauer tragfähige Sinnstiftung und lebensbedeutsame Orientierung über Tagesaktualitäten hinaus bewerkstelligen kann, wird sich erst noch zeigen müssen. Dabei ist es eine offene Frage, ob Sinnkonstruktion und Lebensorientierung auch in Zeiten der Individualisierung auf Dauer ohne Erfahrungs- und Erzählgemeinschaften in lebendiger Erinnerungskultur möglich sind. Dies nun ist, zumindest wenn man vom Individualisierungstheorem[40] mit seiner notwendigen Polarität von Individuum und Institution bzw. Tradition ausgeht, in der Tat nicht leicht vorstellbar, nicht nur im jüdisch-christlichen Kontext. Können postmoderne Erfahrungs- und Erzählgemeinschaften, die es ad hoc und zeitlich begrenzt wohl auch in der (religiösen) Popularkultur gibt,[41] die alten, Generationen übergreifen-

37 Vgl. G. Schulze, Die Erlebnisgesellschaft, Frankfurt/M. 1992; P. Sloterdijk, Selbstversuch, München 1996.

38 Vgl. M. Eliade, Mythen, Träume und Mysterien, Salzburg 1961; Ders., Mythos und Wirklichkeit, Frankfurt/M. 1963.

39 Vgl. J. B. Metz, Unterbrechungen, Gütersloh 1981,86; E. Jüngel, Gott als Geheimnis der Welt, Tübingen ^{3}1978, 221, 232 (letztlich im Rückgriff auf Schleiermacher; W. H. R.).

40 Vgl. K. Gabriel (Hg.), Religiöse Individualisierung oder Säkularisierung, Gütersloh 1996.

41 Vgl. dazu die Ausführungen der Volkskundlerin S. Wienker-Piepho: Das Ende der alten Geschichten? Fernsehen und Erzählkultur. In: Die Kunst des Erzählens – Festschrift für Walter Scherf, hg. H. Gerndt und K. Wardetzky, Potsdam 2002, 124–139. So kann man etwa am Montag Morgen auf unseren Schulhöfen, in Büros sowie anderen Arbeitsstellen hören, wie Soaps, Serien etc. dem alltäglichen Erzählen bzw.

den Gemeinschaften wirklich ersetzen? Die wenigsten von uns werden – wir wissen es seit Max Weber – als religiöse Virtuosen geboren, sind vielmehr auf religiöse Traditionen bleibend angewiesen, auch wenn sie sich diese selbstständig aneignen. Der evangelische Theologe Ernst Troeltsch hat in diesem Sinn am Anfang des 20. Jahrhunderts darauf hingewiesen, »dass in der Religion keiner lediglich auf sich selber steht«[42]. Dennoch sollte die theologische Wahrnehmung und Beurteilung von Popularkultur samt deren Sinn- und Religions-Angeboten meines Erachtens mit abwertenden Urteilen wie »Religionsersatz« oder »Pseudoreligion« zurückhaltend sein, da solche »Urteile auch dann, wenn sie in Gestalt ›nur‹ phänomenologischer oder scheinbar ›nichtpositioneller‹ Theologie vorgetragen werden, tief imprägniert sind von materialtheologischen Urteilen«, welche unschwer als kaschierte Varianten positioneller Theologie entlarvt werden können.[43] Deswegen ist nicht gleich eine popularkulturelle Ersetzung oder Ablösung christlicher Traditionsbestände und Wirklichkeitsinterpretationen zu befürchten. Vielmehr werden Kirche und Theologie geistesgegenwärtig und konstruktiv ihre Sicht der Dinge, ihre Sicht des Religiösen in den weltanschaulichen Dialog, in das Gespräch »der Leute« und in die Kultur einzubringen haben.

---

story-telling ständig neue Nahrung geben; vgl. dazu auch H. Fischer, Oralität in der totalen Massengesellschaft, in: W. Heissig (Hg.), Formen und Funktion mündlicher Tradition, Opladen 1995, 211–222.

42 E. Troeltsch, Religiöser Individualismus und Kirche (1911), in: Ders., Gesammelte Schriften, Bd. 2 (2. Neudruck der 2. Aufl., Tübingen 1922) Aalen 1981, 109–133, 130.

43 Mit G. Thomas, Jenseits von Affirmation und Verwerfung. Anmerkungen zur medialen Religionskultur, Zeitschrift für Pädagogik und Theologie 51/1999, 226 ff., 229 – Freilich werden Film- und Literaturmythen ja erst zu zeigen haben, inwieweit sie, gerade langfristig gesehen, Orientierung stiften und die »Ordnung des Universums« verändern können; vgl. zu Letzterem U. Eco, Der Mythos von Superman, in: Ders., Apokalyptiker und Integrierte, Frankfurt/M. 1989, 219.

III. (Opfer-)Mythen – wovon Menschen nicht schweigen, aber auch nicht exakt reden können

Wenn im Folgenden über »Mythos«[44] nachgedacht wird, dann kann das nicht definitorisch-abschließend[45] geschehen, auch nicht allgemein und transkulturell, sondern nur in einem europäisch-christlich geprägten kulturellen Kontext.[46] Dabei interessieren hier weder der Mythos an sich noch die Mythosforschung, sondern ein handhabbares, operationales Verständnis von Mythos, an dem deutlich gemacht werden soll, dass »der« Mythos als sinnhafte und wirklichkeitserschließende Geschichte, weil er paradox *vom letztlich Unaussprechlichen spricht*, nicht passé ist. Dabei müssen einige wenige, aber wichtige Aspekte neuerer Mythostheorien angesprochen werden.

Zur weiteren Vorgehensweise: Aus der komplexen Herkunfts- und Bedeutungsgeschichte des Wortes Mythos aus dem Altgriechischen ist nur Weniges anzusprechen (3.1). Sodann muss ein kurzer Blick auf die gewöhnliche theologische Sicht des Mythos seit Rudolf Bultmann, die Schule gemacht hat, geworfen werden (3.2). Daran anschließend ist zu zeigen, dass der Mythos auf Grund unserer condition humaine anthropologisch gesehen nicht wirklich überholbar ist. Menschen »müssen« offenkundig immer wieder in bestimmten Situationen und Zusammenhängen des menschlichen Lebens mythisch und mythisch-metaphorisch reden, wenn und weil sie nicht einfach angesichts des »Unaussprechlichen«

44 Die Literatur dazu ist unüberschbar. Exemplarisch verweise ich auf die Artikel Mythos in: TRE 23(1994), 597–665; sowie im Handbuch religionswissenschaftlicher Grundbegriffe, hg. v. H. Cancik/B. Gladigow/K.-H. Kohl, Bd. IV, Stuttgart 1998, 179–198.

45 Das Phänomen Mythos endgültig erklären und auf den Begriff bringen zu wollen, ist aussichtslos. Eine Definition verschweigt u. U. mehr an Voraussetzungen, als sie zu erkennen gibt; vgl. dazu J. Mohn, Mythostheorien, München 1998, 41.

46 Neuere Religionswissenschaft will vom Mythos nur in kultureller Brechung und Bestimmtheit reden, was die inter- und transkulturelle Erforschung seiner Bedeutung nicht aus-, sondern einschließt; vgl. J. Mohn, Mythostheorien, a. a. O., 19 ff.; 36 ff.

schweigen wollen oder können (3.3). Hierauf werden einige relevante Einsichten neuerer Mythosforschung – soweit sie für unser Thema von Belang sind – angesprochen, die Mythen als eigenständige menschliche Ausdrucksmöglichkeiten erscheinen lassen (3.4). Abschließend soll in einer Re-Vision des Mythos gezeigt werden, was an ihm theologisch heute unverzichtbar bedeutsam ist (3.5).

1. Begriff und Bedeutung[47]

Die altgriechische Begriffsgeschichte ist höchst ambivalent: Bald genießt das Wort höchste Wertschätzung im Sinne bedeutsamer Erzählungen, bald erfährt es stärkste Abwertung qua »unwahre Erzählung«, Fantasie- und Lügengebilde. Als wichtig wird beizeiten die *narrative Struktur* des Mythos erkannt: »der Mythos (ist) eine Erzählung«[48], der freilich auf Grund ihrer Traditionalität auch Misstrauen zuteil werden kann. Dennoch ist die ansprechende Narrativität seit der Antike ein wichtiges Grundcharakteristikum des Mythos, was auch für den Opfermythos relevant ist.

2. (Opfer-)Mythos bei Bultmann

Im Gefolge der Theologie von Rudolf Bultmann (1884–1976) galt und gilt oft bis heute der Mythos generell, der Opfermythos speziell als primitiv: »Soll die Anschauung vom sündentilgenden Tode Christi aus der Opfervorstellung verstanden werden: welch primitive Mythologie, daß ein Mensch gewordenes Gotteswesen durch sein Blut die Sünden der Menschen sühnt! Oder aus der Rechtsanschauung, so daß also in dem Rechtshandel zwischen Gott und Mensch durch den Tod Christi den Forderungen Gottes Genugtuung geleistet wäre ...«. Deswegen lautet Bultmanns Fazit: »Die-

47 Vgl. G. Stählin, Art. Mythos, in: ThWBNT, hg. von G. Kittel, 769–803, v. a. 771.
48 Vgl. F. Graf, Griechische Mythologie, München/Zürich 1985, 7.

se mythologische Interpretation, in der sich Opfervorstellungen und eine juristische Satisfaktionstheorie mischen, ist für uns nicht nachvollziehbar.«[49] Sie wie auch andere mythologische Vorstellungen im Neuen Testament besagen »gar nicht, was sie besagen« sollen, müssen folglich »existential interpretiert«, was meint in ihrer »Bedeutsamkeit« für das Selbstverständnis und den Existenzvollzug des Menschen entfaltet werden. Bultmanns Verdienst war und ist es nach wie vor, dass er mit seinem Entmythologisierungs-Programm mehrere Generationen vom Druck eines falschen Fundamentalismus und Tatsachen-Glaubens befreit hat.[50] Dafür war aber auch ein hoher Preis hinsichtlich des Wirklichkeitsverständnisses zu bezahlen. Der Mythos redet Bultmann zufolge zwar von einer »Wirklichkeit«, »aber in einer nicht adäquaten Weise«[51], während demgegenüber die Naturwissenschaft einerseits und die Heideggersche Existentialphilosophie andererseits »die angemessensten Vorstellungen«[52] hätten. Dies aber heißt letztendlich: Der Mythos kann und darf im entmythologisierten Zustand nicht mehr sagen als die (damalige) naturwissenschaftliche Wirklichkeitserkenntnis und die existenzialphilosophische Daseinsanalyse zulassen. Einen »Mehrwert« an Wirklichkeit darüber hinaus hat er definitiv nicht. So stand am Ende der Bultmannschen Entmythologisierung eigentlich das Ende des Mythos, der nun bis in die 80er, 90er Jahre des 20. Jahrhunderts hinein theologisch wie kulturwissenschaftlich oft genug als etwas Unaufgeklärtes und Uneigentliches sowie als typisch für primitive Gesellschaften angesehen wurde. Dass der Mythos ein

49 R. Bultmann, Neues Testament und Mythologie, in: H. W. Bartsch (Hg.), Kerygma und Mythos I, Hamburg-Bergstedt ^{4}1960, 20, 42.

50 Zwar hat christlicher Glaube auch ein notwendiges Interesse am Historischen, »basiert jedoch auf seinen symbolischen Steigerungen«, die aus der »Macht der ›Poesie des Heiligen‹« herrühren; vgl. G. Theißen, Argumente für einen kritischen Glauben, München 1978, 106 f.

51 R. Bultmann, Zum Problem der Entmythologisierung, in: Ders., Glaube und Verstehen, IV. Band, Tübingen ^{2}1967, 128–137, 128.

52 R. Bultmann, Jesus Christus und die Mythologie, in: Ders., Glaube und Verstehen, IV. Band, Tübingen ^{2}1967, 141–189, 169.

eigener Zugang auf Wirklichkeit ist, ja einen »Mehrwert« an Wirklichkeit mit sich bringt, war hier nicht im Blick.

3. Der unüberholbare Mythos

Demgegenüber lässt sich schon mit wenigen einfachen Beobachtungen aus unserer Lebenswelt, dem Alltag und der Popularkultur (siehe 2.) zeigen, dass zum einen ein Verständnis von Mythos als typisch für alte und archaisch-unaufgeklärte Gesellschaften theologisch aber auch ethnologisch und kulturwissenschaftlich zu kurz greift, und zum anderen der Mythos generell und Opfermythen speziell nicht überholt sind, ja nicht sein können. Das Leben wirft nämlich Probleme auf, die mit dem Verstand allein, also rein logisch und kausalanalytisch, nicht zu lösen und zu beantworten sind. Der bedeutende Philosoph Ludwig Wittgenstein (1889–1951) schrieb am Anfang des 20. Jahrhunderts in seinem Tractatus logico-philosophicus: »Wir fühlen, daß selbst, wenn alle *möglichen* wissenschaftlichen Fragen beantwortet sind, unsere Lebensprobleme noch gar nicht berührt sind.«[53] Offenkundig gibt es in unserem Leben Fragen – von ihnen bzw. ihrer Bedeutung hängt nicht selten unsere Lebensorientierung ab –, die Menschen zu allen Zeiten, aber auch Philosophen und Theologen immer wieder als die wirklich *»großen Fragen«* erscheinen. »Groß« sind sie, schreibt der Philosoph Franz von Kutschera[54], »weil sie die wichtigsten Fragen sind«, aber auch »weil sie an die Grenzen des uns Begreifbaren vorstoßen.« Und wenn auch der Philosoph Wittgenstein in seiner frühen Zeit zunächst meinte: »Wovon man nicht sprechen kann, darüber muß man schweigen«[55] –

53 L. Wittgenstein, Tractatus logico-philosophicus, Satz 652, in: Ders., Schriften I, Frankfurt/M. 1969, 82 (im Original kursiv).

54 F. v. Kutschera, Die großen Fragen. Philosophisch-theologische Gedankengänge, Berlin 2000, V (Vorwort). Solche Fragen stellen bereits Kinder, wie R. Oberthür, Kinder und die großen Fragen, München 1995 gezeigt hat.

55 L. Wittgenstein, Tractatus logico-philosophicus, a. a. O., 83, Satz 7.

was er später revidierte –, so gilt schlichtweg: Menschen halten sich nicht daran. Sie reden über Zusammenhänge, über die sie eigentlich nicht exakt reden können, dennoch auf ihre Weise und mit ihren Mitteln. Denn es gibt Begebenheiten und Ereigniszusammenhänge im Leben, die wir nicht unthematisiert lassen wollen und/oder können, selbst wenn wir sie nicht klar und distinkt ausdrücken können. Entzieht sich nicht Vieles im wirklichen Leben immer wieder der exakten Sagbarkeit und der eindeutigen Faktizität? Ist es deswegen sinnlos, bedeutungslos, irrelevant und gegenstandslos und ohne Wirklichkeit? Selbst wenn wir etwas als »unaussprechlich« bezeichnen, versuchen wir davon zu reden; tastend und suchend ringen wir dann nach Worten, denn Wissenschaft kann wohl alle Phänomene der Welt erklären, aber der »Sinn der Welt muß außerhalb ihrer liegen«, *»außerhalb* von Raum und Zeit«[56]. Auf der Suche nach Antworten auf die »großen Fragen« des Lebens suchen Menschen wohl weniger fixe, eindeutige und endgültige Antworten, eher Vorstellungen, Figurationen und Texturen, die helfen, auf dem eigenen Weg weiter zu kommen, ohne den Prozess des Fragens und Suchens definitiv abzuschließen.

Auch wenn man in postmoderner Zeit den großen »Meta-Erzählungen«[57] keinen Glauben mehr schenken sollte – was fraglich ist –, ganz ohne Mythen geht es auf Grund unserer condition humaine nicht. Mit der amerikanischen Strömung des Myth Critizism, die nach den anthropologischen Wurzeln von Erzählliteratur, Lyrik usw. fragt, kann man davon ausgehen, »dass die Fähigkeit zum Mythenbilden zur Grundausstattung der Spezies Mensch gehört, dass diese symbolische oder mythische ... Kompetenz es dem Menschen erlaubt, die Mängel seiner biologischen und sozio-historischen Welt zu überschreiten, und dass es dem phantasie-

56 L. Wittgenstein, Tractatus logico-philosophicus, a. a. O., 80, Satz 6.41 und 81, Satz 6.4312 (im Original kursiv).

57 J.-F. Lyotard, Das postmoderne Wissen, Graz-Wien 1986 (Neuausgabe), 14: »In äußerster Vereinfachung kann man sagen: ›Postmoderne‹ bedeutet, daß man den Meta-Erzählungen keinen Glauben mehr schenkt.«

begabten Menschen möglich ist, mit Hilfe dieser anthropologischen Grundausstattung neue konkrete literarische Utopien und Gegenwelten zu verwirklichen.«[58] Dementsprechend sieht es danach aus, dass im Alltag, in der Lebenswelt und Popularkultur Formen kultureller Erfahrung aufbewahrt werden, die bislang als eher typisch für primitive Gesellschaften galten, die aber offenkundig für moderne und postmoderne Gesellschaften genauso unverzichtbar wichtig sind.[59] Der Umgang mit Lebensfragen und Kontingenzen unseres Lebens wie Sinn, Leid, Schicksal, Schuld, Opfer, kann aber nicht aus dem Repertoire technisch-instrumenteller Vernunft bestritten werden, sondern erfordert vor allem den Rückgriff auf religiöse Traditionen. Dann aber spricht viel – alles? – dafür, dass Menschen konstitutiv mythenbedürftig sind, der eingangs geschilderten (siehe I.) theologischen Aversion gegenüber dem Mythos zum Trotz.

Über diese konstitutive Mythenbedürftigkeit hinaus gibt es aber noch einige andere Gründe, die die Wiederkehr bzw. Wiederentdeckung von Mythen begünstigen. Ein Grund ist sicher der, dass eine überzogene Aufklärung alles auf die Karte Rationalität und Kausalität zu setzen glaubte – eine Rechnung, die nicht aufgeht. Mythen sind gleichsam eine Art kritische Gegenmaßnahme oder -lektüre gegen eine sich selbst überschätzende Aufklärung. Sodann ist die Moderne an sich selbst unsicher geworden, weil die Gewissheiten, auf denen sie aufruhte, wie Fortschritts- und Wissenschaftsglaube, Glaube an die Politik und die Machbarkeit aller Dinge etc. zunehmend in die Krise gerieten und einem Geltungsschwund unterliegen.[60] Und schließlich – ein dritter Grund – sind es nicht nur die Defizite und Bruchstellen der Moderne, sondern

58 B. Ostendorf, Der amerikanische Myth Critizism. Überlegung zu den Grenzen und Möglichkeiten einer literarischen Anthropologie, in: R. Ahrens/E. Wolff (Hg.), Englische und amerikanische Literaturtheorie, Bd. 2, Heidelberg 1979, 524 f.

59 Vgl. M. Pirner, »Möge die Macht der Medien mit dir sein …«, a. a. O., 345.

60 Vgl. etwa G. Küenzlen, Der neue Mensch. Eine Studie zur säkularen Religionsgeschichte der Moderne, München 1994, 11 f.

es ist die Moderne selbst, die Fragen aufwirft, die sie selber nicht beantworten kann, die aber nach Deutungen und Antworten verlangen. Insofern ist die Moderne durchaus auch sinn- und religionsproduktiv zu nennen, nicht pauschal sinn- und religionsfeindlich oder -abstinent. Es war und ist ein westlicher Modernisierungsmythos, der da meinte, es gäbe einen fortschreitenden Trend in Richtung Säkularisierung qua Totalabschaffung von Sinn, Religion und Mythos. So erweist sich heute die Rede vom Ende des Mythos selber als ein Mythos. Das Opfer mag zwar im kirchlich-theologischen Kontext partiell verdrängt werden, aber es ist präsent in der Selbstthematisierung des Lebens und des Lebensgefühls heutiger Menschen, die sich opfern und geopfert werden, und es ist da in den Opfermythen der Popularkultur, in der das Bedürfnis und die Sehnsucht nach der Thematisierung des Opfers aufbricht, und es dämmert gegenwärtig vielen, dass Aufklärung und Fortschritt das Opfer nicht wirklich überwunden haben, denn dafür gibt es immer noch zu viele Opfer.

4. Mythos als eigenständige menschliche Ausdrucksmöglichkeit

Trotz einer verständlichen mythen-skeptischen und -kritischen Haltung in der Nachkriegszeit erlebte die Mythostheorie in den letzten Jahrzehnten vor allem seitens der Ethnologie und Kulturanthropologie eine erstaunliche Hochkonjunktur.[61] Im Unterschied zu einer kirchlich-theologischen Reserve haben nämlich seit zwei, drei Jahrzehnten Kultur- und SozialwissenschaftlerInnen sowie PhilosophInnen, aber auch da und dort TheologInnen den Mythos und die Mythen anders und neu zu sehen und zu verstehen gelernt. Trotz allen Vorbehalts, der zum Teil durchaus weiter besteht, hat in dieser Zeit auch ein neues Nachdenken über den Mythos und dann auch eine Neubewertung von Mythen in der Theologie ein-

---

61 Vgl. dazu und zum Folgenden A. Simonis, Art. Mythentheorie und -kritik, in: Metzler Lexikon Literatur- und Kulturtheorie, hg. v. A. Nünning, Stuttgart/Weimar 1998, 388–390.

gesetzt.[62] Im Folgenden sollen nur einige wenige mythostheoretische Erkenntnisse in unser Blickfeld gerückt werden, insoweit sie für unser Thema erhellend sind.

– Rehabilitierung des »wilden Denkens«

Eine deutliche Wende in der Wahrnehmung und Bewertung von Mythen bedeutete die strukturalistische Mythostheorie von Claude Lévi-Strauss[63], nicht nur weil sie erstmals die diversen Formen mythischen Denkens vor Augen führte, sondern weil sie die ehedem als diffus und konfus eingestufte mythische Vorstellungswelt vom zählebigen Stigma der Unterlegenheit gegenüber dem logischen Denken befreit hat, indem sie nachwies, dass auch dem »wilden Denken« eine implizite Logik zugrunde liegt.

– Poesie und Narrativität

Lange Zeit mit dem Signum des Zweifelhaften und Unwahren behaftet, erfuhr die zuvor diskreditierte Nähe der Mythen zu Poesie und Fiktion mit dem 18. Jahrhundert durch Johann Gottfried Herder, Friedrich Schlegel und Friedrich Wilhelm Josef Schelling eine positive Wendung, so dass heute die *poetisch-narrative* Grundstruktur der Mythenüberlieferung ein sie erhellendes, signifikantes Grundcharakteristikum darstellt. Poesie und Narrativität gelten heute als eine eigenständige und gleichrangige menschliche Kommunikationsform neben logisch-diskursiver Rede.[64] Sie bringen als »Theopoesie«[65] verstanden – was keine besondere Sparte re-

62 Die diesbezüglich komplexe Diskussion kann hier nicht nachgezeichnet werden. Wichtig war für die Theologie der VI. Europäische Theologenkongress in Wien 1987 mit dem Thema »Mythos und Rationalität«; vgl. H.-H. Schmid (Hg.), Mythos und Rationalität, Gütersloh 1988.

63 Vgl. Cl. Lévi-Strauss, Strukturale Anthropologie, Frankfurt/M. (1958) 1967; Ders., Das wilde Denken, Frankfurt/M. 1968.

64 Vgl. dazu H. Weinrich, Narrative Theologie, in: Concilium 9/1973, 329–333 sowie J. B. Metz, Kleine Apologie des Erzählens, a. a. O., 334–341.

65 Vgl. dazu H. Schröer, Theo-Poesie, in: B. Beuscher/H. Schröter/R. Sis-

ligiöser Lyrik meint – in unvergleichlicher Weise »ver-dichtet« Wirklichkeit zum Ausdruck, die weder anders noch besser noch präziser dargestellt werden kann. Mythen sind folglich keine unwahren Geschichten, sondern *»poetische Symbolisierungen von Wirklichkeiten«*[66]. Wer meint, sie ersetzen zu können, bringt sich um wesentliche Möglichkeiten der Wirklichkeit.

– Ein eigenes »System der Erfahrung«

Zwar wurde gegen den Mythos und seine Weltwahrnehmung oft eingewendet, er sei mit dem modernen Denken nicht vereinbar; doch wissen wir mittlerweile, dass auch das so oft fraglos vorausgesetzte moderne Denken selbst eine Konstruktion ist, nicht einfach die Wahrheit oder die Abbildung der Wirklichkeit. Mythos und Logos/Vernunft werden deswegen heute nicht mehr zwingend als pure Gegensätze begriffen, sondern als zwei verschiedene Denksysteme, die die Wirklichkeit deuten. Dies hat vor allem der Philosoph Kurt Hübner[67] zeigen können. Ihm zufolge ist der (griechische) Mythos ein den Wissenschaften völlig gleichberechtigtes »Denk- und Erfahrungssystem«. Dabei sei der Mythos nicht unlogisch, sondern habe seine eigene Logik und Rationalität, die aber nicht mit der Logik der kausalanalytischen Wissenschaften vergleichbar, sondern nur vor dem Hintergrund seines eigenen Denk- und Erfahrungssystems verstehbar sei. Auf jeden Fall sei der Mythos ein Entwurf von Wirklichkeit wie die moderne Rationalität auch (siehe Lévi-Strauss).

termann (Hg.), Prozesse postmoderner Wahrnehmung, Wien 1996, 83–91, der seinerseits auf K. Marti zurückgreift.

66 Mit M. Leiner, Mythos – Bedeutungsdimensionen eines unscharfen Begriffs, in: V. Hörner/M. Leiner (Hg.), Die Wirklichkeit des Mythos. Eine theologische Spurensuche, Gütersloh 1998, 30–56, 44.

67 Vgl. K. Hübner, Die Wahrheit des Mythos, München 1985. – Fraglich ist bei Hübner vor allem, ob man so eindeutig von *dem* Mythos sprechen kann; vgl. dazu J. Mohn, Mythostheorien, a. a. O., 109 f.

– »Orientierung des Menschseins«

Der Mensch ist humanbiologisch gesprochen das »ungesicherte«, »instinktreduzierte« Lebewesen, das seine »Formel« und seinen »Lebens-Sinn« nicht von Anfang an kennt, folglich auf eine elementare Orientierung seines Menschseins angewiesen ist. Dass wir das Leben und die Wirklichkeit tastend, prüfend, suchend erkunden, Fragen haben, Antworten und Orientierung über das Vorfindliche hinaus suchen, ist in unserer menschlichen Beschaffenheit begründet. Mittels seiner Fähigkeit zum Transzendieren und Mythenbilden kann der Mensch seine biologischen Mängel kompensieren und greift in dem Zusammenhang nach Mythen, Symbolen, Stories etc. Der Mythos bietet ihm dabei so etwas wie eine »elementare Orientierung seines Menschseins«[68]. In Mythos und Mythen werden der »Sinnhintergrund des Lebens«[69] angesprochen und »Bedingungen möglicher Erfahrung« (Ernst Cassirer) bereitgestellt. Wenn Menschen nach wie vor in vielen existenziellen Zusammenhängen – in der Liebe, bei Geburt und Tod, Schuld und Schicksal usw. – mythisch denken, dann kommt der Verzicht auf den Mythos einer Selbsttäuschung gleich. Hier tritt uns das »Mysterium des Daseins« entgegen, das noch keine wissenschaftliche Aufklärung bislang rational aufheben konnte.[70] So sieht alles danach aus, dass der Mensch konstitutiv mythenfähig und mythenbedürftig ist; dann aber ist der Mythos nicht an eine bestimmte Entwicklungs- oder Bewusstseinsstufe gebunden, sondern gehört bleibend zum Menschsein.

68 D. Lenzen, Mythologie der Kindheit, Reinbek bei Hamburg 1985,30.

69 I. U. Dahlfert, Von der Mythenkritik zur Entmythologisierung, in: V. Hörner/M. Leiner (Hg.), Die Wirklichkeit des Mythos, a. a. O., 57–81, 58.

70 Vgl. K. Hübner, Aufstieg vom Mythos zum Logos?, in: P. Kemper (Hg.), Macht des Mythos – Ohnmacht der Vernunft, Frankfurt/M. 1989, 33–52, 51 f.

– »Verstehen« und »Bestehen« der Welt

Mythen haben als inszenierte und gestaltete ästhetische Objekte ihren Wert zunächst einmal in sich, vor und jenseits aller Leistung und Funktionalität bzw. funktionalen Betrachtung, sind dann jedoch auch in letzterer Hinsicht für den Menschen bedeutungsvoll. Sie vermögen es nämlich, grundlegende existenzielle Fragen, Themen, Probleme durchzuspielen und Sinn-Deutungen zuzuspielen, die unser Leben und unsere Wirklichkeitserfahrung durch Wirklichkeitsmodelle deuten, orientieren, strukturieren. Mit ihrer Hilfe werden Alltag, Leben und Wirklichkeit lesbar und verstehbar. In dem Sinne hat schon der Philosoph Ernst Cassirer (1874–1945) die weltstiftende und damit Orientierung in der Welt ermöglichende Funktion der Mythen betont. Der Mythos ist ihm zufolge eine das »Verstehen der Welt« ermöglichende Objektivationsform, die eine geordnete Welt bzw. einen Sinn-Kosmos konstruiert.[71] Mythen erwachsen aus dem menschlichen Bedürfnis nach »Verstehen«, »Wissen«, Vergewisserung und Hoffnung. Sie tragen zum »Bestehen« des Lebens bei, dazu also, mit dem Leben zurecht zu kommen, Kontingenzen auszuhalten, sie dann und wann auch zu »bewältigen«.

Die interdisziplinäre Mythos-Debatte stimmt, so Jürgen Mohn, darin überein, »dass mit dem Phänomenbereich Mythos/Mythen zumeist Geschichten gemeint sind, die konstituierend wirken, ›Welt‹ konstruieren und so Erkenntnis und Orientierung ermöglichen« und »konstitutiv für das jeweilige Selbst-, Welt- und Gottesverständnis« sind.[72] In ihrer Welterschließungsfunktion können sie stabilisieren, beruhigen, Ordnung stiften, aber auch irritieren, provozieren, kritisieren, sie können trösten, Mut machen, aber auch aufbrechen und progredieren lassen; sie können Komplexität reduzieren, aber auch erhöhen. Auf jeden Fall ermöglichen sie – darin popularkulturellen Produktionen (siehe oben 2.) ver-

71 Vgl. E. Cassirer, Philosophie der symbolischen Formen. Zweiter Teil: Das mythische Denken [Nachdr. der 2. Auflage (1. Auflage 1925)], 7. unveränderte Auflage, Darmstadt 1977.

72 J. Mohn, Mythostheorien, a. a. O., 56.

gleichbar – einen temporären Ausstieg aus dem Normalmaß des Alltags und einen Ausbruch aus dem oft genug als stahlhart empfundenen »Gehäuse« (Max Weber) moderner Wirklichkeit, »unterbrechen« All-Tag und Normalität und streiten gegen eine Funktionalisierung des Lebens und der Wirklichkeit an.

– Anregungs-Potenzial

Mythen zielen nicht auf argumentative Auseinandersetzung und Diskussion, sondern sie wollen betroffen machen, verstricken und involvieren. Ihnen eignet die Fähigkeit, unsere Wahrnehmung, unsere Imagination und Fantasie sowie unser Nach-Denken anzuregen und damit die Eigen-Aktivität von Menschen anzustoßen. Den Mythos als Mythos zu gebrauchen, heißt, sich von seinem Anregungs-Potenzial anstiften zu lassen, nicht aber, ihn als Dogma, Lehre oder unfehlbare Vorstellung zu missverstehen.

So sind der Mythos und die Mythen insgesamt nicht zu verherrlichen und zu hypostasieren – wie es die Mythos-Enthusiasten fordern –, aber auch nicht durch Kritik zu beseitigen – wie es die radikalen Aufklärer versuchen –, vielmehr als das wahrzunehmen, was sie sind: sinnhafte und wirklichkeitserschließende Geschichten, die für menschliche Wirklichkeitsauseinandersetzung und Weltkonstruktion konstitutiv sind, und zwar für Erwachsene ebenso wie für Heranwachsende.[73]

5. Theologische Re-Vision des Mythos

Im Zusammenhang mit der historisch-kritischen Untersuchung der Bibel hat sich, schreibt Christof Gestrich, »die Theologie immer mehr in einen – in der Sache verkehrten –

73 H. Rupp hat jüngst mit guten Gründen zu bedenken gegeben, dass auch Kinder Mythen brauchen; vgl. H. Rupp, Kinder brauchen Mythen, in: G. Büttner/H. Rupp (Hg.), Theologisieren mit Kindern, Stuttgart/Berlin/Köln 2002, 79–93.

Gegensatz zu ›mythischen Vorstellungen‹ und zum ›kultischen Denken‹ hineinmanövriert«[74]. Theologisch stehen Rationalität, Logik, Historizität und Faktizität in der Regel immer noch weit über und vor Mythos, Fantasie, Poesie und Ästhetik,[75] auch wenn von letzteren häufig mehr Wirkung, Wirklichkeit und Wahrheit im Sinne von Verlässlichkeit ausgeht, weil sie sich vom Geist und der Kraft der Ein-Bildung speisen. Nach dem bislang oben Ausgeführten wird man fragen müssen, ob sich Theologie und Kirche nicht doch auf weiten Strecken mit der Rationalitäts-Kultur überidentifiziert haben.[76] Immerhin enthält die Bibel als das Ursprungsdokument des jüdisch-christlichen Glaubens neben Geschichtlich-Historischem auch Erzählungen, Poesie, Lieder, Hymnen, Gebete und eine Fülle mythischer Überlieferungen, Motive und Elemente. Diese sind es, die den Glauben *konkret* und *lebendig* machen, ihn *ver-anschaulichen*[77] und *bebildern* und ihn so vernehm- und verstehbar[78] werden lassen. Wichtige »Inhalte« des Glaubens wie – in späterer dogmatischer Terminologie formuliert – Schöpfung, Sündenfall, Gnade, Opfer, Versöhnung, Erlösung etc. werden mittels mythologischer »Bild-Geschichten« inszeniert und so zur Darstellung gebracht. Deswegen kann man das Mythische aus dem christlichen Glauben[79] ebenso wenig eliminieren, wie aus dem geistigen Leben der Menschen[80] entfernen. Theologisch ist deswegen eine *Re-Vision*[81] des Mythos in ei-

74 C. Gestrich, Christentum und Stellvertretung, Tübingen 2001, 358.
75 Vgl. W. H. Ritter (Hg.), Religion und Phantasie, Göttingen 2000.
76 Vgl. H.-G. Heimbrock/H. Streib, Magie, Kampen 1994, 302 f.
77 Zur veranschaulichenden Funktion mythologischer Überlieferung in der Bibel vgl. W. Pannenberg, Die weltbegründende Funktion des Mythos und der christliche Offenbarungsglaube, in: H. H. Schmid (Hg.), Mythos und Rationalität, Gütersloh 1988 sowie W. H. Schmidt, Mythos III. Alttestamentlich, TRE 23 (1994), 625–644.
78 Vgl. J. v. Soosten, Die Konfiguration von Mythologie und Christologie, in: E. Rudolph (Hg.), Mythos zwischen Philosophie und Theologie, Darmstadt 1994, 30–47.
79 So F. Beißer, Mythos V. Systematisch-theologisch, TRE 23 (1994), 659.
80 So P. Tillich, Wesen und Wandel des Glaubens, West-Berlin 1961, 63.
81 Zu dieser Formulierung hat mich angeregt H. Schröer, Vom Logos

nem dreifachen Sinne geboten: zum einen indem wir seine *Unersetzbarkeit* erkennen, zum anderen indem wir ihn *neu und anders wahrnehmen* und drittens indem wir ihn in seiner *ästhetisch-bildhaften Gestalt* sehen lernen.

– Der Mythos redet vom Unaussprechlichen

Im Grunde kann man das, worum es theologisch beim Mythos geht, zumindest in formaler Hinsicht nicht besser sagen, als es Rudolf Bultmann vor über 50 Jahren gesagt hat: »Mythologisch ist die Vorstellungsweise, in der das Unweltliche, Göttliche als Weltliches, Menschliches, das Jenseitige als Diesseitiges erscheint«[82]. Mit anderen Worten: Der Mythos redet vom Unweltlichen/Göttlichen weltlich, weil man letztendlich nicht anders davon reden kann. Wenn man auch Bultmanns Entmythologisierung qua existential-anthropologischer Reduktion des Mythos heute nicht mehr folgen kann[83], ist dennoch zumindest in formaler Hinsicht sein Mythosverständnis m. E. auch heute weiterführend und hinreichend. Mythos und Mythen sind – siehe III. – Vermittler und Medien des Unaussprechlichen, reden also von dem, wovon man nicht schweigen, aber auch nicht exakt reden kann. Bei Mythen handelt es sich um belangvolle, bedeutungsvolle Aussagen im Blick auf Gott und sein Handeln am Menschen und der Welt, durchaus jenseits und über das Faktische und Historische hinaus. Solche Sinn-Aussagen und -Ansagen bedürfen der mythischen Kategorien, und insofern die Theologie Sinn-Aussagen macht, kann sie nicht auf Mythos und Mythen verzichten.[84] Mythen sind also keine historischen Dokumente oder Tatsachen-Berichte im Sinne von »matter

---

zum Mythos und zurück, Der Evangelische Erzieher 40/1988, 19–37, 35.

82 R. Bultmann, Neues Testament und Mythologie, in: Kerygma und Mythos I, Hamburg-Volksdorf 1951, 22 A. 2.

83 Der Mythos erschöpft sich nämlich nicht im Wirklichkeitsverständnis der Naturwissenschaften und der Existenzanalyse bezüglich des Menschen.

84 So zu Recht W. J. Hollweger, Geist und Materie, München 1988, 12, der auf K. Barth verweist, demzufolge (»Der Römerbrief«) Christologie nur als Mythos theologisch verhandelt werden kann.

of facts«, sondern bedeutungs-volle »Mitteilungen«, die Sinn und Orientierung zuspielen wollen. Sie sind dabei im Sinne des »gebrochenen Mythos«[85] zu verstehen, also nicht wortwörtlich oder historistisch, sondern als eine notwendige und mögliche *Form*, um das auszudrücken, was nur so ausgedrückt werden kann. Deswegen will der Mythos erzählt, begangen und nachvollzogen, nicht aber logisch durchdrungen, verrationalisiert und diskutiert werden.

– Der Mythos erzählt[86]

Dieses Merkmal grenzt ihn auffällig von allen wissenschaftlichen und diskursiven Formen des Weltverstehens ab (wenngleich sich in diesen oft narrative Momente verbergen). Narrativität darf dabei nicht auf das Medium Sprache in Schrift und Rede eingeschränkt werden, weil auch Ästhetisches wie Bilder, Ikonen, Figuren, Inszenierungen und Aufführungen am Narrativen partizipieren. Auf jeden Fall dürfen dort, »wo die Wahrheit auftritt, die Geschichten – die Mythen – nicht aufhören«, meint der Philosoph Odo Marquard.[87] Wir brauchen zwar weiterhin, so fährt er fort, die »besprochene«, wissenschaftlich und rational erörterte Welt, »leben aber in der ›erzählten Welt‹. Drum eben gilt: *Es geht nicht ohne Mythen*: narrare necesse est«[88]. Zwar werden nach wie vor Poetisches und Narratives gering geschätzt, doch Dichtung ist nicht gleich Unwahrheit, und Mythos ist so wenig gleich Lüge wie Dichtung. Dichtung und Mythos müssen kein absoluter Gegensatz zur Geschichtswissenschaft sein, können vielmehr beide einander ergänzen, indem sie sich gleichsam von weit entfernten Standpunkten dem gleichen »Gegenstand« annähern.[89]

85 Vgl. P. Tillich, Wesen und Wandel des Glaubens, a. a. O., 63.
86 Vgl. dazu sehr informativ J. Mohn, Mythostheorien, a. a. O., 137 ff.
87 O. Marquard, Lob des Polytheismus. Über Monomythie und Polymythie, in: Ders., Abschied vom Prinzipiellen, Stuttgart 1981, 91–116, 95.
88 Ebd; im Original kursiv.
89 Vgl. H. Böll, Blick zurück mit Bitterkeit, Der SPIEGEL 15/1973, 161 ff.; siehe auch P. Ricoeur, Zeit und Erzählung, München 1988 ff.

Entscheidend ist, dass sie uns die Möglichkeitsbedingungen von Welterschließung stellen und Formen elementarer Sinngebung liefern, die uns »das Netz unserer Lebenswelt ›weben‹« helfen[90]. Mythen können – nicht nur ihrer narrativen Struktur wegen – nicht restlos 1:1 in Fakten- und Mitteilungssprache übersetzt werden. Wir können sie deuten und umschreiben, aber nicht restlos übersetzen. Der Mythos umschreibt also *nicht* lediglich etwas in rhetorischer Pose bildhaft-mythologisch, was ohne ihn genau so gut oder gar noch besser dargestellt werden könnte. Vielmehr bringt er mit »hoher Präzision« einen Zugewinn an »Erkenntnis« von Wirklichkeit, der mit anderen sprachlichen Mitteln nicht zu erreichen ist, weswegen der Mythos unersetzbar und nicht vollständig übersetzbar erscheint. Sicher kann Theologie nicht nur mit dem Mythos arbeiten, sondern braucht auch den Logos. Der Mythos ist nicht alles, auch der Logos nicht – aber ohne den Mythos ist alles nichts. Wo nämlich argumentative und rationale, also logos-betonte Theologie an eine unüberwindbare Darstellungsgrenze kommt, springt der Mythos ein. Theologie muss folglich in Verschränkung von Logos und Mythos arbeiten.

– Der Mythos thematisiert das Fremde

Mythen folgen der Spur des Anderen.[91] Sie wissen und erzählen vom Fremden, Widerständigen, Anderen und Unbekannten, das sich uns entzieht, und machen gleichsam einen »Perspektivenwechsel«[92] notwendig. Thema des Mythos ist nicht das Vertraute und Geläufige, sondern eher das Un-vertraute, Un-geläufige. Mit dem Opfermythos tut sich modern-aufgeklärte mythoskritische Exegese v. a. deswegen schwer, weil er die widerständige Vorstellung in sich birgt, dass es Fälle gibt, wo wir »nichts machen« können, wo mit »unserer Macht« nichts getan ist, vielmehr »alles« von ei-

90 J. Mohn, Mythostheorien, a. a. O., 144.
91 Vgl. U. Greiner, Der Spur des Anderen folgen, München 2000.
92 Vgl. E. Gottwald, Die widerständige Sehnsucht nach dem Mythos, a. a. O., 597 f.

nem »extra nos« abhängt – eine Vorstellung, die neuzeitlichen Autonomiestrebungen zuwiderläuft, gleichzeitig aber die »Produktivität« anzeigt, die dem Fremden und Fremdheitserfahrungen inhäriert. Der christliche Glaube und seine (mythischen) Vorstellungen gehen regelmäßig extravagant über das schon Bekannte hinaus und zeigen einen »anderen Entwurf« vom Leben, der Welt, der Wirklichkeit und von Gott. So gesehen lassen uns Mythen in ihrer Sperrigkeit am und vom Fremden lernen. Sie widersetzen sich damit der »Verstehenswut«[93] westlicher Aufklärung und Rationalität, die sich permanent gezwungen sieht, das Fremde wegzuerklären, damit sie es einordnen und »erledigen« kann. Mythen halten die Erinnerung an und den Blick für das Fremde und Sperrige wach und sind darin ein essenzieller Beitrag zum menschlichen Selbst-, Welt- und Gottesverständnis.

– Der Mythos zeigt und schafft Wirklichkeit

Menschen erschließen und anverwandeln sich Wirklichkeit durch Sprach-Handeln und Tat-Handeln, also durch Sprechen und Tun. Auch Religion hat in dem Sinne mit Sprach- und Tat-Handeln zu tun. Mythen informieren dabei aber nicht über Fakten oder Historie und bilden Wirklichkeit auch nicht bloß ab, sondern schaffen und zeigen im Kontext einer bestimmten Überlieferungsgeschichte sinn- und bedeutungsvoll Wirklichkeit über das Gegebene hinaus. Die Wirklichkeit erschließende und schaffende Kraft biblischer Sprache kann unser mitgebrachtes Wirklichkeitsverständnis erneuern und das bisherige »alt aussehen« lassen. Christliche Religion lässt uns damit Wirklichkeit und Wirklichkeitszusammenhänge sehen, die sonst unthematisiert blieben. Mythen sind deswegen nicht nur poetisch, sondern *poietisch* zu nennen, weil sie *wirklichkeitsproduktiv* sind. Allerdings erwächst die Wirklichkeit, die ein Mythos schafft – wie etwa die des Opfertods und seiner Heilbedeutung –, nur im Kontext der symbolischen Sinnwelt eines ganz spezifischen Wirklichkeitsverständnisses, in unserem Falle des christli-

93 Vgl. J. Hörisch, Die Wut des Verstehens. Zur Kritik der Hermeneutik, Frankfurt/M. 1988.

chen Glaubens.[94] Was er an Wirklichkeit zuspielt, hat den Charakter dessen, worauf ich mich verlassen kann im Sinne einer Wahrheit, die »höher« ist als menschliche Vernunft.

– Der Mythos macht sichtbar

Mit dem Mythos geht es um einen lange vernachlässigten Zusammenhang von Theologie und Ästhetik[95]. Nimmt die Theologie ihren Ausgangspunkt bei der Ästhetik, dann stehen die Denkformen Mythos und Symbol im Vordergrund (wenn man Mythos als erzählte Symbolik versteht). An oben angeführten Beispielen (siehe 2.) lässt sich auch veranschaulichen, dass – wie Karl Heinz Bohrer[96] meint – der Mythos qua Ästhetik dort wieder wichtig wird, wo und wenn *Kreatives* entsteht. Im Mythos ist nämlich die unerledigte Frage nach den *Bildern* lebendig, die durch jenes »Erledigt« aus dem Bultmannschen Entmythologisierungsprogramm eben doch nicht erledigt ist.[97] Wie der Mythos ein Vermittler des letztlich Unaussprechlichen, des fremden Umgreifenden und Geheimnisvollen ist, so sind es auch Bilder und Kunst. Sie wollen etwas ausdrücken und zeigen, was sich schwer exakt sagen lässt, hierin den bedeutsamen religiösen Vorstellungen und An-Schauungen vergleichbar, die sich in biblischen Bildern, Symbolen und Metaphern finden. Bilder aber – dies lehrt uns neuere Kunst und Kunsttheorie – bilden Wirklichkeit nicht einfach ab, sondern »zeigen« etwas, bringen zum Vorschein, lassen sehen; sie erweitern unsere Wahrnehmung und unseren Horizont; sie bilden uns und wir uns an ihnen.[98]

---

94 Vgl. M. Wolter, »Dumm und skandalös«. Die paulinische Kreuzestheologie und das Wirklichkeitsverständnis des christlichen Glaubens, in: R. Weth (Hg.), Das Kreuz Jesu, Neukirchen-Vluyn 2001, 44–63, 50.

95 Vgl. A. Grözinger, Praktische Theologie und Ästhetik, München 1987; neuerdings J. Kunstmann, Religion und Bildung. Zur ästhetischen Signatur religiöser Bildungsprozesse, Gütersloh/Freiburg 2002, v. a. 123 ff.

96 Vgl. K. H. Bohrer, Mythos und Moderne, Frankfurt/M. 1983, 10.

97 Mit H. Schröer, Vom Logos zum Mythos und zurück?, Der Evangelische Erzieher 40/1988, 19–37, 30.

98 Vgl. W. H. Ritter, Gottesbilder und religiöse Bildung, Praktische

Sie bringen einen »Mehrwert« in die Wirklichkeitswahrnehmung. Da aber die Bedeutung von Bildern und Ästhetik im Gefolge der Dialektischen Theologie lange Zeit übersehen worden ist, braucht es deren neue Wahrnehmung und damit eine *»Re-Vision«* des Mythos.[99] Damit muss man den Mythos als etwas verstehen, das zum einen anschaulich macht und sehen lässt und zum anderen zeigt, was zuvor so noch nicht gesehen wurde. Es sind ja gerade die *Anschaulichkeit* und *Begehbarkeit* der Mythen, die Menschen bis heute faszinieren und anziehen,[100] so dass sie sie oft mit ihrem Leben und dessen Deutung verweben. Dazu werden Mythen wahrgenommen, erzählt, dargestellt, kreativ begangen und, dann und wann, auch »besprochen«, weil sie nicht einfach logosabstinent sind, gleichwohl ihre eigene Logik haben. Entscheidend ist aber in alledem, den Mythos auch Mythos sein zu lassen, so wie das Bild Bild, und ihn nicht durch Hyperreflexion zu zerstören. Dies ist dort der Fall, wo man den Mythos eindeutig machen und exakt auf den Begriff bringen will.

IV. Mythische Be-Deutungen des Kreuztodes Christi

Ist das bisher Entfaltete richtig, dann hat dies Konsequenzen für das Verständnis des Kreuztodes Jesu Christi im Neuen Testament. Wenn nämlich der Mythos über das Historische hinaus vom Unweltlichen weltlich bzw. bedeutungsvoll vom Handeln Gottes an und mit der Welt und den Menschen redet, dann ist er *eine* (neben anderen[101]) bewährte, konstitutive und nicht übergehbare Ausdrucksweise für die Bedeutung des Kreuztodes Jesu Christi. Historisch(-kritisch) mögen wir manches mehr oder weniger

---

Theologie 37/2002, 56–66; H. Belting, Bild und Kult, München ^{5}2000.

99 So H. Schröer, Vom Logos zum Mythos und zurück?, a. a. O., 34 ff.

100 Gerade die bildlich-visuelle Anschaulichkeit des Mythos kommt – siehe oben 2. – filmischer Darstellung sehr entgegen.

101 Andere wären Stories/Erzählungen, Poesie, Lied, Hymnus, Gebet etc.

Gesicherte über den Tod Jesu wissen, noch mehr wohl mutmaßen; allein dies verbleibt weithin im Bereich des Rudimentären, ohne dass sich daraus ein »Sinnzusammenhang« ergäbe und erkennen ließe. Wenn Menschen aber wirklich existenziell Belang- und Bedeutungsvolles über Christi Tod »pro nobis« (Sinn-Dimension!) aussagen wollen, dann greifen sie häufig zum Mythisch-Metaphorischen: »Fürwahr, er trug unsere Krankheit und lud auf sich unsere Schmerzen. Wir aber hielten ihn für den, der geplagt und von Gott geschlagen und gemartert wäre. Aber er ist um unserer Missetat willen verwundet und um unserer Sünde willen zerschlagen. Die Strafe liegt auf ihm, auf dass wir Frieden hätten, und durch seine Wunden sind wir geheilt«. (Jes 53,4.5; vgl. 2. Kor 5,21; Gal 3,13; Röm 4,25) Doch geht es in der biblischen Religion (des AT und NT) nicht nur um Mythos. Kennzeichnend ist für sie vielmehr eine eigentümliche »Verbindung von Mythos und Geschichte«[102], die im AT anfängt und im NT mit einer konkreten Geschichte in der Zeit (Jesus von Nazareth) ihre Fortsetzung findet.[103]

1. Dummheit oder Heil?

In damaliger zeitgenössischer neutestamentlicher Umwelt war der Kreuzestod Jesu ein Stein des Anstoßes: »Dumm und skandalös«[104], skandalös für Juden, dumm für Heiden, so 1. Kor 1,23. Im Mittelmeerraum der Zeitenwende galt das Kreuz als »Schande«, wenn man in kulturanthropologischer Unterscheidung von »honor« und »shame« diese beiden als die zentralen sozialen Werte des antiken mediterranen Kulturraums nimmt.[105] Bei dieser geschichtlichen Kontingenz des Kreuztodes und seiner Konnotation als Schande

---

102 G. Theißen, Die Religion der ersten Christen. Eine Theorie des Urchristentums, Gütersloh 2000, 55.
103 Vgl. G. Theißen, a. a. O., 22 f., 70.
104 M. Wolter, Dumm und skandalös, a. a. O., 44 ff.
105 Vgl. M. Wolter, a. a. O., 52 im Rückgriff u. a. auf H. G. Peristiany (Ed.), Honor and Shame: The Values of Mediterranean Society, Chicago 1974.

belässt es nun aber das NT nicht. Das Erstaunliche ist vielmehr, dass das NT in seinem mainstream dieses Ereignis als »saving event«[106] versteht, wozu es auf entsprechende Verstehensmodelle zurückgreift, diese adoptiert und adaptiert. Einem prima facie schändlichen und schmachvollen Tod wird also mittels Bedeutungszuschreibung Heil stiftende Wirkung zuerkannt.

2. Be-Deutungsvielfalt

Das damalige Geschehen des Kreuztodes Jesu ist uns nicht in der Form eines historischen »brutum factum« (nackte Tatsache) überliefert; vielmehr haben wir Zugang bzw. besser: Zugänge zu ihm »nur« mittels unterschiedlicher Bedeutungszuschreibungen, mit denen neutestamentliche Schriften dieses Ereignis als sinn-voll zu verstehen suchten. Das einzige, was sich einigermaßen sicher historisch vermuten lässt, ist dabei dies: Christi Anhängerinnen und Anhänger werden – wie die Sache ausging – über das Leben, die Passion und den Tod dieses Jesus von Nazareth nachgedacht und sie zu verstehen gesucht haben. Sie werden gefragt haben: Warum und wozu hat er gelebt, warum und wozu ist er gestorben? Wozu soll dieser Tod gut sein? Hier musste, meine ich, ein geschichtlich kontingentes Ereignis verstanden, gedeutet und interpretiert und dann eingeordnet und angeeignet werden. Bei den in der Folgezeit dann statthabenden Erschließungs- und Verstehensversuchen des Kreuzestodes Jesu Christi handelt es sich auf keinen Fall um die Feststellung eines Sachverhalts oder Fakts, vielmehr um Zuschreibungen und Interpretationen dieses Geschehens im Kontext der Sinn-Welt des christlichen Glaubens, die einerseits Christi Kreuzestod als Heilsereignis plausibel erscheinen ließen, andererseits andere zu solchem Verständnis anleiten konnten (siehe oben 1.).[107] Wir haben es also mit mythisch-metaphorischen Be-Deutungen und anschaulichen

106 Vgl. M. Wolter, a. a. O., 49 im Rückgriff auf S. K. Williams, Jesus' Death as Saving Event, Missoula 1975.

107 Vgl. M. Wolter, a. a. O., 50 f.

Bildern bei diesen Zuschreibungen – nicht mit Abbildungen von Wirklichkeiten! – zu tun, mit Medien also, (Hilfs-)Mittlern, durch die es sich über eine Wirklichkeit sprechen ließ, über die man nicht anders sprechen kann, es sei denn man wollte stumm bleiben. Wirkungsgeschichtlich gesehen ist es v. a. im Protestantismus freilich in der Tat so, dass in den letzten Jahrhunderten die (Sühn-)Opfertod-Vorstellung zur zentralen, oft einzigen Deutekategorie des Todes Jesu avancierte, gleichsam einem semantischen Sammelbecken, wonach »Christus für uns gestorben ist, als wir noch Sünder waren« (Röm 5,8). Sieht man demgegenüber im NT nach, zeigt sich, dass – in der Zeit nach der Auferstehung beginnend – die Bedeutung des Todes Christi mit einer Fülle von Zuschreibungen: Bildern, Metaphern, Symbolen zum Ausdruck gebracht wurde[108], weil das »Geheimnis dieses Geschehens« sich nur so wahren und aussprechen ließ.[109] Das aber heißt, die *eine, richtige* Deutung dieses Geschehens – etwa als Opfertod – gibt es nicht, sondern »nur« eine Mehrzahl von Bedeutungen. Sie alle können als Versuche verstanden werden, einen in jenem (prima facie) bitteren, gott-losen Ende Jesu Christi womöglich doch noch verborgenen tieferen oder höheren »Sinn« zu entdecken. Um welche mythisch-metaphorischen Erschließungsmodelle und -zuschreibungen handelt es sich nun im Einzelnen?[110]

– Deutung als ein göttlich »*notwendiges Geschehen*«: Der Menschensohn muss viel leiden. Biblische Weissagungen und Hinweise wie Mk 8,31; 14,21.49; Lk 24,44 ff. lassen Christi Tod als »göttliche Notwendigkeit« erkennen.

– Deutung als *Märtyrer- oder Prophetentod*: Jerusalem tötet die Propheten; vgl. 1. Thess 2,15; Lk 11,49 ff., 13, 34; Apg 7,52.

---

108 Vgl. den Überblick bei G. Barth, Der Tod Jesu Christi im Verständnis des Neuen Testaments, Neukirchen-Vluyn 1992; G. Theißen, Die Religion der ersten Christen, a. a. O., 202 ff.

109 Mit G. Bornkamm, Art. Kreuz, in: H.-J. Schultz (Hg.), Theologie für Nichttheologen, Stuttgart 1960, 93.

110 Vgl. hier auch den Beitrag von R. Feldmeier.

- Deutung mittels des *Geschicks des leidenden Gottesknechts* (Jes 53): Wie ein Schaf zur Schlachtbank geführt wird; vgl. Apg 8,32 f.; 1. Petr 2,22 ff.
- Deutung als *Versöhnung Gottes mit uns*: Gott versöhnte die Welt mit sich selber; vgl. 2. Kor 5,18–20
- Deutung als *Liebeshingabe Gottes* (Joh 3,16; Röm 8,31–34, 38 f.) *bzw. Christi* (2. Kor 5,14) an uns: Also hat Gott die Welt geliebt, dass er seinen eingeborenen Sohn gab.
- Deutung als *Lösegeld* oder *Freikauf*[111]: Ihr seid teuer erkauft; vgl. 1. Kor 6,20; 7,13; Gal 3,13; 4,5; Mk 10,45.
- Deutung im Horizont der antiken Freundschaftsethik als *Sterben für andere/(Lebens-)Hingabe* zur Abwehr von Unheil: Christus hat sich für uns/die Gemeinde dahingegeben; vgl. Röm 5,8 f.; 1. Kor 15,3; Eph 5,25.
- Deutung als *Opfer*[112]. Sie spielt vor allem bei Paulus, aber noch mehr im Hebräerbrief eine hervorragende Rolle.

Letzterer ist die Schrift im NT, die ausdrücklich und vielfach um die Bedeutung des Todes Christi als Opfer kreist, mit der Besonderheit, dass der Hohepriester Jesus, indem er in den Tod geht, sich selbst als Opfer darbringt. Einerseits betont der Hebräerbrief als einzige Schrift im NT die endgültige Überwindung des Opfers (vgl. Hebr 10,10), andererseits wiederbelebt er – im zweiten Jahrhundert, also lange nach der Zerstörung des Jerusalemer Tempels und der Opfermög-

111 Sei es im Sinne des Loskaufs Kriegsgefangener von Feinden oder des Freikaufs von Sklaven aus der Hand ihrer Herren.

112 Es ist zwar nicht völlig auszuschließen, dass es im Leben Jesu einen Anhalt für die spätere Opferdeutung seines Todes gab; allerdings bleibt dann unverständlich, warum seine Jünger (aber er auch er selbst; vgl. Gethsemane) seinen Tod als Katastrophe erlebten; (so auch G. Theißen, Die Religion der ersten Christen, a. a. O., 200). Deswegen spricht viel dafür – unter anderem die soeben aufgezeigten *vielfältigen* Sinn-Zuschreibungen –, die Opfertod-Vorstellung als *einen* wichtigen nachösterlichen christlichen Verstehensversuch des Kreuztodes Jesu zu sehen.

lichkeit verfasst – auf ganz erstaunliche Weise die Opferthematik und den Opfermythos.[113] Die Wirkung des Opfertodes Jesu Christi bezeichnet der Hebräerbrief dabei als *Erlösung* (Hebr 9,12.15; 2,15) – eine Zuordnung, die traditionsbildend geworden ist. Bei Paulus findet sich auch die (Sühne-)Opfervorstellung: Röm 3,25; 5,9; 8,3.[114] Wenn Paulus in Röm 3,25 sagt, dass Christus »von Gott für den Glauben als Sühne durch sein Blut hingestellt worden« sei, dann muss er von dem die Katastrophe des Kreuzigungsgeschehens ins rechte Licht rückenden Opfermythos überzeugt gewesen sein.[115] Wenn hier auch in jüngster Zeit (siehe oben 1.) der Kreuzes- und Opfertod Jesu immer wieder mit der Gewalt und Grausamkeit eines nekrophilen Gottes in Verbindung gebracht wird – die Intention des Paulus trifft dieser Vorwurf nicht. Das Opfer ist für ihn der Ausdruck dafür, dass »Gott für uns« ist (vgl. Röm 8, 31–34).

Bei aller Unterschiedlichkeit im einzelnen stimmen die eben aufgeführten Be-Deutungen darin überein, dass damit »uns zugut« etwas geschehen ist bzw. geschieht. Diese mythisch-metaphorischen Vorstellungen sind dem, »was historisch wirklich geschah«, nicht einfach konträr entgegengesetzt, sondern erschließen, worauf das alles hinaus will.[116] Auch dogmatische *Begriffe* wie Sühne, Stellvertretung, Opfer etc., die wir im konstruktiven Zugriff von außen an die Quellen herantragen[117], sind letztendlich keine »Objektivitäten«, sondern, in freier Anverwandlung von Friedrich Nietzsche formuliert, ein »bewegliches Heer von Metaphern«[118], nicht mehr, nicht weniger. Überlieferungs- und

113 Was H.-M. Gutmann, Die tödlichen Spiele der Erwachsenen, a. a. O., 62 zu der Äußerung veranlasst hat: »Ich möchte hierzu eine Hypothese vorschlagen: Das Opfer ist eine anthropologische Grundkonstellation.«

114 Diese Deutung wurde v. a. von der neuen »Tübinger Schule« um Martin Hengel und Peter Stuhlmacher zu *dem* Zentrum neutestamentlicher Soteriologie erklärt; siehe dazu den nächsten Abschnitt IV.3.

115 In dem Sinne C. Link, Christentum und Stellvertretung, a. a. O., 355.

116 Vgl. C. Link, ebd.

117 Mit M. Wolter, »Dumm und skandalös«, a. a. O., 48.

118 F. Nietzsche, Wahrheit und Lüge im aussermoralischen Sinne, in:

wirkungsgeschichtlich ist es zwar zu einer gewissen *Präferenz* von Opfer, Sühne, Stellvertretung gekommen, doch hat weder im frühen Christentum noch im NT eines der vielen mythisch-metaphorischen Modelle eine Führungsrolle inne, die die anderen in den Hintergrund drängte, sondern es können alle problemlos nebeneinander benutzt werden.[119] Deswegen ist ein Streit darüber, welches denn heute der Bedeutungs-Erschließung des Todes Christi am besten gerecht wird, müßig. Auch würde ich der Meinung von Michael Wolter, wonach mit einer Ausnahme (nämlich Sterben als Hingabe) alle früheren Deutemodelle »aus dem Inventar des heutigen kulturellen Wissens verschwunden« seien[120], nicht so ohne weiteres zustimmen. Zudem kann man, wie oben (siehe III.5), gezeigt, am Fremden lernen, weil uns die Sprachwelt der Bibel Wirklichkeitszusammenhänge erschließt, die wir sonst weder wahrnehmen noch artikulieren könnten.[121]

3. Wider Reduktionismus und Verstehenswut

Die alten, überlieferten mythisch-metaphorischen Bedeutungs-Vorstellungen zum Tode Christi sind Artikulierungshilfen, die uns Heutigen dabei helfen können, den rational und historisch schwer begreifbaren Kreuzestod Jesu theologisch und anthropologisch bedeutsam auszudrücken. Was wären wir ohne diese alten Sprachformen? Und was ließe sich ohne sie heute sagen?[122] Sicher können uns alt-überlieferte Vorstellungen die eigene Sprache rauben, sie können uns aber auch aus der Versklavung an die reine Gegenwär-

Nachgelassene Schriften 1870–1873, in: Ders., Sämtliche Werke. Kritische Studienausgabe, Bd. 1, München 1980, 875–890, 880.

119 Mit M. Wolter, »Dumm und skandalös«, a. a. O., 50.

120 M. Wolter, a. a. O., 62.

121 So sehr treffend G. Kittel, Die biblische Rede vom Sühnopfer Christi und ihre unsere Wirklichkeit erschließende Kraft, in: Jahrbuch für biblische Theologie, hg. v. I. Baldermann u. a., Bd. 9 (1994), Neukirchen-Vluyn 1995, 287–313, v. a. 311 f.

122 So sehr treffend G. Kittel, a. a. O., v. a. 286–290.

tigkeit befreien und Sinn-Horizonte eröffnen. Deswegen erinnern wir sie. Heute könnte es wieder wichtig werden, sich von überlieferten und Gestalt gewordenen religiösen Vorstellungen zur Be-Deutung des Kreuzestodes Christi anregen, inspirieren, bereichern zu lassen und so Sprache, Expressionsvermögen verliehen und – im Fall des Falles – auch korrigiert zu bekommen. Umgekehrt brauchen überlieferte religiöse Vorstellungen zur religiösen Traditions- und Stilbildung heute die Impulse und Deutungen religiöser Subjekte: Welche neuen Be-Deutungsmuster des Todes Jesu Christi gibt es heute?[123] Auf zwei Gefahren im Umgang mit mythisch-metaphorischen Vorstellungen ist dabei hinzuweisen, die des *Reduktionismus* und die der *Verstehenswut.*

Unter hermeneutischem *Reduktionismus* verstehe ich die Verkürzung der mannigfachen Bedeutungszuschreibungen des Todes Christi auf *ein* Verstehensmodell oder -motiv und sehe dies als Gefährdung biblisch-theologischen Redens. Diesbezüglich gibt es immer wieder in Geschichte und Gegenwart latente oder offene Neigungen und Bereitschaften bei theologischen Fachleuten wie bei Laien. Ein bzw. der in diesem Zusammenhang klassische Reduktionismus findet sich in Anselm von Canterburys (1033–1109) Satisfaktionslehre in seinem berühmten Büchlein »Cur Deus homo?«[124] Danach ist Gottes Ehre durch die menschlichen Sünden dermaßen verletzt worden, dass dem gerechten Zorn Gottes darüber durch Jesu stellvertretenden Opfertod Tribut gezollt werden musste. Anselms Satisfaktionstheorie stellt den nicht geglückten Versuch einer rationalen Totalerklärung des Todes Christi dar, in der alles »aufgeht«. Die Reduktion des Ganzen auf eine rein juridisch-juristische Betrachtung vermag aber der neutestamentlichen Verstehens-Fülle nicht zu genügen. Das Mangelhafte der Anselmischen Theorie besteht nicht nur darin, dass sie sich um vermeintlich logischer

---

123 So zu Recht J. Vollmer, Zur Deutung des Todes Jesu, a. a. O., 119. G. Kittel, a. a. O., 286 ff., weist allerdings sehr richtig auf das relative Recht dieser Forderung hin!

124 A. v. Canterbury, Cur Deus homo/Warum Gott Mensch geworden, lat. u. dt. Übersetzung von F. S. Schmitt OSB, Darmstadt ^{3}1960, 142 f.

Eindeutigkeit willen darauf versteift, dass Gott versöhnt werden musste, sondern dass sie ein so zentrales Motiv aus der neutestamentlichen Zuschreibungs- und Verstehensvielfalt wie 2. Kor 5, 19 (»Denn Gott war in Christus und versöhnte die Welt mit sich selber ...«) einfach ausblendet.

Ein anderes, neueres Beispiel für solchen hermeneutischen Reduktionismus findet sich exemplarisch etwa bei Peter Stuhlmacher[125], der wiederholt – auch im Charakter einer Streitschrift – den Sühnetod Jesu Christi im Sinne jenes »für uns gestorben« als allein zutreffendes Verständnis verfochten hat, und zwar mit folgenden drei Gründen: Zum einen bedeute die Ablehnung der Deutung des Todes Jesu als Sühnetod »im Endeffekt die Abkehr von dem protestantischen Artikel von der Rechtfertigung, mit dem die Kirche steht und fällt«[126]. Zum anderen seien alle entsprechenden biblischen Sinn-Metaphern »dem Leitgedanken des stellvertretenden Sühnetodes Jesu zugeordnet«[127], da – drittens – schon die Urchristenheit sich von Ostern her zu »Jesus als dem ›für uns‹ gestorbenen und von Gott auferweckten« Christus bekannt habe.[128]

Es gibt in lutherischer Tradition eine m. E. problematische Neigung, die Vielfalt der neutestamentlichen Bedeutungszuschreibungen dem »Leitgedanken des stellvertretenden Sühnetods Jesu« (Peter Stuhlmacher u. a.) zu unterstellen. Demgegenüber ist hier an den Entfaltungs- und Verstehensreichtum des NT zu erinnern, der ein Schatz für uns ist und uns

125 P. Stuhlmacher, Zur Predigt am Karfreitag, in: Th. Sorg/P. Stuhlmacher, Das Wort vom Kreuz, Stuttgart 1996, 11–49; ähnlich auch O. Hofius, Art. Sühne IV. Neues Testament, in: TRE 32 (2001), 342–347, demzufolge alle (!) Textstellen im NT, die von der Bedeutung des Sterbens Jesu handeln, im Sühnegedanken wurzeln bzw. erst in seinem Licht ihre theologische Plausibilität gewinnen (346). Eine deutlich entschärfte und geradezu moderate Version seiner Überlegungen hat Stuhlmacher jüngst vorgelegt; vgl. Ders., Jesus Christus – Für uns gekreuzigt und auferweckt, in: Ders., Biblische Theologie und Evangelium, Tübingen 2002, 302–316.

126 P. Stuhlmacher, a. a. O., 30.

127 P. Stuhlmacher, a. a. O., 43 f.

128 P. Stuhlmacher, Der messianische Gottesknecht, in: Jahrbuch für Biblische Theologie, hg. v. I. Baldermann u. a., Bd. 8 1993, Neukirchen-Vluyn 1994, 131 ff., 133.

vor gefährlichen rationalisierenden Vereinseitigungen bewahren kann. Es gibt nicht *das* biblisch-neutestamentliche Denken, sondern verschiedene durchaus konkurrierende Wahrnehmungs- und Deutemodelle, die jeweils ihre eigene »Logik« haben und nicht einfach miteinander verrechnet werden können. So hält das NT selbst so eindeutige Aussagen wie die, dass Christus sich selbst geopfert habe (vgl. Hebr 7, 27; Gal 2, 20), ohne sachlichen Widerspruch mit anderen beieinander, die davon reden, dass Gott sich diese Opfergabe gleichsam vom Herzen gerissen habe (vgl. Röm 8, 32; Joh 3, 14). Daher erschweren die vielen Zuschreibungen und Deutungen nicht nur den Versuch, von der Be-Deutung des Kreuzes Christi ein-deutig und einlinig reden zu wollen, sondern sie bewahren hiermit eminent vor aller falsch verstandenen theologischen Objektivität, die suggeriert, es gebe hier *eine* richtige Sicht. Zum »Wesen« mythischer Vorstellungen gehört es ja gerade, dass sie, weil sie mehr-deutig sind, nicht eindeutig gemacht werden können und sich der Logifizierung vehement entziehen, genauso wie Bilder. Damit aber wahren sie auf ihre Weise das letztlich nicht exakt sagbare *Geheimnis* des Kreuzgeschehens.[129] Mythen sind wie Bilder anschauliche Hilfsmittel und Medien, um anders nicht vorstellbare Wirklichkeiten auszudrücken, wobei deren Pluralität nicht nur legitim, sondern der »Sache« allein angemessen ist. Beharren Theologie und religiöse Sprache zu sehr auf Eindeutigkeit und Rationalität, verlieren Mythen und Bilder ihr Geheimnis und verkommen zu bloßen Fakten.

Die zweite Gefahr im Umgang mit mythisch-metaphorischen Vorstellungen lauert entsprechend in einer rationalisierenden *Verstehenswut*. Die zunehmende Bedeutung von Logik/Rationalität und Historie/Historizität in der Neuzeit geht zweifelsohne auf Kosten und zu Lasten des Mythos und der Mythen. Die Bibel generell und die Passionsgeschichte speziell sind von dieser tiefgreifenden, von Kierkegaard über Nietzsche bis zu Drewermann thematisierten neuzeitlichen Bewusstseinskrise betroffen. Der neuzeitliche Zugriff des ra-

---

129 Vgl. E. Schlink, Ökumenische Dogmatik, Göttingen 1983, 347.

tionalen Verstehens auf Welt und Wirklichkeit eignet sich Dinge und Zusammenhänge an und macht sie zur neuzeitlichen Vernunft passförmig bis hin zum Zwang, ja zur Wut des Verstehens, die die Wirklichkeit als restlos rational »einverleibbar« versteht und keine Geheimnisse mehr lassen will. Mythen im Allgemeinen und mythisch-metaphorische Bedeutungen des Kreuzestodes Christi im Speziellen wollen auf Grund ihrer beschriebenen Struktur (siehe oben III.) genau vor dieser Verstehenswut bewahren. Ein eminentes Problem für christlichen Glauben, aber auch für unser Menschsein heute ist unsere normale Wirklichkeitswahrnehmung, die von der Sprache der Rationalität, der Fakten und des »Passiertseins« dominiert wird: Was »Fakt«, »passiert«, rational exakt zugänglich ist, ist existent bzw. bedeutsam, anderes nicht – die *Logik der »Tatsachen-«Mitteilungen.* Genau darum aber handelt es sich bei den neutestamentlichen mythisch-metaphorischen Vorstellungen nicht. Deren Expression ist ja konfessorisch, nicht faktenhaft-digital. Sie be-deuten ja gerade, was sich nicht exakt darstellen lässt. Sie sind eher tastende und suchende Sprechversuche angesichts des Unsagbaren, nicht aber satzhafte Mitteilungen.[130] Was uns im Blick auf Christi Leben, Sterben und Auferstehen Be-Deutungsvolles gezeigt wird, sprengt ja gerade immer wieder kategorisch die Logik von Tatsachen/matters of facts. Nicht *»nur«* um Mythen handelt es sich dabei, sondern gerade um Mythen und Metaphern, die uns das zeigen, was über das Faktische hinaus der Fall ist, denn Mythen weisen in unentdeckte Wirklichkeit und sind nicht – siehe 3.5 – »bloß« Bilder, rhetorische Girlanden, oder »dumpfe« Ahnungen von minderem Erkenntniswert. Sie lassen sich in ihrer Fremdheit nicht bedingungslos »homogenisieren«, »vertraut machen« und imperial in Eigenes assimilieren.[131] Während uns die dogmatische Begriffssprache nicht immer, aber doch immer

130 Demgegenüber zeigt sich freilich ganz oft, dass TheologInnen mythisch-metaphorische Vorstellungen doch als Mitteilungen digitaler Art verstehen; dieser Gefahr erliegt auch J. Vollmer, Zur Deutung des Todes Jesu, a. a. O., v. a. 119–121.

131 Mit J. Hörisch, Die Wut des Verstehens, a. a. O., 57.

wieder in Erklärungs- und Argumentationsnotstand bringt, beflügeln und inspirieren uns die Bilder der Mythen und geben uns zu sehen, zu entdecken, zu lernen – auch zu denken. Wenn wir dies übersehen und den Kreuzestod Jesu auf der Fakten- und Tatsachenebene allein verrechnen wollen, dann kommt es – wie sich leicht zeigen lässt – ganz schnell zu theo-logischen und logischen Schwierigkeiten und Aporien, denen eine vernünftelnde Theologie ganz oft erliegt: Warum braucht denn Gott ein Sühnopfer? Kann Gott nicht ohne Sühnopfer verzeihen? Wer erhält das Sühnopfer Jesu?[132] So aber wird der Mythos zerstört, man beraubt ihn mit der Verstehenswut seiner andringenden Gestalt, seiner merk-würdigen Fremdheit und seiner anziehenden Ästhetik.

V. Opfer als Lebensangebot

Einerseits leben und denken wir zwar nicht mehr in der Vorstellung des antiken Opferkultes. Andererseits konnte bislang keine Gesellschaft ohne Opfer existieren, nicht einmal die Moderne.[133] Während archaische Gesellschaften bewusst auf Opfer ausgerichtet waren, möchte die moderne Gesellschaft ohne Opfer auskommen, vergeblich freilich, da sie sie selbst mitproduziert. Opfer sind »irgendwie« unvermeidlich, wie uns ein Blick in Lebenswelt und Popularkultur gezeigt hat – das Verlangen nach Erlösung offensichtlich ebenso. Zum Leben gehört das Opfer. Opfer werden gebracht und gemacht. Auch wenn der Hebräerbrief vom »Ein für allemal« des Opfers Jesu Christi (10, 10) spricht, das Opfern damit an ein Ende gekommen scheint – Alltag und Medien erinnern uns daran, dass zum Leben das Opfer gehört, »dass

132 Diese Gefahr zeigt sich ganz deutlich in der Darstellung von J. Vollmer, a. a. O., v. a. 120. – Bei solchem rationalisierenden Vorgehen stellt sich zwangsläufig auch die Frage der Gewalt Gottes ein, die den diesbezüglichen neutestamentlichen Text – wie gezeigt (siehe oben 1.) – fremd ist.

133 So mit Recht R. Schwager, Schöpfung und Opfer, in: B. Dieckmann (Hg.), Das Opfer – aktuelle Kontroversen, 20–35, v. a. 20.

es so war und immer wieder so sein wird, dass immer wieder Opfer gebracht und gemacht werden müssen«[134].

1. *Opfer als Lebens-Hingabe*

Im obigen Zusammenhang gesehen ist der christliche Glaube gewiss nicht unaktuell. Christen und Christentum haben gute Gründe, auch heute die Geschichte vom unschuldigen und stellvertretenden Leiden und Sterben Jesu Christi und von dem Gott zu erzählen, der das ihm Liebste »opfert« und drangibt, um so die Menschen und seine Welt wieder für sich zu gewinnen und aus der Entfremdung heimzuholen. Die condition humaine, der zufolge Menschen spüren und realisieren, dass sie unerlöst leben, macht solche Erzählung und Darstellung notwendig und sinnvoll. Die Begriffe Stellvertretung, Sühne, Opfer mögen juridisch-juristisch problematisch geworden sein, als Ausdruck *personaler Beziehung* sind sie auch heute von unvergleichlicher existenzieller Bedeutung.[135] Stellvertretung geschieht, wo ich definitiv nichts mehr für mich tun kann und absolut auf Andere angewiesen bin, die für mich einstehen. Liebende stehen füreinander ein, sind bereit, für den Anderen zu leiden und Opfer zu bringen, bis hin zum Lebens-Opfer. Dies macht es nötig, einen *positiven Opferbegriff*[136] zu gewinnen, und zwar nicht allein aus Rücksicht auf die christliche Tradition, sondern aus grundsätzlichen anthropologischen Erwägungen. Gutes Leben ist nämlich auf Dauer ohne den selbstlosen Einsatz für den Anderen, die Lebens-Hingabe an den Anderen nicht möglich. Wo es im NT im Zusammenhang des Todes Christi um Opfer geht, ist nicht die Tötung und der Tod Jesu das Entscheidende, sondern das Motiv der *Gabe bzw. Dahingabe Gottes*

---

134 I. Kirsner, Das Opfer im Film, a. a. O., 49.

135 Vgl. in diesem Sinne B. Janowski, »Hingabe« oder »Opfer«? Zur gegenwärtigen Kontroverse um die Deutung des Todes Jesu, in: R. Weth (Hg.), Das Kreuz Jesu, a. a. O., v. a. 26–41.

136 So zu Recht B. Dieckmann, Einleitung, in: Ders. (Hg.), a. a. O., 15.

bzw. Jesu Christi (vgl. Joh 3, 16; 15, 13).[137] Unternimmt man den Versuch, die vielen umlaufenden Be-Deutungen des Kreuzestodes Christi in theologischer »Logik« in aller Vorsicht doch begrifflich zu konzentrieren, so lässt sich die *Lebens-Hingabe Christi »für uns«, »uns zugut«* als deren vielleicht kleinster gemeinsamer Nenner bezeichnen. Auf jeden Fall ist das Hingabe-Modell nach wie vor in unseren kulturellen Kompetenzen vorhanden, kann eine Analogiefunktion übernehmen[138] und ist als hilfreiches Modell an heutige Erfahrungsdefizite anschließbar. Blutige Opfer sind, schreibt der Literatur- und Kulturwissenschaftler René Girard[139], denkbar weit vom Opfer Jesu entfernt, denn Jesus fügt niemandem Gewalt zu, im Gegenteil. Und Girard ist, obwohl er früher den Gebrauch des Wortes Opfer für das Kreuz Christi verwarf, jetzt der »Überzeugung, daß seine Selbsthingabe – so paradox es auch erscheinen mag – letztendlich in Begriffen des (Selbst-) Opfers beschrieben werden muß«[140]: Opfer als Selbst- oder Lebens-Hingabe ist auch heute nicht einfach vorbei.

Obwohl oft verkannt, dürfen in dem Zusammenhang die positiven Funktionen und gewinnbringenden Folgen dieses Opfers und Opfermythos nicht übersehen werden. Wird das Opfer als Lebens-Hingabe verstanden, geht es nicht um eine Art »Einladung zum Blutvergießen«, sondern um dessen *entlastende* Bedeutung[141] und *gewaltbegrenzende* Funktion[142]. Jesu Tod verhindert eine Eskalation der Gewalt. Opfer reduziert und minimiert dann »blutige Gewalt« eher, als dass es sie fördert, weil es das Konfliktpotenzial einer Gesellschaft konstruktiv *transformiert*. Die Transformationskraft des

---

137 Vgl. H.-M. Gutmann, Art. Opfer, in: Lexikon der Religionspädagogik, hg. v. N. Mette u. F. Rickers, Bd. 2, Neukirchen-Vluyn 2001, 1461.

138 Mit M. Wolter, »Dumm und skandalös«, a. a. O., 62.

139 R. Girard, Tatsachen, nicht nur Interpretationen, in: B. Dieckmann (Hg.), Das Opfer – aktuelle Kontroversen, a. a. O., 261–280, v. a. 264 f.

140 R. Girard, a. a. O., 265.

141 Mit C. Gestrich, Christentum und Stellvertretung, a. a. O., 351.

142 Mit B. Dieckmann, Einleitung, in: Ders., a. a. O., 11.

Opfers besteht in seiner Möglichkeit, Probleme und Spannungen individueller wie sozialer Art reduzieren zu können.[143] So gesehen bietet Opfer positiv begriffen der Gesellschaft Schutz vor Gewalt – wo aber das moderne Denken das Opfer »jenseits jeglicher Realität ansiedelt, geht die Verkennung der Gewalt weiter«[144]. Opfer schafft (neues) Leben, indem es die Gewalt entweder durchbricht und überwindet (vgl. Hebr 9, 26) oder zumindest die Kette der Gewalt unterbricht und im Sinne eines »liminalen Phänomens« (Victor Turner) einen temporären, vorübergehenden Ausstieg aus ihr ermöglicht. Ziel des Opfers ist damit der »gewinnbringende *Tausch*«[145], der auf die »Wiederherstellung der Unversehrtheit der Gemeinschaft« zielt, weswegen sich das Opfer als eine »Gottesgabe zur Ausfüllung eines anders nicht behebbaren Mangels der Gemeinschaft«[146] darstellt. In toto trägt damit das Opfer zum Bestehen und Bewältigen des individuellen wie gesellschaftlichen Alltags und der Lebenswelt bei.

2. Pro-Existenz als Lebensangebot

Mit seinem Lebens-Opfer bietet Jesus Christus in einem zweifachen Sinne Leben an: Er bietet sein Leben Gott an und gibt es als Opfer dahin und schafft »für uns« damit eine *neue Lebensmöglichkeit* bzw. macht uns ein Lebensangebot. Das Ziel solcher rettenden und aktiv (weniger passiv) verstandenen Hingabe als Opfer ist dann nicht, »dass statt vielen wunderbarerweise nur einer stirbt, sondern dass durch die wohl überlegte Lebenshingabe des einen viele mit dem Leben davonkommen, neue Lebensqualität gewinnen«[147]. So gesehen

143 Vgl. B. Dieckmann, ebd.; ähnlich C. Gestrich, ebd.
144 So treffend R. Girard, Das Heilige und die Gewalt, a. a. O., 27.
145 Mit C. Gestrich, Christentum und Stellvertretung, a. a. O., 353 (im Original kursiv).
146 Ebd., 356.
147 So zu Recht S. Dreher, Der Fuchs und die Henne – eine Selbstdeutung Jesu für seinen Tod, DtPfrbl 98/1998, 119–121, 120.

ist dieses Opfer *biophil*, nicht nekrophil, es liebt das Leben und nicht den Tod und macht ein befreiendes Lebensangebot. Dies kann man im besten Sinne des Wortes Pro-Existenz nennen: Sein für Andere.

In dem Zusammenhang ist es wichtig zu sehen, dass viele neutestamentliche Texte, die gewöhnlich traditionell nur auf Jesu Tod bezogen werden, Jesu Christi ganzes Leben und Wirken nicht aus-, sondern einschließen. Sein Leben *und* Sterben (vgl. Mk 10, 45; 1. Petr 1, 18 f.) sind das »Lösegeld«; der gute Hirte setzt sein Leben für die Schafe ein (Joh 10, 14–18; 1. Joh 3, 16). Dieser Lebenseinsatz schließt Jesu Tod nicht aus, sondern ein, ist aber *»nicht das Ziel seines Lebens«*[148]. Dementsprechend hat die ganze Existenz Jesu Christi, nicht nur sein Tod und Sterben, soteriologische Relevanz und Pro-Existenz-Charakter; damit ist aber auch nicht das »für uns gestorben« die Summe des christlichen Glaubens, wie in lutherischer Tradition immer wieder suggeriert wird. In dem Sinne findet in neuerer Theologie ein erneuertes Reden von Kreuz und Erlösung statt[149], das, wenn von Erlösung durch bzw. in Jesus Christus die Rede ist, nicht nur die äußeren Pole seines Lebens (Geburt und Kreuz), sondern seine Lebenspraxis bedenkt: Hier in dem Gesamt seiner erlöst-erlösenden Lebensgeschichte, Kreuz und Auferstehung eingeschlossen, lernen wir Gottes erlösendes Handeln kennen,[150] kommt Gott erlösend auf uns zu.[151] Hier sehe ich auch einen markanten Unterschied zu dem Erlösungs- und Opfermythos, wie er uns in der Story des »J. C.« aus »End of Days« (siehe oben II.) begegnet. Die mit Jesus Christus anhebende Erlösung beschränkt sich nicht wie bei »J. C.« auf den Tod oder »End of

---

148 Mit B. Janowski, »Hingabe« oder »Opfer«?, a. a. O., 41 (im Original kursiv).

149 Vgl. sehr informativ F.-J. Nocke, Jesus von Nazareth – erlöstes und erlösendes Leben, in: Katechetische Blätter 123/1998, 91–92.

150 Siehe auch meine Bemerkungen bezüglich einer biblischen Ausweitung des Erlösungsverständnisses in der Einleitung zu diesem Band.

151 Die Verengung des Blickwinkels auf die Passion, Kreuz und Tod kritisiert m. E. feministische Theologie zu Recht; vgl. in dem Sinne R. Strobel, Feministisch-theologische Kritik an Kreuzestheologien, Katechetische Blätter 123/1998, 84–90, v. a. 88 f.

Days«, sondern zieht sich durch sein ganzes Leben und betrifft die »Welt« (vgl. Joh 3,16), während die Existenz von »J. C.« trotz seiner finalen Heroenhaftigkeit letztlich im Rahmen bürgerlicher Normalität verbleibt.

Insgesamt gesehen hat – was zu zeigen war – der christliche Glaube sehr wohl mit Mythen und (Opfer-)Mythos zu tun, ist aber nicht nur ein Mythos, sondern ein *komplexes Lebensangebot* zum Deuten und Bestehen von Welt und unserer Lebensgeschichten angesichts von durch-kreuzenden Lebenserfahrungen und Opfern. Er meint »Verheißung von Lebensgewinn«[152] und Lebensdienlichkeit »pro nobis«, freilich nicht im ausschließlich zweckdienlichen oder utilitaristischen Sinn. Opfer kann dabei in heutiger christlicher Religion in drei Erscheinungs- oder Ausdrucksformen zur Darstellung kommen: im *Mythos, Ritus* und *Ethos*.[153] Im mythisch-metaphorischen Erinnern und Erzählen des Opfers und entsprechender Lebensdeutung gewinnen wir neues Leben und neue Lebensqualität, weil wir von Belastendem erlöst werden können. In den Riten (als Konkretisierungen des Mythos) bzw. Sakramenten Taufe und Abendmahl als wiederholbaren Mustern können Menschen den Alltag unterbrechen und die im Opfermythos gemeinte andere Wirklichkeit darstellen[154], sinnlich-gestalthaft begehen und damit temporär aus den Belastungen der Normalwelt aussteigen oder zumindest Distanz dazu bekommen. Im Ethos schließlich geht es um die Orientierung und Regelung des Verhaltens, das, wenn es durch die Opfermetaphorik bestimmt ist, das Lebensopfer ebenso umfasst wie die gegenseitige Hilfe und Hingabe, aber auch – potenziell – das Opfer des Märtyrers.[155]

Am Ende spricht vieles dafür, dass dort, wo das Opfer keine religiöse oder zumindest (popular-)kulturelle Artikula-

---

152 Vgl. dazu sehr hilfreich G. Theißen, Die Religion der ersten Christen, a. a. O., 28 ff.

153 Nach G. Theißen; Die Religion der ersten Christen, a. a. O., 216 ff. umfasst christliche Religion grundsätzlich diese drei aufeinander bezogenen Ausdrucksformen.

154 Vgl. G. Theißen, a. a. O., 23, 171 ff.

155 Siehe G. Theißen, a. a. O., 218.

tion mehr findet und so ein öffentliches Thema bleibt, es sich auf rein emotionale, unartikulierte Weise Luft macht oder gar seine zerstörerische Gewalt entfaltet, wie die zahlreichen Selbstmordattentate der jüngsten Zeit zeigen. Das Opfer muss dargestellt und »begangen werden können, um gebannt zu werden«[156]. Die Aufgabe und die Chance christlichen Glaubens besteht in dem Zusammenhang darin, für das anthropologisch offensichtlich nicht übergehbare Opfer-Thema Expressions- und Gestaltungsmöglichkeiten anzubieten, die alltägliche Opfer- und Gewaltmechanismen reduzieren und aufheben können. Dies ist freilich kein Automatismus, sondern eine Verheißung und eine Verpflichtung für Christenmenschen.[157]

156 H.-M. Gutmann, Die tödlichen Spiele der Erwachsenen, a. a. O., 208, 13.

157 Vgl. H.-M. Gutmann, Art. Opfer, a. a. O., 1460.

Dank

Der Herausgeber dankt den Lehrstuhlmitarbeiterinnen Frau Dr. Renate Hofmann, Frau Carmela Herrmann und Frau stud.phil. Michaela Albrecht für vielfältige Unterstützung und der Evangelisch-Lutherischen Kirche in Bayern (ELKiB) sowie der Vereinigten Evangelisch-Lutherischen Kirche Deutschlands (VELKD) für namhafte Druckkostenzuschüsse.

Die Autorinnen und Autoren

Alexander Deeg, wissenschaftlicher Mitarbeiter am Lehrstuhl für Praktische Theologie der Universität Erlangen, stellvertretender Vorsitzender von BCJ.

Michael N. Ebertz, Dr. rer. soc., Dr. theol., Professor für Sozialpolitik, Freie Wohlfahrtspflege und kirchliche Sozialarbeit an der Katholischen Fachhochschule Freiburg im Breisgau.

Reinhard Feldmeier, Dr. theol., seit 2002 Professor für Neues Testament an der Theologischen Fakultät der Georg-August Universität Göttingen.

Almuth Hammer, Dr. des. phil., wissenschaftliche Mitarbeiterin am Institut für neuere deutsche Literatur und Koordinatorin des Sonderforschungsbereichs »Erinnerungskulturen« der Justus-Liebig-Universität Gießen.

Gisela Kittel, Dr. theol., Professorin für Evangelische Theologie und ihre Didaktik an der Universität Bielefeld.

Eckhard Nagel, Dr. med., Dr. phil, seit 1999 Professor für Medizinmanagement und Gesundheitswissenschaften an der Universität Bayreuth, stellvertretender Vorsitzender des nationalen Ethikrats der BRD, Präsident des DEKT.

Werner H. Ritter, Dr. theol. Dr. phil. habil., seit 1987 Professor für Evangelische Theologie mit Schwerpunkt Religionspädagogik und Didaktik des Religionsunterrichts an der Universität Bayreuth.

Wolfgang Schoberth, Dr. phil. Dr. theol. habil., seit 1995 Professor für Evangelische Theologie mit Schwerpunkt Systematische Theologie und theologische Gegenwartsfragen an der Universität Bayreuth.